都市农业博览

张天柱　主编

中国农业大学出版社
·北京·

内 容 简 介

当今，世界发达国家都在大力发展都市农业，德国、荷兰等国家的都市农业已占农业总份额的30%以上。我国在农业现代化建设进程中，都市农业迅速发展，已经成为我国农业发展的主要方向之一。本书总结、论述了我国都市农业发展的历史、现状以及经验教训等，介绍了国际都市农业发展的趋势，深入研究和探讨了都市农业在建设现代农业中的重要意义和作用，探索了中国都市农业在未来发展中的规划设计、建设内容、实施技术等，为都市农业研究部门、管理部门以及政府相关决策部门提供参考，为都市农业科技工作者提供高新技术支撑。

图书在版编目(CIP)数据

都市农业博览／张天柱主编．—北京：中国农业大学出版社，2018.10

ISBN 978-7-5655-2009-9

Ⅰ.①都…　Ⅱ.①张…　Ⅲ.①都市农业-研究　Ⅳ.①F304.5

中国版本图书馆CIP数据核字(2018)第077217号

书　　名　都市农业博览

作　　者　张天柱　主编

策划编辑	王笃利	**责任编辑**	冯雪梅
封面设计	郑　川		
出版发行	中国农业大学出版社		
社　　址	北京市海淀区圆明园西路2号	**邮政编码**	100193
电　　话	发行部 010-62818525,8625		读者服务部 010-62732336
	编辑部 010-62732617,2618		出　版　部 010-62733440
网　　址	http://www.caupress.cn	**E-mail**	cbsszs @ cau.edu.cn
经　　销	新华书店		
印　　刷	涿州市星河印刷有限公司		
版　　次	2018年10月第1版　　2018年10月第1次印刷		
规　　格	787×1 092　　16开本　　15.25印张　　381千字		
定　　价	95.00元		

图书如有质量问题本社发行部负责调换

编写人员

主　　编　张天柱

主　　审　吴卫华

副 主 编　郝天民　刘彩霞　陈小文

参编人员　侯　倩　李伟平　栗亚飞　赵英杰　苏彦宾　李　静　刘　佳　郭玲娟　朱　涛　张雪松　赵咏梅　马称山　郭润润　王　静　亓德明　刘鲁江　傅长智　甄　卞　赵艳丽　刘二春　于稷栋　张建盈　王富强　陈燕红　尚　辉　李　琳　张海珍　李　旭　刘景安　郭　芳　王佳鹿

前言

从20世纪的五六十年代到现在的半个世纪以来，我国农业发生了天翻地覆的变化，农业经营模式与组织结构有了质的飞跃与历史的变迁。当前，我国的农业正处于由传统农业向现代化农业发展的转型时期，社会快速发展，科技日新月异，出现了许多新的农业模式、新的耕作制度、新的组织方式、新的市场机制、新的农业理念和概念等。总之，呈现出一个多变的、丰富多彩的农业时代。

目前，我国的良性农业结构与模式正在形成，生态、环保成为农业发展的主题，绿色、无公害、无污染已经成为人们对农产品的必然追求，可持续循环型农业耕作方式已经成为种植业必须遵循的法则，回归自然、利用自然来构建生态自然的新的农业模式已经初现，一种以城市生态建设为核心、以城镇供需市场为拉动、以观光休闲旅游科普多功能为驱动的复合型都市农业必将成为未来农业经济发展的主流模式和生产模式，而都市农业是产业升级和经济发展的必然产物。

都市农业是一种组合了各种先进农业技术，结合了城市生活与社会综合发展因素的复合型农业模式，是未来农业的主流农业，它关系到城乡一体化的建设进程。大力发展都市农业，逐步建立起与城市发展相匹配、与城市经济、生态、文化功能相协调的都市农业发展体系，对于完善城市功能、推进城乡融合、促进农业增效和农民增收、改善城市生态环境、提高城市生活质量、实现城市经济的可持续发展等，具有重要的战略意义和现实意义。

随着我国城市经济和社会的进一步发展，以前的城郊农业发展模式难以满足经济发展和市民对生存环境的需求。解决上述矛盾最好的途径是优化资源配置，在有限的空间上发展集生产、生态、社会经济等功能多元化为一体的高度现代化都市生态农业，建立高度集约化和现代化的现代都市农业体系，实现农业的第二次飞跃。因此，都市农业的未来是一个充满朝气、充满魅力的产业。

尽管我国都市农业起步较晚，但是其发展很迅速，已逐渐形成了具有中国特色的都市农业体系。城郊农业类型逐渐向以农业多功能性为主要特征的都市农业转变，并产生了一定的效果。在国内做得较为成功的都市农业主要有以发展多种农业模式（楼宇农业、宠物农业、物流农业等）为主的北京都市农业和以高效生态功能为重点的上海都市农业及以休闲农业为主打的南京都市农业等。

为了使广大读者更加了解都市农业，使都市农业的设计者和建设者们更好地为我国都市农业的建设和发展贡献力量，我们组织了国内都市农业专家、都市农业的建设者，在总结我国几年来都市农业建设实践的基础上，编写了这本《都市农业博览》，旨在供大家参考应用。由于时间短促，水平有限，书中难免有误，敬请有关专家、读者不吝斧正。

编　者

2018 年 3 月

目录 Contents

绪　论

都市农业(agriculture in urban countryside),在英文翻译中为都市圈中的农地作业。从目前掌握的资料分析,都市农业一词,最早见于1930年出版的《大阪府农会报》杂志上,其具体表述的内容为"以易腐败而又不耐储存的蔬菜生产为主的,同时又有鲜奶、花卉等多样化的农业生产经营"。1935年,日本地理经济学家青鹿四郎在《农业经济地理》一书中给都市农业下了定义:所谓都市农业,是分布在都市内的工商业区、住宅区等的区域内,或者是分布在都市外围的特殊形态的农业。

20世纪五六十年代,美国的一些经济学家提出都市农业与城郊农业都是依托城市、服务城市、适应城市发展要求,并纳入城市建设发展战略和发展规划建设的农业。它是大中型都市郊区和大都市经济圈以内,为适应现代化都市生存与发展需要而形成的现代农业。

1997年,联合国粮农组织(FAO)将都市农业定义为在大都市内或都市圈周围,利用城市间的间隙,包括耕地、山地、水面,从事种养殖业等经济活动,为城市提供鲜活农产品、生态、旅游、休闲农产品的现代农业。

1996年在多国组织和政府的支持下,国际都市农业促进小组在荷兰成立,并于2001年发展成为国际都市农业基金会,其中包括中国区域中心。

我国对都市农业的引入和建设是在20世纪90年代后期,其中以上海、深圳、北京等地开展较早。我国都市农业之所以在这些大都市率先产生,与这些地区的城市化进程和城市向郊区不断拓展有着直接关系。都市农业的兴起是城郊农业和城市经济发展一系列内外部条件成熟的结果,是我国城市化进程中必然发生的现象。

都市农业以都市社会经济发展及市场需求为导向,以构建城乡和谐发展的融生产、生活、生态于一体的多功能农业体系为目标,以现代的科学技术、经营管理为支撑,建设依托城市并服务城市的集约、优质、高效和可持续发展的现代农业体系。

一、都市农业是产业升级和经济发展到一定程度的必然产物

从20世纪的五六十年代到现在的半个世纪以来,我国农业发生了天翻地覆的变化,农业经营模式与组织结构有了质的飞跃与历史的变迁。当前,我国农业的发展正处于由传统农业向现代化农业发展的转型时期,社会快速发展,科技日新月异,所以出现了许多新的农业模式、新的耕作制度、新的组织方式、新的市场机制、新的农业理念和概念。总之,呈现出

一个多变的、丰富多彩的农业时代。

(一)从供给方面来分析都市农业产生的必然性

新中国成立以后,我国农业是以保证供给人民基本需求而发展的,因此多年坚持“以粮为纲”。改革开放以后,随着农村生产力的解放,农业科技水平的提高,人民生活水平不断提高,我国农业开始了转型升级,大力发展蔬菜、果树等经济作物和畜牧业,人们的食物构成丰富多样。进入20世纪90年代以后,我国经济发展水平进一步提高,土地的宝贵性日渐突出,农业生产由原来粗放使用土地的大农业(以生产粮棉油为主)向土地使用效率较高的郊区农业(以蔬菜和其他鲜活农产品为主)到现在高效集约使用土地的都市农业(以生态、设施、休闲和高科技农业为主)转换。

(二)从需求方面来分析都市农业产生的必然性

目前,我国的农业经营模式正在发生深刻变化,良性的农业结构与模式正在形成,生态、环保成为农业发展的主题,绿色、无公害、无污染已经成为人们对农产品的必然追求,可持续循环型农业耕作方式已经成为种植业必须遵循的法则,回归自然、利用自然来构建生态自然的新的农业模式已经初现,一种以城市生态建设为核心、以城镇供需市场为拉动、以观光休闲旅游科普多功能为驱动的复合型都市农业必将成为未来农业经济发展的主流模式和生产模式。

(三)从农业要素升级理论来分析都市农业产生的必然性

我国的大农业(以生产粮食为主)属于农业要素升级理论中的劳动阶段,很少有较大的资本投入;城郊农业(以生产蔬菜为主)就已经步入农业要素升级理论中的资本阶段,需要大量的资本投入;而都市农业已经进入了农业要素升级理论中的创新技术阶段,需要高新技术的支撑。我国当前都市农业中的品种主要以从外国引进为主,缺乏拥有自主知识产权的品种,尚属一般技术阶段,未来将逐步向创新技术方向发展,而都市农业是产业升级和经济发展的必然产物。

都市农业是一种组合了各种先进农业技术,结合了城市生活与社会综合发展因素的复合型农业模式,是未来农业的主流农业。

二、当前我国都市农业的主要类型

(一)生态型都市农业

生态型都市农业是生态农业和都市农业有机结合而成,是一种符合现代农业要求的集约化的多功能农业。除了具有都市农业本身的功能以外,生态型都市农业更强调生态性,有利于建立人与自然和谐相处的环境,实现经济、社会和生态效益的高度统一和可持续发展。

1.有机农业

即不用人工合成的肥料、农药、生长调节剂、除草剂和家畜饲料添加剂等的一种自然农业生产体系,为城市提供纯天然、无污染的有机食品。我国已在一些城郊成功地建立了现代有机农业园区,如北京周边的金六环有机农业示范园、中加有机农业科技示范园等。

2.绿色农业

绿色农业是原农业部农垦司司长、原绿色食品协会会长刘连馥先生于2003年10月提出的。其内涵是指充分运用先进科学技术、先进工业装备和先进管理理念，以促进农产品安全、生态安全、资源安全和提高农业综合经济效益的协调统一为目标，以倡导农产品标准化为手段，推动人类社会和经济全面、协调、可持续发展的农业发展模式。

绿色食品遵循可持续发展的原则，按照特定方式进行生产，经专门机构认定的，允许使用绿色标志的无污染的安全、优质、营养类食品。积极发展绿色农业，已成为迎接国际挑战的战略举措。

3.循环农业

循环农业是我国近几年提出的一种相对于传统农业发展的一种新的发展模式，是运用可持续发展思想和循环经济理论与生态工程学方法，结合生态学、生态经济学、生态技术学原理及其基本规律，在保护农业生态环境和充分利用高新技术的基础上，调整和优化农业生态系统内部结构及产业结构，提高农业生态系统物质和能量的多级循环利用，严格控制外部有害物质的投入和农业废弃物的产生，最大限度地减轻环境污染。循环农业是一个系统工程，目前在我国城市周边已进入多点示范阶段。

(二)设施型都市农业

设施型都市农业是指利用先进的设施工程技术，改变农业自然环境，建设人工生产环境，获得最适宜植物生长的环境条件，以增加作物的产量、改良作物的品质、延长生长季节、提高作物对光能利用的现代农业，生产出无污染、安全、优质、富营养的绿色农产品。

近些年，我国设施农业发展速度很快，其面积已达世界设施农业面积的85%以上，其产品(蔬菜、花卉)主要供应城市居民消费，因此是都市农业主要类型之一。

(三)观光休闲型都市农业

观光休闲型都市农业是根据城市居民需求，以农业生产活动为基础，农业和旅游业相结合的一种新型产业。观光休闲型都市农业是利用农业资源、农业景观、农业生产活动，为游客提供观光、休闲、旅游的一种参与性、趣味性和文化性很强的农业。观光休闲农业是集田园风光和高科技农艺于一体的新型产业。

近年来，我国观光休闲型都市农业发展速度很快，形式多种多样，如观光农园、观光果园、观光菜园、观光花园、水面垂钓园、郊野森林公园、野生动物园、药用植物园、休闲农庄、休闲农场、生态农业园、体验农业园、高科技农业园、农业嘉年华等，深受市民欢迎，成为我国都市农业一条多彩的风景线。

(四)高科技型都市农业

高科技型都市农业是指将现代科学成果、农业的高新技术广泛地应用于城市，如垂直农场、空中菜园、楼顶农业、家庭阳台菜园等。高科技型都市农业要求科技含量高，创意新颖、给市民一种“奇”“特”的感觉，而其中有的项目可进入城市的千家万户，如阳台菜园，市民通过在自家阳台种菜，可以享受农业休闲、观赏的乐趣，品尝自己生产的劳动果实。

目前，我国的高科技型都市农业已经起步，而且具有强劲的发展势头，必将成为我国都市农业的一枝新秀。

三、都市农业的特点

（1）都市农业是位于城区里的农业工厂，它所包括的范围是指都市城市化地区与周边间隙地带的农业，可最经济地利用其地理优势开发城市资源、填充农产品供给市场，不同于一般城郊型农业。

（2）都市农业在经济上依附于大都市，大城市的科技、人才、资金、市场为其提供了优势。都市农业的生产、流通和消费，农业的空间布局和结构安排，农业与其他产业的关系等，必须首先服从城市的需要并为其服务。这种由城市需要决定农业的发展，体现了都市对农业的依赖性，并进而实现相互依存、相互补充、相互促进的一体化关系。

（3）都市农业不仅是经济功能的开发，而且要进行生态、社会等功能的开发，并进而实现全功能性的大农业。

（4）农业生产经营明显的表现为高度集约化的经营方式，实现生产、加工、销售一体化经营，进而达到高度的农业发展形态和为都市服务的特殊功能。

四、都市农业发展的可持续性和趋势

（一）都市农业发展的可持续性

都市农业是随着城市化水平和人们收入水平提高而逐步发展起来的，它是依托城市、服务城市、适应城市、满足城市人们各种需要的现代农业。因此，城市发展规模和城市收入水平，决定着都市农业发展方向和水平。

都市农业关系到城乡一体化的建设进程。大力发展都市农业，逐步建立起与城市发展相匹配、与城市经济、生态、文化功能相协调的都市农业发展体系，对于完善城市功能、推进城乡融合、促进农业增效和农民增收、改善城市生态环境、提高城市生活质量、实现城市经济的可持续发展等，具有重要的战略意义和现实意义。

随着城市化发展和人们生活水平的提高，对没有污染、安全、健康的农产品要求越来越高。都市农业开发生产安全优质的绿色产品，注重环境治理，突出生态建设、节约资源、合理利用，正确处理眼前利益同长远利益的关系，走农业可持续发展的道路成为必然。同时，都市农业是城市生态环境的一部分，发展都市农业，保护农业生态环境，对建设生态绿色城市具有重要意义。

（二）都市农业发展的新趋势

随着我国城市经济和社会的进一步发展，以前的城郊农业发展模式难以满足经济发展和市民对生存环境的需求。解决上述矛盾的最好途径是优化资源配置，在有限的空间上发展集生产、生态、社会经济等功能多元化为一体的高度现代化都市生态农业，建立高度集约化和现代化的现代都市农业体系，实现农业的第二次飞跃。

都市农业的未来是一个充满朝气、充满魅力的产业。它的基本趋向是，由单一的生产功能向兼顾生产、生态、生活功能的三维空间结构的多功能方向拓展，在区域布局上更趋合理；在层次上，在都市近郊，侧重以蔬菜、花卉、林果、草坪等绿色园艺业为主，发展健身、休闲、体验型农业，限制发展畜牧养殖业；在中郊，实行种养加多种经营，因地制宜地发展优质蔬菜业、林果业、畜牧业、水产业、花卉园艺业、种子种苗业和观光休闲农业等七大主导产业，以及农产品的加工和流通业；在远郊，建立具有地方特色的名优稀土特产、反季节农业、特色农业、生态农业、生态林业、休闲度假农业和速生丰产林的重要基地。

五、如何发展都市农业

(一)建设目标

以现代农业发展水平率先进入区域前列，并达到国内领先水平，建成综合效益显著的生态型现代农业、城郊型精品农业先导区，成为促进都市农业新的增长点，成为辐射本地区农业高新技术引进示范与信息交流中心、农业高科技产业孵化中心、现代农业科普教育基地、城郊农业生态旅游与休闲观光带。最终建成融生态化、产业化、集约化、科技化、市场化于一体，集生态建设、高效种养、加工配销、示范推广、研发孵化、积聚扩散、科普培训、信息交流及观光旅游于一体的现代都市农业可持续发展的示范园区。

1. 都市现代农业建设的三大目标

一是率先实现农业现代化，成为“菜篮子”产品重要供给区、农业先进生产要素聚集区、农业多功能开发先行区、农业标准化样板区、农产品物流核心区和生态农业示范区。

二是率先实现“三农”协调发展，使农业综合生产能力明显增强，农民收入持续较快增长，农村公共服务水平大幅提升，真正实现农业强、农村美、农民富。

三是率先实现“四化”同步发展，农业现代化对工业化、城镇化的基础支撑作用进一步增强，工业化、城镇化、信息化对农业现代化的带动作用进一步加大。

2. 都市现代农业的六大推进方向

一是服务城市的农业。都市现代农业的首要任务是最大限度满足城市居民的食品需求，要发挥距离城区近、运输半径短的优势，主要发展生鲜农产品，重点保“菜篮子”“果盘子”“奶瓶子”，还要抓好“米袋子”，稳定发展粮食生产，不断提高粮食综合生产能力。

二是宜居生态的农业。都市现代农业融生产、生活、生态功能于一体，稻田是人工湿地，菜园是人工绿地，果园是人工园地，麦田可抑制扬尘，都发挥着“都市之肺”的生态涵养作用。应当通过发展生态农业、循环农业，促进环境明显改善，让城乡居民清晨能呼吸到新鲜的空气，白天能看到蓝天白云，晚上能仰望满天繁星。

三是优质高效的农业。大城市农业基础条件好，设施装备水平高，市场流通体系比较健全，可通过标准化、专业化、规模化生产，大力发展农产品精深加工，延长农业产业链条，培育一批知名品牌，提高农业效益。

四是科技创新的农业。大城市要充分发挥科技资源集中、技术人才聚集的优势，推动产学研结合，以市场需求为导向，以企业为主体，以种业为重点，加大科技创新和应用力度。大力推进信息化与农业现代化的深度融合，加快物联网等现代信息技术集成应用，大力发展智慧农业，让农业搭上信息化快车、实现跨越式发展。

五是富裕农民的农业。目前，大城市还有相当数量的农业人口，城乡居民收入水平仍有较大差距。要大力发展优势特色农业，搞好农产品营销促销，支持发展餐饮服务、休闲观光等新型业态，广辟农民增收渠道，促进农民收入较快增长。

六是传承农耕文明的农业。发展都市现代农业，要保护好农村历史文化和自然景观，保持乡村特色和乡风民俗。农村不仅要成为农民幸福生活的美好家园，还要成为城市居民休闲度假的世外桃源、心灵寄托的精神家园，让城市居民望得见山、看得见水、记得住乡愁、摸得到农事。

(二)我国都市农业的发展对策

未来中国都市农业的发展趋势应呈现“五个化”：一是功能发展多元化；二是产业发展集中化；三是手段科技化、智能化、信息化；四是经营国际化；五是农民高素质化。

1. 改变农业单一生产功能的局面，迅速拓展农业的多功能性

都市农业的多种功能包括：一是产品功能，为市民提供优质鲜活的农产品；二是生态功能，为城市提供绿色生态屏障，有效改善和优化生态环境；三是服务功能，通过完善科技、认证、物流、会展、信息等服务平台，构架起大中城市服务全国农业的桥梁；四是就业功能，使农产品供应链连接起各行各业，这不仅可为未来的都市农业开拓新的发展空间，也将为农村劳动力提供新的就业机会。

2. 立足区位优势和资源优势，发展有地方特色的都市农业

都市农业的发展要因地制宜。根据城市总体规划和各区县功能定位，结合本地区自然禀赋优势来发展本地区的优势、特色产业。利用现代化的物质手段和区域内独特的优势农业资源，开发和生产出品质优、价值高、市场竞争力强的农产品及其加工品，具有绿色或无公害特点的特殊农业类型。

特色现代农业以“特”“优”“名”“精”“新”等为基本特点，具有更强的市场竞争力和营利性。都市近郊地区发展以科技、精品、观光为特色的都市农业，其建设模式以市民农园、农业公园、景观绿地、花卉公园等为市民体验农耕和休闲娱乐提供场所的观光型农业为主。远郊地区是农产品的主产地，以“优质、高产、高效”都市农业为重点，建设观光农园、教育农园、垂钓乐园、少儿农庄等。

3. 创新都市农业的投融资机制，促进投资多元化

都市型现代农业是资本有机构成较高的产业，单纯依靠农民很难完成资本积累的过程，需要动员各方力量，形成政府主导、农民主体、社会参与的投入体系，都市型现代农业才能形成可靠的资金支撑。应加大对都市农业的投资力度，制定相关扶持政策，积极鼓励社会各界以各种方式投资。政府支农资金在增加总量的同时，改进投入方式，调动投资主体的积极性，建立政策性农业保险制度，财政资金对投保农户予以保费补贴，提高农民抗御风险能力。

4.培育都市农业市场体系,提高农产品流通效率

借助城市发展起来的快速道路体系,农业物流可以大大缩短产品的运输时间,延伸农产品的可达性和科技性,利用农业物流为农产品开拓市场。发达国家普遍重视农业物流的发展。

我国在发展农业物流时要注意以下几方面:一是建立连接城乡道路体系和网络系统,从外部环境上给予保障;二是借助农业协会组织,把物流系统延伸到乡村;三是发展农产品加工配送中心,提升产销地农副产品批发市场;四是开发先进的采摘、运输、储存技术,减少农业物流中的损失。

5.加大人力资本投入,提高农业劳动者素质

发展现代农业,离不开有文化、懂技术、会经营的新型农民。应采用多种渠道培养科技人才,努力提高农民的技术素质。教育是人力资本投资的最重要形式,各发达国家对农业教育都十分重视,有着完善的农业教育体系。几十年来,发达国家农业就业人数大幅减少,而农业生产却大幅度增长,这与农民素质的提高密切相关。我国发展现代农业在劳动力方面的主要障碍,不是农业劳动力数量不足,而是农业劳动力的文化、科技和经营素质不高。政府应该高度重视农民素质的提高,开办培训班,资助农民学习农业技术和管理方法,不断提高农业劳动者素质。

6.依靠科技延长产业链,打造都市区域农业品牌

依靠科技延长产业链,开发更多的产品,增加产品的附加值。在城郊的一些地方可依托资源优势,充分发挥辖区内的特色,打造区域农业品牌。例如,北京市通过发展都市农业形成了一系列知名农产品,如怀柔板栗、门头沟樱桃、大兴西瓜、平谷鲜桃、通州花卉、昌平苹果、房山磨盘柿等一批区域农业品牌已经逐步引领市场。全面推进无公害农产品的认证工作,并在此基础上加大绿色食品和有机食品的发展力度。在农业生产上,要立足于对广大消费者负责,推进农业标准化生产,提高农产品安全质量水平,发展无公害、绿色安全农产品,构建从田头到餐桌的食品安全链条,保证城乡消费者的生命安全。应进一步延长产业链、延长销售半径,形成布局合理、功能齐备、各具特色的现代产业体系。

建设现代农业,实现农业现代化,都市农业是先锋、是新锐。在“城市与自然共存”“绿色产业回归城市”“城市和乡村融合”的呼唤中,都市农业将成为农业现代化的一支先头劲旅。从都市农业起步,是我国建设现代农业,实现农业现代化的优选路径。

第一章　都市农业的兴起和发展

第一节　都市农业的概念

一、都市农业的内涵

关于都市农业的起源一般有四种观点，其中令人信服的是德国在1919年创造了“市民农园”的发展模式；日本在1930年提出了“都市农业”这一概念；1950年，美国学者欧文·霍克使用了“都市农业区域”这个词；1969年，美国经济学家约翰斯顿·布鲁斯提出了“都市农业生产方式”一词。1977年，美国农业经济学家艾伦·尼斯发表了《日本农业模式》一文，正式提出了“都市农业”的概念。

都市农业基本内涵：以都市社会经济发展及市场需求为导向，以构建城乡和谐发展的融生产、生活、生态于一体的多功能农业体系目标，以现代的科学技术、经营管理为支撑，建设依托城市并服务城市的集约、优质、高效和可持续发展的现代农业体系。

都市农业区别于传统乡村农业的首要特点是它融入了城市经济和生态系统中，成为城市发展中极其重要的一个有机组成部分。并不仅仅是城市所处的地理位置把都市农业同乡村农业区分开，区别两者的事实之一还在于都市农业深深植根于城市生态系统，并与其相互作用。

二、都市农业的多功能性

国际上普遍认为都市农业是指城市化和半城市化地区的一种综合农业经济行为，包括从生产加工、流通消费到食品安全监管和休闲体验的整个经济过程。它相对于乡村农业来说，最显著的特点就是其多功能性。体现在生产（多元和高效经济并存）、生活（弱势群体参与和和谐社会构建）、生态（生物多样性保护和优美环境重建）和生情（自然景观教育和健康文化创造）等诸多方面，是城市社会经济体系中的一个有机组成部分，是推动城乡一体化的良好切入点和城市地区建设新农村的重要载体，因此需要被有效地纳入城市发展战略和城市规划中来。

都市农业是无城乡边界的，是以不同形态无处不在的融合于城市之中。同时结合农业产业本身的特点，具有脆弱性，需要一定的保障措施。都市农业本身也是满足市民的生活需求，其多功能性依托不同区位、自然环境、旅游资源、社会人文，以及主体资金人才、技术投入、产业内容等，有不同的经营模式和规模，具体主要体现在五大方面：生态环境方面、社会保障方面、食品安全方面、经济增收方面、文化教育方面。

（一）生态环境方面

随着城市化及工业化的不断推进，农业要素的流失、农业的衰退及城市生态环境问题的日益突出，在我国，把农业作为生态系统的主体来建设，正在成为自觉行动。数亿亩的生态林构成生态系统的基干，种植业、畜牧业的生态功能在越来越多的地方得到发挥。而在城市周边，高科技农业的开发，集生产、生活、生态诸多功能于一体的现代都市农业的迅速发展，有传统的茂林修竹，更有新优果园、特种蔬菜园、珍禽园、垂钓园、锦鲤池等，成为市民休闲体验、旅游度假胜地。同时，都市生态农业开发要充分考虑并利用当地自然环境资源，结合现代农业科技应用，发展农业生产的同时，充分融合周边居民的生活需求，构建良性生态循环。

（二）食品安全方面

食品安全问题是全球普遍关注的核心问题之一，也是目前国家农业供给侧改革的重要方向。随着城市化的快速推进，城市农产品供给特别是生鲜农产品保障供给问题越来越严重，主要问题源于农药化肥的过度使用以及产品运输保鲜等问题造成的农产品信任危机。于是打造社区、家庭与生产基地的直供链条是都市农业的一个重要发展内容，市民农园、CSA 等社区共建模式开始出现。同时，通过生态农业技术研究推广、农业人才培养等不断完善升级的现代农业园区，也通过规范化、标准化的生产树立了农业品牌。随着现代农业科技发展，迎合大城市的生活需求，现代农业城、楼宇农业、农业产业集群模式等也应运而生，集约化的生产模式为大城市的农产品数量需求以及质量控制提供了更强有力的保障。

（三）社会保障方面

现代都市农业充分利用都市中农业及相关科研院所的技术、人才、资金等资源，将最新设施、设备、品种、技术在农业园区中进行中试推广。通过发展品牌农产品与电商、邮政快递、供销等企业“网农对接”系列运动，推进品牌农产品营销促销。同时为周边农业产业发展提供强有力的支撑作用。同时，结合新型农民主体培训等国家政策方向，为社会培养更多农业人才，为社会提供更多就业岗位，提高人民生活水平。

（四）经济增收方面

都市农业直接受所依托的大都市强大科技、经济和社会力量的辐射，与工商产业、服务业融为一体，发展为适应现代消费需求的新的市场经济增长点，通过城乡的交流和联系，充分发挥示范、展示、辐射、带动作用，有助于推动农业产业结构调整，增加农民收入，也是特色小镇、美丽乡村建设的重要切入点。杜能农业圈理论集中论述了如何通过农业合理布局来达到节约运费，从而最大限度地增加利润，主要结论是①城市作为消费中心是影响其周围农业用地的一个主导因素，以距离城市中心的远近及农产品运输费用的多少衡量地租额的高低和土地利用集约化程度大小的标志，并据此对各类农产品的生产进行布局和定位。②按土地区位地租高低，即距市场远近，确定农业土地利用的合理集约度。③对因气候、土壤等自然条件所限制成市场畅销的农产品，必须迁就特定产区而又远离消费中心市场的，应对这些产品进行加工转型（如果品、乳类加工品），以利于远销和降低成本。④对易腐保鲜农产品、单品体积、重量大而价值低的产品，为节省运费和土地并且迅速向消费者出售，认为其均应选定在离消费中心市场不远的土地上生产。

（五）文化教育方面

居民的多元化、多层次的物质、文化生活需求，对都市型现代农业发展提出了更高的要求。农业的经济功能不断向社会及生态功能转变，即农业为居民提供初级农产品的生产功能已经居于次要地位，而满足广大市民的观光休闲、娱乐和保护生态的功能逐渐上升至主导地位，例如生态餐厅、家庭园艺、庭院农业、楼顶农业、市民农园等已逐渐融入市民生活。

农业和文化有着不可分割的必然联系。农业是一种文化，中国的传统文化就是农耕文化，农耕经济是中国传统文化产生和发展的经济基础，他贯穿于中国传统文化发展的始终，对中国传统文化特征的形成产生过多方面的影响。

近年来我国都市农业按照市场经济规律，学习西方发达国家的丰富经验围绕消费文化，都市农业以本地资源为依托，逐步形成了桃花节、樱桃节、农业嘉年华等农业节庆活动，推动都市农业旅游的发展。同时随着农业相关科技的发展，将科技教育与农业相结合，给市民和青少年提供了更为生动的科普环境，促进了更多都市农业文化创意产业的产生。

第二节　国外都市农业的发展现状

一、国外都市农业发展背景

目前，都市农业已成为世界各国现代化大都市郊区农业发展的趋势和方向。纵观都市农业100多年的历程，世界各地出现了奇异的都市农业发展模式，有效推动了都市农业的快速发展。我国都市农业的发展势头也比较迅猛，因此探讨国外都市农业的发展模式，有助于推进我国都市农业的又好又快发展。

都市农业发展模式的分类：一是从国别或地域看，有美国模式、德国模式、日本模式、新加坡模式等。二是根据都市农业的实施情况分为成品农业模式（出售产品和加工品为主）、生态农业模式、设施农业模式、精准农业模式。三是根据其功能，有以经济功能为主的美国模式，以生态、社会功能为主的欧洲模式，兼顾经济、社会、生态功能的亚洲模式等。四是根据产品属性，分为体验型（如养宠物自我消遣）、服务型（如养宠物供人观赏以取得收入）和产品型（如养宠物直接出售获得收入），也有多目的的混合型。如美国、荷兰的都市农业属产品型，中国台湾以服务型为主，日本、意大利等国以体验型、服务型为主。五是依据生产内容，有的总结为郊外生态防护林业、郊外食物农业、城市园林园艺农业、城郊旅游农业、市内楼宇农业、都市文化农业，有的归纳为设施农业、种苗业、农产品物流业、观光休闲农业、农业科技园区、循环农业和生态农业等，也有的概括为生态景观型、高科技设施型、农业旅游度假型、体验参与型和特色精品型等。六是根据产生机制，分为原生型都市农业和诱致型都市农业。原生型农业是直接受城市化发展影响而形成，在落后城市是城市贫民借以谋生的自发农业，在现代城市是为了保护城市生态功能的自觉农业。诱致型农业首先是半企业行为的现代企业，如城市近郊区的农业园区；随后是扩散型农业，即大城市郊区的现代都市型农业。

二、国外都市农业发展模式

（一）美国模式

美国是非常重视都市农业规划的，将都市与地方特色紧密地结合。尤以大西洋沿岸地区都市农业发展最为突出，以波士顿、纽约、费城、巴尔的摩、华盛顿五大都市圈形成的带状区域被称之为“巨型带状都市”，这里城市与农村相互交叉，融为一体，城市中分布着农业网络，形成独特的都市农业景观。

美国都市农业

20 世纪 50 年代，美国农场逐步从多种经营转变为专业化经营。农产品生产、加工、营销各环节紧密相连，产业化水平很高，实现了“从田间到餐桌”的产加销一体化。

美国都市农业主要形式为耕种社区（市民农园），是一种农场与社区互助的组织形式，占美国总面积的 10%。参与市民农园的居民与种植者共同分担生产成本、风险及盈利，在庭院、社区、学校、城市闲置空地等发展园艺业，增强了区域食品供给能力，加强了农民和消费者关系，满足了环境伦理和开放空间需求等。

美国都市农业

(二)欧洲代表模式

20 世纪,一系列的城市问题和环境问题迫使欧洲重新审视农村和城市的发展关系。都市农业发展已经成为欧洲许多国家协调城乡发展、多功能利用土地的一个重要议题。德国都市农业以市民农园为代表,是欧洲都市农业最早的生产形式,分布于中小城镇中,由镇、县政府提供的公有土地和居民私有土地组成。1919 年,德国颁布《市民农园法》。至 2008 年,德国共有 102 000 个市民农园,占地面积达 46 640 hm^2,超过 400 万人参与市民农园的种植和管理。

19 世纪德国政府为每户市民提供一小块荒丘,市民用作自家的"小菜园",实现蔬菜生产自给自足。后来市民农园的土地一部分是镇、县政府提供的公有土地,另一部分是居民提供的私有土地。每一市民农园的规模约有 20 000 m^2,大约 50 户市民组成一个集团,共同承租市民农园,每个承租人租地 100 m^2,租期 25～30 年。政府不干涉市民种什么,如何经营,但其产品不能出售,这是与美国市民农园的主要区别之一。

欧洲市民农园

荷兰是农业高度发达的国家,荷兰人口密度大,农业紧靠大中城市,特别是其园艺业和奶牛业,位于大中城市的"都市圈内"。其发展目标不再是追求产量,而十分强调农业与环境、自然的协调发展,重视农业的社会责任,这为荷兰形成"绿色生产力"打下一个很好的基础。荷兰是欧洲都市农业最具国际化、专业化、优质化和高新技术特征的国家,都市农业发展具有高投入、高产量、高产值、外向型特征。其生产组织形式以家庭农场为主的集约化设施农业。荷兰农业公园由花卉供应商共同参与,保证了公园的循环持续,每年春天举行花展,同时还安排园艺与插花等的工作坊、各种主题的展览等。同时提供骑行、泛舟、市集、儿童游乐、艺术花园、花车游行、自然餐厅等娱乐休闲活动,丰富主题内容。

荷兰都市农业

(三)亚洲代表模式

亚洲都市农业以日本、韩国、新加坡、中国台湾等为代表,是以土地节约型和技术密集型为主,由城郊型向都市型转变,也成为解决过快城市化问题的关键之一。

日本在经过20世纪60—70年代经济的高速增长之后,城市扩张迅猛,城市周边地区的地价不断上涨。因为政府为保护耕地采取了一些行之有效的土地税制度,所以市区内保留了不少的耕地。一些农户不愿过早出卖自己所拥有的土地,于是将继续耕种的土地在高楼大厦林立的城市内保留了下来。在城市星星点点的耕地上生产的嫩绿的蔬菜、鲜艳的花卉,不仅为城市增添了绿色,增加了观赏的景点,而且改善了城市的生态环境,有不可忽视的存在价值。

日本都市农业发展一是各级政府给予保护政策;二是经营模式多样化;三是政府关注农业劳动力素质的提高。日本的精细化农业科技含量较高,蔬菜自给率高达90%以上,以小型化、集约化、现代化的园艺设施生产的蔬果为主导农产品。同时,日本人崇尚就地食物消费(local food),希望通过以地方范围内的合作建立自给自足的食物供应链,是消费者与地方生产重新建立关系,并得以就近控制质量。

新加坡是一个城市经济国家,耕地资源匮乏,农产品不能自给,本地只生产少量蔬菜、花卉、鸡蛋、水产品和乳制品等,加上城市化发展后耕地不断减少,因此新加坡非常重视都市农业向高科技、高产值发展。20世纪80年代起,新加坡政府大力发展农业科技园,其发展以追求高科技和高产值为目标。新加坡推出了世界首批在城市环境中种植热带果蔬和其他农作物的低碳、水力驱动的旋转纵向农场。林厝港一带建立的3.6 hm^2 大型菜园农场,专门从事垂直农场研发和制造,9 m高的耕种塔旋转种植蔬菜,整个农场共有2 000座塔。

新加坡滨海湾花园,位于滨海湾金融区(Marina Bay)是新加坡政府新近开放的当地标志性景点之一,也是本地居民假期休闲的新宠。花穹的建筑设计采用了全玻璃网架结构,花穹的内部空间利用充分。立体栽培的景观上下错落有致,堪称立体栽培界的王牌。每个擎

新加坡滨海湾花园

天树都是一个垂直花园，高度从 25 m 到 50 m 不等。这些“树丛”将太阳能转化为电能为整个园区供电。另外，滨海湾花园还有完整的循环水系统，能储存、净化雨水。

第三节　我国都市农业的兴起和发展

一、我国都市农业的兴起

由于城市化的影响，生活在人口密集、环境不断恶化的城市中的人们开始将目光转向郊区，转向远离城市的乡村，对郊区休闲旅游的需求不断增加。随着生活水平的不断提高，人们从最初的追求温饱上升到追求优质安全的食品，从对物质文明的满足转向追求精神文明的满足，消费观念越来越倾向于高质量、有利于健康的产品以及休闲度假、旅游观光等方面。为了适应这种需求的变化，都市农业应势而生。都市农业是工业化、城市化高度发展的时代，人们对都市区域农业的新认识、新观念。随着我国工业化和城市化不断发展，都市农业作为城市和市郊空间中一种特殊的农业形态，它强调农业与城市共生发展的理念，而不是特指某一种农业形态。

我国都市农业的概念是在 20 世纪 90 年代初上海农科院在国内首次召开的都市农业国际（中一日）研讨会上第一次提出的，通过不断探索和实践发展起来。最早开展都市农业的地区主要集中在地处长江三角洲、珠江三角洲、环渤海湾地区的上海、深圳、北京等地。主要以大都市为依托，城郊农业为基础发展壮大。有学者认为其发展阶段主要包括：起步探索阶段（1994—2000 年），规范发展阶段（2001—2006 年），大力发展阶段（2007 年至今）三个主要阶段。1994 年，上海市为适应建立国际性经济中心城市的要求，市政府提出城郊农业向都市农业转变的思路，旨在建立一个与国际大都市相适应，并且具有世界一流水平的现代化都市型农业。孙桥现代农业示范区的建立，是全国第一个综合性现代农业开发区。1995 年上海市和日本大阪府，开展都市农业国际合作研究，并于 1996 年在上海召开了“上海市一大阪府都市农业国际研讨会”。1998 年，在北京召开了首届全国都市农业研讨会，北京、上海、天津、深圳、厦门等地的代表出席了会议，都市农业在我国沿海发达地区受到了广泛重视。21 世纪以来，全世界范围都在推进城市化发展，快速地城市化和大都市圈的形成，为都市农业的发展提供了新的要求和机遇。

二、我国都市农业的现状

尽管我国都市农业起步较晚，但是其发展之迅速，逐渐形成了具有中国特色的都市农业体系。城郊农业类型逐渐向以农业多功能性为主要特征的都市农业转变，并产生了一定的效果。在国内做得较为成功的都市农业主要有以发展多种农业模式（楼宇农业、宠物农业、物流农业等）为主的北京都市农业，以高效生态功能为重点的上海都市农业以及以休闲农业为主打的南京都市农业等。

这些城市都市农业较为成功的经验，为都市农业的发展指明了方向。都市农业，是城乡结合的产物，向着农业的多功能性在转变，通过整合原有资源，引进高端技术装备来进行现代化的农业生产。我国都市农业主要的发展模式有人总结如下：成品农业模式、生态农业模式、设施农业模式、精准农业模式、休闲农业模式和庄园农业模式。按照都市农业所针对的不同功能，目前我国的都市农业发展形式主要有会展农业、科普教育农园、科技示范园区、休闲体验园区、精品生产园区等。

(一)会展农业模式

会展农业，是都市农业的新形式，主要是以农业会议、农业展览会、农业节庆等为载体，起到高端引领作用。

这种都市农业模式主要在北京发展壮大，北京市农业科技围绕农业生物技术、农业育种、农业投入品等几大关键领域，从前沿技术创新、应用研究、服务体系三个层面全面部署，为北京会展农业提供了强有力的支撑。主要的经典案例有：在农业会议方面，2012 年第 7 届世界草莓大会和第 18 届国际食用菌大会，2014 年第 75 届世界种子大会和第 11 届世界葡萄大会等；农业展会方面，中国国际农产品交易会，2013 年第 9 届中国国际园林花卉博览会等；农业节庆方面，有大兴西瓜节、平谷国际桃花音乐节和慕田峪长城国际文化节等，据不完全统计，北京郊区一年大小农业节庆有近百个。

北京草莓大会场馆

(二)科普教育农园

教育农园，是都市农业的一种表现形式，兼具科普教育和农业生产两个功能。这是兼顾农业生产与科普教育功能的农业经营形态，即利用农园中所栽植的作物、饲养的动物以及配备的设施，如特色植物、热带植物、农耕设施栽培、传统农具展示等，进行农业科技示范、生态农业示范。主要服务于青少年群体，帮助游客或者青少年更方便直观地学习农业知识，体验农事活动。

我国教育农园的发展在台湾地区已经比较成熟，南投县于1991年就开始建设了台湾教育农园。台湾教育农园的成功具有深远的影响，其主要功能：一是给城市居民更多的接近大自然并学习农业知识的机会；二是配合中小学的某些课外培训课程，让中小学生在享受乐趣的同时达到户外培训的目的。在大陆，教育农园并未完全推广开来，但是已经形成了很多可以提供农业科普教育的基地园区，如“学农基地”“青少年活动基地”以及“学生学习基地”等，如北京少儿农庄、丰田科技园，江苏苏州的未来大世界，广东顺德的农业园等。

特色植物及热带植物科普

栽培设施

传统农具体验

(三)高新科技农业示范园区

高科技农业示范园区是依托大都市而发展起来的农业科技示范园区，是在特定范围内，采用新技术生产手段和管理方式，集精品农产品生产、农业高新技术试验展示、动植物优良品种繁育、技术人员培训、农业科教和休闲度假等多功能为一体的园区。一个以展示现代农业科技为主要目标，对农业新产品和新技术集中投入、集中开发，形成农业高新技术的开发基地、中试基地、生产基地，以此推动农业现代化的一种开发方式。

都市农业的发展离不开技术的支撑，高新科技示范园区通过在园区内充分地运用现代农业科学技术，展示和示范，面向广大的农村、农业、农民进行扩散传播农业科学技术，推进

圆柱形气雾培设施

农业现代化的发展。近几年农业科技示范园区在我国蓬勃发展，研究开发先进的农业科技成果，培育龙头企业，很好地促进了农业高新技术向现实生产力的转化和示范、辐射、推广。一大批国内外先进适用的农业高新技术，如生物工程技术、设施栽培技术、节水灌溉技术、集约化种养技术、农副产品深加工技术以及计算机管理与信息技术等在园区转化为现实的生产力，又通过展示、示范生产、参观学习和技术培训等手段，推动了这些农业科技成果向广大农村地区辐射推广；为新形势下我国农技推广工作探索出了一条有效的途径；为城镇居民营造了一批休闲观光的去处等。1997 年我国建成第一个国家农业科技园区——陕西杨凌农业高新技术产业示范区。

(四)休闲体验园区

休闲体验园区，通过体现休闲和体验的功能来诠释以休闲农业思想为主的都市农业模式。休闲农业是整合第一、第二、第三产业，服务“三农”的朝阳产业，通过巧妙融合生产、生活、生态功能，构建了可持续发展的长效机制，使休闲农业成为实现城乡统筹的重要载体，也成为促进农村文化建设的重要平台。

果实采摘体验

昆虫体验馆

农事体验活动

休闲体验园区是一种综合性休闲农业区，以吸引旅客住宿为特点。农场以生产果、菜、茶等农作物为主，经过规划设计，充分利用农场原有的多种自然景观资源，如溪流、山坡、水塘，以及植物、动物、昆虫，引进一些游乐项目，开发为休闲农场(或度假农庄)，把市民的观赏景观、采摘果实、体验耕作、住宿餐饮和娱乐等多种活动结合在一起，适应他们度假游乐的需要。如日本的“民宿农场”，澳大利亚的“度假休闲农场”。

(五)精品生产园区

园区以生产、展示示范为主要目的，精品化、精细化管理生产优质安全农产品。通过现代化机械手段，规模化管理，标准化生产，精准化播种、施肥、施药，避免了资源的浪费，减少了由于农药化肥所引起的面源污染；农业高新科技的应用，提升农业生产的水平，提高生产效率。发展和带动农产品的绿色、有机认证，生产安全、优质的农产品。荷兰、以色列等国家在精准化控制、规模化生产方面处于世界领先地位，对我国有一定的借鉴意义，自控温室工程、无土栽培、天然雨水灌溉、电脑温控、园艺化生产等先进的农业科学技术，保证了精品生产园区的顺利运营。

精品生产示范园区

都市农业的发展如火如荼，形式多种多样，一直在发展中产生新的发展模式。例如，以林木为主的森林公园，具有多变的地形，开阔的林地，优美的林相和山谷、奇石、溪流等多景观的大农业复合生态群体。以森林风光与其他自然景观为主体，在适当位置建设狩猎场、游泳池、垂钓区、露营地、野炊区等，是人们回归自然、休闲、度假、旅游、野营、避暑、科学考察和进行森林浴的理想场所。民俗观光园，具有地方或民族特色的村庄，提供可过夜的农舍或乡村旅店之类的游憩场所，让游客充分享受农村浓郁的乡土风情和浓重的泥土气息。民宿农庄，主要是为已退休或将退休的城里人租住农村房屋，迁居农家。这些人中有教授、导演、设计师、工程师等，他们在城里均有较好的楼房，非常向往农村的风光，游览田园景观，希望在林间散步，呼吸着农村新鲜空气，过着宁静淡泊、无噪声、无污染的世外桃源式的生活。

三、我国都市农业发展存在的问题

我国都市农业与世界其他起步较早的国家相比还存在着许多不完善的地方，需要进一步的探索和实践。主要的问题表现在：

（一）都市农业的理论研究薄弱

都市农业，由于其地处城市和乡村的交界处，包含了城市和乡村的两种属性，内容丰富，其理论研究体系涉及的范围广泛，主要包括经济学、生态学、城市学等诸多领域。对都市农业的讨论多集中在介绍国外发展都市农业的理论和经验等，而对都市农业发展中的一些重要问题诸如都市农业发展需要多大的城市圈、城市群和城市来支撑、都市农业产业空间布局的优化、政府和市场应如何分工合作以及都市农业与城市发展的互动等方面缺乏系统研究。

（二）先进技术的整合、更新速度慢，科技力量不足

在已建设的诸多都市农业项目中，所采用的技术、装备已不具有先进性，并缺乏行之有效的先进技术的整合和指导，设备更新换代速度慢。这就导致都市农业的发展没有完整的配套技术，无法形成产业。事实上，技术的研发和推广也落后于需求，比如屋顶绿化，需要防渗、自动浇灌、减轻称重、促进高产、降低成本、高效、安全卫生、环保等全方位的技术相配套，同样，阳台农庄、市民农园、教育农园等都需要有相应的配套技术。并且我国地域幅员辽阔，水、气、温、光、土等农业要素差异明显，不同地域也需要有针对性的配套技术。但目前配套装备、技术尚不完全，也没有与时俱进和更新的科技力量。

（三）管理水平偏低，经济效益弱

在国内诸多的都市农业中，成功的案例并不多，这主要受到经营管理水平的限制。虽然农业管理体制的改革在不断推进各种类型的农民专业合作社在全国各地相继成立但是在向现代农业过渡的转型时期，由于政府对农产品的行政干预较多，致使都市农业在实践操作上总会遇到不少的困难，农民专业合作社的实际效用还有待进一步提高。而且到目前为止我国尚没有一个权威的主管部门来统筹管理都市农业发展的相关工作。从事农业管理的管理人员素质较低，缺乏专业的管理人才，管理手段比较落后，无法适应都市农业发展的要求。受到市场的影响，部分都市农业从事人员，忽视市场规律，导致同类产品供大于求的情况发生，经济效益降低。

（四）农村基础设施相对落后

农村的基础设施建设近年来并无太大改观，而都市农业的发展离不开农村基础设施的配套建设，尤其是交通运输条件的改善。实践表明，农村落后的基础设施将成为制约我国都市农业发展的瓶颈，在一定程度上制约都市农业产业化的形成，影响都市农业科技的应用和推广。

（五）劳动力资源及文化水平限制发展

随着都市经济的发展和城市化进程的加快，非农工资水平不断提高，在城市“拉力”的作

用下，都市农业劳动力转移到非农产业的动机更强，机会更多和更加便利，导致大量从事农业的劳动力向非农行业流动。

另外，由于农村劳动力综合素质不高，使其就业大多集中于体能消耗型的制造业、建筑业等劳动密集型行业，这样农村劳动力转移主体就表现出青年群体性。据调查，2006 年，我国农村转移劳动力中岁的青年人占外出劳动力的 66%以上。随着劳动力体能的下降，由于户籍和社会保障制度的限制，他们不得不从城市返回到农村，表现出阶段性回流，进行二次就业转移。都市农业是科技含量高的农业，需要大量的优质的人力资源学习现代技术和先进的经验投入到农业中，而这种不对等的双向流动，加快了农业劳动力结构逐渐高龄化的趋势，在一定程度上影响了都市农业的现代化进程。

(六)资金保障薄弱

资金是都市农业发展的可靠保障。都市农业是一种高投入、高产出的产业，投资大，周期长。作为农业的本身，都市农业不可规避其脆弱性，相比其他产业的收益又低，因此进入资金都比较谨慎，积极性不高，致使长期以来农业面临资金缺乏的压力。

(七)缺乏较为系统的详细规划

中国的都市农业首先是由政府提出并进一步引导发展的，在这一过程中，政府的规划存在与都市农业经营主体、投资主体目标不一致性的问题，有时会出现项目规划上变数大、项目稳定性不强等矛盾，这可能会导致各要素的浪费，农业经济效益的下降。另外，目前全国各地区的城市用地和都市农业发展用地的规划大多缺乏科学安排，土地资源的不合理配置导致了城市用地和都市农业用地均不足的局面，快速的城市化过程中不注重环境保护，城市景观遭到破坏，城市用地一直处在短缺状态；随着城市的不断扩张，城市用地侵占都市农业用地，导致都市农业用地的土地资源严重不足。

第四节　我国都市农业的发展趋势

一、都市农业的科技创新

都市农业是现代农业的一个重要表现形式，强调促进生产条件的现代化、生产技术的科学化、经营管理技术的先进化以及生产组织的社会化。现代都市农业既是农业生产方式发生根本性变革的过程，也是农业生产装备、生产手段进步和技术改造的过程，都市农业的发展，需要高科技为依托，不断创新，引领发展。都市农业的科技创新发展主要体现在：先进设施设备的应用创新，高端农业技术的应用推广，珍稀品种资源的收集和展示等方面。

(一)设施设备的应用更新

都市农业着重考虑先进的农业设施设备的引入更新。先进的农业设施设备能够最大化的提高农业生产效率，节约资源，促进都市农业的可持续发展。例如，马铃薯自动播种机、毛豆脱荚机、蔬菜移栽机、芦笋扦插机、油菜直播机等农业机械，节水灌溉、水肥一体化等农业措施的应用展示了都市农业设施设备的先进性和高效性。强化现代化管理设备支撑，通过物联网控制管理系统的引入，促进农业精准化调控，精细化管理。

（二）高端农业技术的应用推广

引进推广适地适宜的高产高效生产技术，并扩大优良品种和技术的推广应用规模，为优质农产品的生产提供技术保障。新品种、新型肥料以及创新型栽培模式的应用体现在四个方面：一是设施农业技术，设施农业生产进行轮作倒茬、立体栽培等高效蔬菜、花果生产；二是合理安排种植插口，总结推广高效蔬菜生产技术；三是引进推广架势栽培等国际领先果树高产栽培技术；四是林间套种技术，充分利用相对丰富的林地资源，发展林下经济。

（三）珍稀品种资源的收集展示

都市农业通常主要经营奶、鸡、鱼、温室、观赏植物、鲜菜、果树等生产，专业化生产程度较高，同时又包括稻、麦、畜牧、水产等的复合经营。近几年随着都市农业的不断发展，都市农业的形式不断增加，会展农业、休闲农场、教育农园等都市农业形式对于珍稀品种的收集展示的地位不断凸显出来，满足人们对新鲜事物的好奇心以及对优质安全产品的需求。

二、都市农业的组织管理体系提升

经营组织管理的先进性，决定了都市农业体系的先进性。关注国家政策，以国家政策为导向，积极响应国家的支农惠农政策，发展利于三农的都市农业模式。严格进行都市工业生产过程的技术体系管理，根据市场准入标准生产适时的优质农业产品。组织生产要多方位了解市民对农产品、对农业的需求。关注食品安全、健康养生以及市民对田园生活体验的向往和需求，及时调整都市农业管理战略。

三、都市农业的盈利模式创新

基于生产功能的都市农业为都市居民生产和提供更多的名特优、鲜、活、嫩的农副商品，以满足同层次的物质消费需要。都市农业不能停留在初级农产品的生产上，而是应该通过农业产业化的发展，建立农副产品的生产、深度加工和市场销售的生产经营体系，特别要对农产品进行精深加工，促进高附加值商品生产的发展，从而不断提高农业生产效益。基于生产功能的都市农业的盈利点主要包括销售初级农产品收入、高附加值收入和其他收入。

都市农业的模式不断创新，其营利手段也在不断地更新。近几年来，以“农业嘉年华”为代表的现代化都市农业新业态，发展迅速，取得了良好的社会效益和经济效益。从门票收入到农产品售卖再到农产品礼品、工艺品的售卖，取得良好的经济收益。以往采摘园单一化的采摘盈利模式已经不能够满足都市农业的要求，将采摘融入都市农业园区当中，通过采摘带动休闲、娱乐、亲子互动等诸多项目的展开，丰富经济收入的来源，提高经济效益。都市农业注重高新技术的应用、先进技术成果的推广，通过技术、成果的推广、应用和分享，以科技为切入点，提升园区影响力和经济效益。

第二章　都市农业园区的规划设计

随着社会经济和科学技术的高速发展，农业的生产方式也突破了传统的农业格局形成现代集约型的生产方式，这就为农业的发展带来了新的机遇。近年来，我国农业最大的发展变化就是创新出现代农业园区这一举动，尤其是都市农业的兴起。近年来，都市农业逐渐为人们所熟识，逐渐融入了科技、科普、旅游、健身等内容，由单一的功能逐渐向综合功能转变。都市农业规划也有原来自发性向逐渐规范、多功能集于一身的方向发展。都市农业的规划设计，不同于建筑规划设计，它是介于建筑规划设计与农业规划设计之间的一种结合体。

都市农业规划鸟瞰图示意

都市农业规划鸟瞰图示意

第一节　都市农业园区规划设计定义

规划这一词汇来源于国外，20 世纪 50 年代在我国开始使用。20 世纪 50 年代中国制定的第一个科学技术发展规划《国家十二年科学技术发展远景规划(1956—1967)》，是我国应用“规划”最早的例证。规划属于指导性计划，具有综合性、战略性、长远性的特点。

都市农业(urban agriculture)是农业发展的一种特殊形态，是以区位作为分类变项的农业形态。都市农业是指位处都市地区的农业，包括城市地区与城郊地区的农业。由于区位的特殊性，都市农业的经营目的、经营的内容项目、市场与顾客、服务方式，及社会责任等，都有别于一般位处乡村地区的农业。都市农业可分为消费型都市农业、服务型都市农业和生产型都市农业三种。就区位而言，消费型都市农业是在市内或郊区，服务型和产品型则都处于城市的远近郊区；就功能而言，消费型和服务型偏重于休闲观光功能，产品型则主要是生产功能；从生产模式分析，消费型现代科技含量低，服务型和产品型则引进农业高新科技、新品种，进行集约化生产；就景观效果而言，消费型和产品型都只考虑产业规划的合理性，服务型则经过景观规划，融入景观要素，优化农田景观。

由于都市农业主要地处大城市边缘地区及郊区，因此便纳入大城市发展总体规划范围，都市农业的发展与布局必须绝对服从和严格遵守城市规划。在城市规划中对都市农业的规划，即在城市内部间隙地、城市边缘区以及郊区进行生态经济的规划设计、开发利用、生产经营，它具有圈层性和放射状相互交织的网络空间结构，使整个城市形成绿色生态结构。都市农业作为城市总体规划中的一个组成部分，在具体设计中，对都市农业开发项目内容要进行城市自然生态景观、经济社会文化的全免充分论证，然后进行科学的定性、定量、定位。都市农业园区也称“都市型农业园区”，是指在一个城市内或市郊，政府根据开发的要求，遵循资源利用规律和可持续发展战略，通过一定的经济、行政和法律等手段，聚集农业生产、管理和生活各种要素进行科学整合，并使之成为功能布局优化，结构层次合理的经济、社会和生态协调系统。

第二节　农业规划分类

按不同的方法分类，农业规划可以分为不同种类。常见的规划划分为以下几种。

一、按照属性划分

(一)概念性规划

概念规划没有具体定义，一般的理解是：概念规划是对一个体系或对象的发展战略所做的设计。它研究的重点是该体系的发展方向和功能定位，强调全局的把握，要考虑资源、经济、生态、文化、环境、社会等综合问题。规划中贯穿概要性、谋划性和创造性的构思。概念规划侧重于发展方向和各学科的综合平衡，以及宏观框架和引导策略，它是比较抽象的。规划水平的高低常常反映在概念规划上。做好任何一项规划，首先要做好概念规划。概念规划不是规划层次系列中的某一层次，而是在任何一个层次均可能融入概念规划。战略性、创新性、长期不落后性等，是概念规划的特点。在国家的发展规划中，概念规划往往占有重要和主要的地位。

(二)技术性规划

技术规划或一般称作的规划，较具体和详细，如欲达到的技术水平和普及范围、目标数据指标和对空间的安排等，以及为实现概念规划目标而设计的途径、措施、步骤等。它是在概念规划的指导和框架内进行的规划，从而完成概念规划制定的战略目标。例如新农村规划中的资源开发规划、结构调整规划、住宅区规划、道路规划等，都属于技术性规划。

二、按照涉及的范围划分

按照涉及的范围可以分为宏观规划和微观规划。

这是一个相对的分类。如国家、省级规划可视为宏观规划；地方、企业的规划属于微观规划。微观规划要符合宏观规划的发展战略要求，原则上下一级的规划应在上一级规划的导向和框架下制订。当前，省、市规划都要符合国家“十三五”规划的发展战略；县、企业的规划则遵循相应省/市的规划要求。

三、按照对象和功能划分

按照对象和功能分为总体规划、专项规划和区域规划。

省、市、县等地区规划一般属于综合规划，或总体规划，它包含整个区域的发展方向以及各个领域的发展目标。农业园区规划、旅游规划、投资规划、产业规划、景观规划、信息规划、科技规划等属于专项规划。专项规划属于专业性规划，它们具有各自的专业特点，目标更加详细、具体和适应不同社会需求。

四、按照行政层级划分

按照行政层级可以分为国家级规划、省(区、市)级规划、市县级规划。

省、市、县等地区规划一般属于综合规划，或总体规划，它包含整个区域的发展方向以及各个领域的发展目标。不同行政层级的规划不同，多数行政层级低的规划要在其上一级的行政单位规划下的导向下制订，且原则上一般由上而下制定规划，即现有省级规划，在对应省级规划下，制定市级规划，其次是县级规划。在上一级行政单位规划明确的战略思路指导下，对其下一级的市发展具有重大影响的要素进行综合协调和安排，从而提出对应的地区的宏观、综合目标，并围绕这一综合目标对那些具有重大影响的问题提出相应的策略。

五、按照期限划分

按照期限分，可以分为短期、中期和长期规划。按规划实施、完成的期限可分为短期、中期和长期规划三类。一般 3～5 年的规划为短期规划，5～10 年的规划为中期规划，10 年以上的规划为长期规划。

第三节　都市农业园区的功能定位

都市型农业园区作为都市农业的载体，与传统农业基地相比，功能更为丰富。都市型农业园区除了具有生产、示范、试验功能以外，还应当具备生态保护、科普教育、休闲观光等多项功能，具体如下：

一、农副产品保障功能

保障农产品的供给，特别是保障城市“菜篮子”的供给。都市农业可以提供新鲜农产品，并可以达到名特优、无污染、高营养价值。

西红柿箱式无土栽培

水培韭菜栽培

二、生态保护功能

在农业的生产过程中，要把提高农村资源的利用质量和效率与保护环境有机统一起来，使农业生产过程清洁化、无害化，加快构建结构合理、充满活力、环境友好的新农业。

三、观光休闲功能

新农村建设使农业的园艺业、草业等特色农业得以充分发展，使农作物的观赏栽培、设施栽培、庭园栽培得到普及。现代农业科技营造出秀美的田园风光，加上丰富的人文景观，将会促进观光农业、休闲农业、都市农业等新型农业产业的迅速发展。

设施草莓栽培示意图

无土栽培蔬菜装置

盆栽园艺植物示意图

不同观赏植物栽培示意图

四、就业和社会保障功能

在今后相当长的时期内，都需要农业发展提供更多的就业岗位，进行农业的深度和广度开发，通过不断培育新的增长点，吸纳更多的劳动力就业。

五、文化科普教育功能

我国是农业大国，也是具有悠久历史的农耕古国，农业凝聚了人类发展的智慧，也是人类文明进步的重要标志。通过挖掘展示农业发展的历史，有助于全社会重新审视农业的地位，加深国民对农业的理解、对古代文化的理解，也可努力提高农民的文化科技水平。在都市农业园中，城乡学生可以参观学习，通过从事农事、体验农业、了解蔬果品种等，能够更好地了解自然，学习植物学、生物学等知识，使其更为生动和形象。

蓝莓采摘体验农事

樱桃种植体验

草莓采摘体验

嫁接机参观学习

六、示范辐射功能

都市周边的农民由于受到都市农业文化氛围的影响，接受新兴技术的能力较强，都市农业为周边农民提供认识现代农业高新科技的示范场所，带动农民的积极性。在市场和政策的推动下，成熟的科技成果向周边地区辐射扩散，使适用的高新科技转化为生产力，扩大生产规模，从而提高经济效益，为农民创收。

七、试验、培训、服务功能

通过引进实用的农业成果，进行品种试验和技术工艺等摸索，探索科技成果转变为生产力的运作模式和制约因素等；通过植物栽培、农产品加工、市场营销等技术的示范和培训，提升农民的生产技术。

农业机械移栽蔬菜操作

机械人采摘试验

学生实习培训

第四节　都市农业园区规划原则

一个完整的农业规划是一个综合的系统性工程，在规划设计中要结合科技、功能、经济、社会、环境、金融等多个方面考虑。目前，我国大量的都市农业规划设计原则的表述虽各不相同，但大部分本质含义相同。

一、以人为本，构建和谐、多样环境的原则

以公众的利益为本，具有包容性，尊重多元文化的价值观。都市农业规划设计中应该坚持以人为本、生态优先的原则，妥善解决在都市农业规划建设和运营后所带来的环境破坏和污染，创造人与自然相和谐的生产、生活、休闲环境景观和空间。建设形势要灵活多样，不拘

一格。发展都市农业应充分考虑不同地区，不同层次的城市居民对农业项目、农业科技的多样化需求。

二、建设现代可持续发展农业的原则

都市农业是现代农业的一种发展模式，其农业的日常耕作，景观设计等加入城市，会对周边生态环境产生影响，因此建设中要以科学发展观为指导，以现代生物技术、工业技术与设备为手段，建设可持续发展、科技含量高的都市农业。立足现在、着眼未来，在项目设计上逐步形成具有自我发展、自我提高的良性机制，实现环境资源的可持续健康发展。

三、促进当地社会、经济、文化发展，绿色增长为原则

综合考虑市场和技术进步的可能性，也要考虑规划方案的可操作性，因地制宜，注重都市农业功能的多样性，丰富园区内容，增强园区吸引力，提高经济效益，增加生态、文化等功能的开发，即在促进当地社会、经济、文化的协调发展的同时，为城市提供新鲜空气，营造优美宜人的绿色景观，改善自然环境，缓解城市污染，充分体现其生态功能。把建设资源节约型农业、生态良好型农业放在突出位置，完善节约能源资源和保护生态环境的体制机制，大力发展绿色农业经济，积极发展循环农业经济，实现经济效益和社会效益、生态效益的有机统一。

四、创新驱动原则

坚持把创新作为农业科学发展的根本动力，加快完善创新体系，提高自主创新能力，建设创新型农业。充分发挥比较优势，在重点领域和关键环节探索农业科学发展的新途径、新举措和新机制，着力培育形成新的农业竞争优势。贯彻现代农业发展理念，以发挥区域比较优势为出发点，拓展农业空间，发挥农业多功能性，培育农业优势产业和优势产品，构建现代农业产业链，发展特色农业、循环农业、有机农业，不断实现产业创新。

第五节　都市农业园区规划设计内容

各种规划设计都是需要由浅到深，由粗犷到细化，不断碰撞，不断深化完善的过程，都市农业园区规划设计也脱离不开这个过程，但是对于其他规划设计的精准度来说，都市农业园区的规划设计更具有针对性和服务性。规划者首先要对项目进行调查，熟悉周边环境、社会文化、经济形态及市民需求，然后针对服务的市民对象进行有关设计、调查、分析，经过一系列研究后，提出合理的规划设计方案。

都市农业的规划设计一般分为五个阶段：任务书阶段、概念方案策划阶段、方案细化阶段、详细设计阶段、施工图设计阶段。

一、任务书阶段

项目准备设计阶段，农业规划设计师首先要充分了解设计委托方的具体要求和意向（设

计任务书)，对规划设计所要求的造价、时间限期、预达到的效果等，都市农业园区的规划设计要依据国家和地方的相关政策和扶持力度等内容。这些内容是整个设计的基本依据，从中挖掘哪些值得深入细致地调查和分析，哪些仅作一般的了解调查。设计任务书具体说明的项目有：

(1)都市农业园的主题定位/功能定位，及园区的地理位置、服务对象及其服务半径、使用效率等。

(2)都市农业园景观布局及在风格上的特点要求：适宜儿童的、成年人的、还是老年人，或者综合性的，不同服务对象，景观布局及风格上不同。

(3)都市农业园中景观建设进度要求：施工进度表、采购进度表、景观设计确认表等。

(4)总体投资估算。

(5)施工和卫生条件要求。

(6)其他要求等。

要深入理解设计任务书中每项内容，并与甲方充分接触沟通，了解设计目的，才能为后期的方案奠定基础，形成优秀的设计作品。

二、概念方案策划阶段

把握了任务书的内容之后，初步设计阶段要求根据甲方所给基础资料，进行现场调研和环境分析，并结合同类型设计项目，进行概念方案设计，确定总体风格和方案的功能特点、主要设计手法及意向图片，成本估算，与甲方进行沟通，以达成共识。现场调研和环境分析的主要内容包括以下几个方面。

(一)现状调查

都市农业园区的位置、出入口、面积、功能板块布局及其内部基础设施状况等。

(1)环境方面　对园区设计区的温光气热等做调查：了解设计园区的温度范围，了解当地气候状况、历年最低温度和最高温度，方便设计时综合考虑，防止日后植物选择与环境冲突，造成损失；了解光照方面，确定该地区年光照平均强度、平均日照时间，以及温室内光照条件和调控范围；了解土壤方面，包括土壤的物理化学性质、土层厚度、地下水位、土壤污染状况、病虫害等。

(2)文化方面　对园区周边文化背景的挖掘，及生活习惯，饮食偏好等了解，并结合其喜好拓展园区规划设计的元素。包括所在地区的农业发展历史概况，建筑及文化历史概况，重要的历史事件和历史元素等。

(3)能源供给方面　主要涉及水源、水质，供暖系统，降温系统，供电系统等。

(4)管线设备　供水、排水管，电缆，电力线，通信线等的位置及它们的地面高度、地下深度、走向等。

(5)园区道路系统状况　主要影响不同景观布局的整体道路系统和游览设置，需确定好内部与外部整体一致的交通网络。

(6)周边景观特点　四周有无可利用的自然景观或其他景观等，可使园区内外布局相结合，开辟视觉廊道，作为借景。

(7)周边旅游环境情况　包括已有、待建和规划中的旅游园区、公园等类似产品业态，目标市场状况和特点等。

(二)设计条件调查

项目区整体发展规划。了解都市农业园区所在地区的总体规划和开发战略，突出园区景观特色，利用园区的整体发展和运营。

都市农业园区设计的现状图。根据都市农业园区面积大小，提供或测绘比例尺为1∶1 000或1∶500范围内的地形图和总平面图。图纸应标明设计范围，园区范围内的标高和四周环境情况等。如设计区内已有设施或景点，则需提供局部放大图，比例为1∶200或1∶500，一般要求与施工图比例相同，主要标明尺寸、位置、材料及风格等。

现场考察。无论园区内景观设计面积大小，还是设计样式的不同形式，设计者都必须亲临现场进行详细考察。一方面，要核对、补充所收集的图纸资料；另一方面，设计者在考察过程中，要增加对园区整体的感性认识，并根据周围环境条件，进入艺术构思阶段。特别对园区内那些可利用的景观、现有材料等，在规划过程加以适当处理，加以利用，提高其可循环，适度挖掘乡愁文化等。根据情况，如面积较大、形状较复杂，有必要的时候，考察工作要进行多次。现场考察的同时，拍摄一定的园区现状照片，为设计时做参考。

(三)调查资料的分析整理

资料的设计、沟通、选择、分析、判断是设计的基础。把收集到的上述资料加以分析整理后，结合其上位规划方案，进行判断，设计出项目必需的以及可能的功能要求和内容。

(四)概念方案立意、提炼主题与平面布局

立意就是设想设计的根据、出发点。一般从调查资料分析整理的结果、功能分析、设计者的喜好和文化含义的考虑等方面进行立意；立意的方法多种多样，一般可以从农业科技、农业品种种类、当地历史风情、生活或设计理念、功能、技术材料等角度出发立意。

都市农业园区主题的设定要鲜明，并与立意、基地条件、服务对象的特点相协调，并有较好的文化品位，有现代农业的鲜明特色。

依据基地条件、功能要求、立意和主题对温室景观进行粗略布局，要求功能合理、主次分明，符合既定风格特点的要求，空间层次丰富、清晰，满足农业技术的要求。

三、方案细化阶段

(一)方案设计说明

方案设计阶段是在概念设计的基础上，确定设计整体布局及其各部分硬质、软质景观方案，具体而言需要对地形的调整、景观节点的设计、农业展示项目的形式、蔬菜、果树、花卉、热带主题植物、配饰植物的栽植都有较详细的图纸方案。

(二)图纸

现状图。都市农业园区现状CAD图纸，包括园区内各类设施及水电路等施工图纸。根

据已掌握的各种设计方案资料，经分析、整理、总结后，在满足主题表达与园区条件相互匹配的条件下，进行单空间或多空间布景。

景观分区图。根据任务书要求和园区景观设计的原则，分析园区空间布局与功能分区，对景观设计项目要调查分析区内人群的活动规律及需要，确定不同的功能区域，各分区应满足不同的功能要求，用示意说明的方法，使其功能、形式、相互关系得到体现。

方案设计图。主要标明各边界线；功能分区活动内容；种植类型分布；景观分布；水系大小和容量、水底标高、水面、铺装、山石、栏杆、景墙；园艺植物种植布局图等。

（三）设计概算

景观设计项目还要对建设项目的投资进行概算。设计概算是对景观中植物和各种景观设施建筑造价的初步估算。它是根据总体设计所包括的建设项目与有关定额和甲方投资的控制数字，估算出所需要的费用。

概算有两种方式。一种是根据总体设计的内容，按总面积的大小，凭经验粗估；另一种方式是按整个温室内工程项目和工程量分项概算，最后汇总。

四、详细设计阶段

详细设计是根据已批准的规划大纲或初步设计编制，然后根据甲乙双方共同商讨结果，对方案进行修订和调整的过程。详细设计所需研究和决定的问题与大纲或初步设计相同，不过是更深入、更精确地设计，包括确定准确的形状、尺寸、色彩和材料，完成各局部详细的平面图等。

（一）平面图

规划项目的平面图包括园区周边环境详图、园区功能分区图、道路规划图、水系统规划图、景观规划图、给排水、电力规划图等。设计项目平面图主要包括分区图和详细设计平面图。

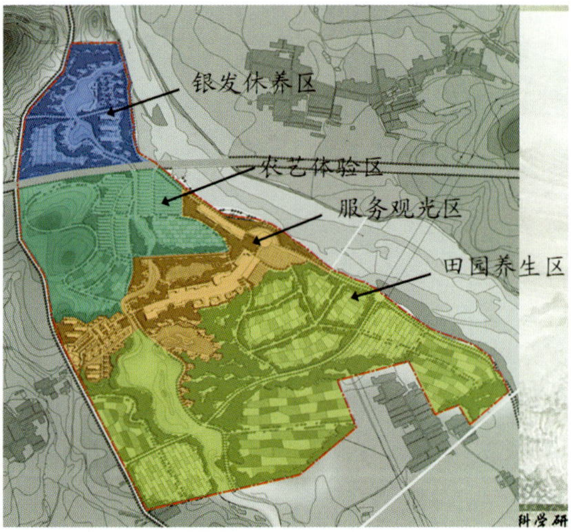

规划功能分区图示意

(二)局部种植设计图

在总体设计方案确定后，着手进行局部景区、景点的详细设计，同时，要进行 1∶100 的种植设计工作。一般在 1∶100 比例尺的图纸上能准确地反映乔木的种植点、栽培数量、树种，但一般是在大型高举架的温室。其他种植类型，如花坛、花镜、立体栽培、草坪等的种植设计图可选用 1∶50 比例尺。

(三)横纵剖面图

为更好地表达设计意图，在方案局部最重要部分或局部地形变化部分，画出断面图，一般比例尺为 1∶10～1∶20。

五、施工图设计阶段

在完成局部详细设计的基础上，才能着手进行施工设计。施工图设计阶段是将设计与施工紧密连接起来的环节。该阶段，根据所设计的方案，结合各工种的要求分别绘制出能具体、准确、细致地指导施工的各种图样，这些图样应能清楚、准确地表示出各项设计内容的尺寸、位置、形状、材料、种类、数量、色彩以及构造和结构，完成各种施工图纸。

第三章　都市农业园区的规划设计案例分析

都市农业园区按照功能划分为休闲观光工功能和生产功能，消费型和服务性偏重于休闲观光功能，本章节主要以功能划分为主，对案例进行简要分析。

第一节　生产型都市农业园区

一、新加坡天鲜农场

新加坡推出了世界首批在城市环境种植热带果蔬和其他农作物的低碳、水力驱动的旋转纵向农场。天鲜农场率先在新加坡推出垂直种植蔬菜的技术，优化农场土地利用，该农场占地 3.65 hm^2，完全开发后平均每日目标生产 10 t 叶菜，比传统地面农场的生产力高 5 倍。其定位高科技，农业发展注重研发创新。

农场专门从事垂直农场研发和制造，屋顶采用透明有机玻璃，9 m 高的耕种塔旋转种植蔬菜，种植架上种着十数排的盆栽叶菜，整个农场共有 2 000 座塔。整个系统利用水车原理将每排植株缓慢地移动到底层灌溉吸水，再移动到顶层接受阳光，每一次循环需要 16 h，每棵叶菜如同乘坐在一个超慢速三角形的摩天轮。

新加坡旋转纵向农业

二、日本神户市农业公园

"农业公园构想"由神户市农政局提出的，计划用地规模 3 000 亩（1 亩＝667 m^2），其中梨园，葡萄酒专用葡萄园以及农业公园，建在标高 120～160 m 的国有林及区有林。一部分直接向市场销售，一部分用于观光及采摘。此外，葡萄园种植了 4 万株欧洲品种的葡萄，产量为 1 000 t，预计生产 720 mL 一瓶的葡萄酒 110 万瓶。

日本神户市农业公园

日本神户市农业公园产葡萄酒

以葡萄酒文化产业为主线，结合了农业生产、实习、研发、展览、观光、销售与餐饮住宿多功能复合型休闲农业体验。

特点有：

(1)注重品牌农业的建设　通过直销的方式向都市居民提供新鲜安全的农产品。

(2)转换生产方式　通过机械化、良种化、专业化和规模化融为一体的生产方式发展，实现都市农业的产业化生产。

(3)民间资本的重要作用　政府在提高农业高科技的支持的同时，积极带动民间资本，让更多的农业民营企业参与其中。

三、夏威夷都乐菠萝种植园

都乐菠萝种植园位于欧胡岛的中部，种植园以菠萝产业为基础，利用当地优美的自然风光，以领略各类热带水果的品种、生长，品尝最新鲜的菠萝及多种趣味节目吸引大量游客前去观光游玩。菠萝园还有观光小火车，能让游客在巡游过程中更切身了解菠萝的生长和菠萝在夏威夷的历史，同时还能欣赏到亮丽的欧胡岛迎风海岸的风光。

特点有：

(1)菠萝产业支撑旅游项目　以主题产品为基础，种植了不同品种的菠萝。在每一种菠萝种植区前面都有标牌，详细地介绍其特色，宛如一个鲜活明快的科普教育基地。

(2)特色突出，主题明确　结合菠萝主题设置各种体验项目，配套服务设施完善。

(3)注重品牌意识　园区内随处可见 Dole 商标及菠萝标志。

都乐菠萝种植园

都乐菠萝种植园

四、馆陶黄瓜小镇

黄瓜小镇位于河北省邯郸市馆陶县，整个村庄面积 2 100 亩，村庄整体被黄瓜产业园区包围，一个以黄瓜为主要产业的美丽乡村。因为悠久的黄瓜种植历史，逐渐形成了较为鲜明的产业结构——以种植黄瓜为主。以村庄为核心，日光温室为主要的种植形式，进行黄瓜种植，并形成了自己的品牌。

(一)黄瓜种植技术成熟，技术设施完善，以一种农业综合体出现

多年的设施黄瓜种植经验，造就了成片规模化种植的繁荣景象。园区通过与村庄的联动，结合农民自发管理，形成了其独特的产业模式——美丽乡村带动产业联动。深入地挖掘黄瓜文化、黄瓜系列产品的研发售卖、加强品牌建设，增加黄瓜的附加价值。

规划区域整体鸟瞰图

黄瓜博物馆

村庄文化风貌

(二)现代化智能温室增光添彩,以点带面

园区针对性的建设农业产业为依托的智能温室技术尝试,通过利用景观的手段,以黄瓜产业为基础,科技为支撑,旅游作为特色,通过品种的收集展示,打造最全黄瓜展示馆。推动黄瓜产业的整体升级,技术的全面更新,进一步提高该农业园区的产值,带动当地蔬菜产业的整体向前发展,以农业综合体为主要形式打造"一村一品,一村一业"的特色小镇。

景观科技展示智能化温室

景观化展示

科技化展示

第二节　休闲观光型都市农业园区

一、美国盖瑞康莫尔青少年中心屋顶花园

位于美国芝加哥的盖瑞康莫尔青少年中心屋顶花园是一个典型的小型都市农业园区规划案例。该园区为青少年提供了一个课后学习的空间，屋顶花园总面积约 758 m^2，开发了包括花卉种植和劳作体验，园区有效利用了城市中未被充分利用的空间，提供了一种新模式，实现了视觉美与实际需要的完美结合。

美国盖瑞康莫尔青少年中心屋顶花园

实现了以下功能：

(1)参与互动　利用花园以极具创造性的方式完成了园艺学习、培养环境意识、生产食物等“工作”。在减少气候控制成本，提供户外课堂的同时，让孩子们感受到用园艺耕作收获的快乐。

(2)可持续性　利用地面与屋顶的温度差异，可以在冬季仍被利用。

(3)艺术元素　有回收牛奶容器制作而成的塑料木板组成了花园小径，正好与花园窗框对齐，成为表现艺术性的重要元素。

(4)教育意义　花园拥有的教育意义毋庸置疑，孩子们在里面受益匪浅。

二、新加坡——乐龄农庄

为了解决新加坡人口迅速老龄化的问题，思邦建筑事务所(SPARK)完成了一个概念性项目：将老年人的居住生活和垂直都市农业相结合。到 2030 年，城市将有 1/5 的居民年龄在 65 岁及以上，这会为该地区的基础设施和有限的资源带来较大的压力，因此，“乐龄农庄”这一项目，将能够使全国的老年居民生活在一个花园环境中，提供高密度而灵活的住宅设计，以满足老年人的需求。

1. 提升老人的归属感

有能力的居民在专业团队指导下参与种植，促进居民健康的同时提升住户的归属感。

2. 提倡生态可持续性

“乐龄农庄”的生态可持续性和能源效益将通过一系列特征得到加强，如将雨水收集至复合种植系统中再利用，以及使用植物废料生产能源等。

3. 建设老龄设施

建立无障碍设施和基本的服务社区，为居民提供基本生活保障。

新加坡乐龄农庄

三、SGN，学校营养庭园园艺项目

许多国家的中、小学校都把蔬菜、果树、香料种植列为一门教学课程。校园较大的学校建有自己的庭院，每个学生可分配到一垄土地参与实践；校园小的学校则用各种容器让学生参与种植活动。联合国粮农组织于 2000 年 10 月在孟加拉国选择了 30 个学校开展 School

Nutrition Gardening programme(SGN,学校营养庭园园艺项目),每块土地 52 m^2,种植有机蔬菜、果树、香料等,粮农组织 2006 年 5 月做的 SGN 项目总结报告表明,该项目达到了很好的效果。加利福尼亚大学戴维斯分校校园内,学生自治宿舍,楼后 4 分地,自产自用。

1.文化科普功能的实现

通过各学校开展的庭园种植,使学生可以参观学习、农耕体验、了解蔬菜作物等,加深对农业的理解和对植物的了解,让学习植物学、生物学等知识更为生动和形象。

2.观光休闲

传统农耕在校园中的应用,可以更好地促进观光农业、都市农业等新型农业的发展。

四、美国底特律都市农业

面积只有 1 720 m^2 的花园,利用城市花园实现了人们向往农田的愿望,将城市农田、社区园艺、生产性景观等带入底特律市中心。其景色优美迷人,为市民提供了良好的休闲场所,是将农业融入城市空间和都市人生活的可能性的有形体现,美观实用,又能吸引市民参与。

1.可持续发展理念——生态调节沟

用于收集地表径流,同时也能减缓地表径流速度,并使用具有渗透性的砾石和草坪调节水量。

2.社区花园设计理念

花园包括高于地面的木制种植床、树皮铺设的园路和儿童活动空间。另外,可循环利用的材料也参与其中,并设立多个公共空间和游艺设施,增添公共艺术项目,建设有趣且有教育意义的儿童花园。

美国底特律都市花园

五、城市绿道——纽约高线公园

高线公园(The High Line)是一个位于纽约市曼哈顿中城西侧的线型空中花园。原来是 1930 年修建的一条连接肉类加工区和三十四街的哈德逊港口的铁路货运专用线,总长约 2.4 km,距离地面约 9.1 m 高,跨越 22 个街区,于 1980 年停运,被遗弃了 30 多年后曾一度面临拆迁危险。在纽约"高线之友"组织的大力保护下,高线终于存活了下来,并建成了独具特色的空中花园绿道，为纽约曼哈顿西区赢得了巨大的社会经济效益，成为国际设计和旧城重建的典范。

实现了以下功能：

1. 城市文化的保护和传承

高线公园的建设成功体现了对城市历史的尊重、对市民意愿的尊重、对场地的尊重。高线公园的建设，不仅在城市的实体建设中存在意义，更为重要的是注重了城市文化基因的传承、文化记忆的存留和文化历史的延续，在其特定的历史中留存下了特定的记忆。

2. 生态功能建设

从景观美学上凸显了野性之美，在整体设计上贯彻了“植-筑”策略，在植被选育上侧重本地物种，更好地融入周围景观。

3. 游憩功能的设计

公园与城市的紧密联系，以不间断的形态横向切入多变的城市景观中。不同节点的游憩功能，很好地体现了城市居民需求。

六、荷兰库肯霍夫公园

库肯霍夫公园位于阿姆斯特丹近郊盛产球根花田的小镇利瑟(Liess)，也是每年花卉游行的必经之路，是世界上最大的郁金香公园，占地达 28 hm^2。公园内郁金香的品种、数量、质量以及布置手法堪称世界之最。公园的周围是成片的花田，园内由郁金香、水仙花、风信子，以及各类的球茎花构成一幅色彩繁茂的画卷。园中各类花卉达 600 万株以上，还有很多难得一见的珍稀品种。

荷兰库肯霍夫公园

以园养园：花卉供应商共同参与到公园运营，保证了公园的循环持续效果，达到以园养园的概念，置身其中不由让人沉醉，它享有“欧洲最美丽的春季花园”的美称。

多样策划：公园提供骑行、泛舟、市集、儿童游乐、艺术花园、花车游行、自然餐厅等互动体验，丰富主题内容。

主题展览：每年春天举行花展，同时还安排园艺与插花等的工作坊、各种主题的展览等。

七、北京农业嘉年华

北京农业嘉年华是一种新的农业创新模式。2012 年 2 月北京市成功举办第七届世界草莓大会，实现了“拉动一个产业，富裕一方农民”的预期目标，同时，通过这次盛会对北京市发展都市型现代农业的实现形式、发展方式和运行模式进行了一次全新的尝试。市委市政府领导对草莓大会给予了高度评价，并十分关注会后草莓博览园设施利用及产业融合发展问题，在大会总结表彰会上，市委常委牛有成同志提出“昌平在场馆后续利用中要与企业加强合作，把娱乐方式和农业结合起来，更好地开发农业功能，让更多消费者了解参与农业实践，享受其中的文化成果，将农业嘉年华打造成集第一、第二、第三产业融合发展第一品牌”。按照市领导的指示要求，昌平区立足根本、着眼未来，深入研究、细致规划，决定以草莓博览园为基础场地，规划设计农业嘉年华项目，将嘉年华的方式融入农业节庆活动中，使广大市民共享农业多功能的丰硕成果。

从 2013 年开始举办首届北京农业嘉年华至今，每年一届，持续时间不等，基本都在上半年。第一届北京农业嘉年华于 2013 年 3 月 23 日(周六)至 5 月 12 日(周日)举办，持续 51 d。园区面积共 1 000 亩，规划布局为“三馆两园”结构。其中“三馆”包括创意农业体验馆、精品农业展销馆、草莓科技展示馆；“两园”包括主题狂欢乐园、采摘体验乐园。创意农业体验馆分为蔬菜森林、西红柿迷宫、欢乐农庄、梦幻花乡、芽菜世界和创意集市。草莓科技展示馆分为草莓公社、草莓天瀑、草莓大观、农科博览、城市农业、综合服务。

首届北京农业嘉年华景观图

首届北京农业嘉年华管道栽培图

在总结上一届北京农业嘉年华经验，并及时消化和吸收各方反馈意见的基础上，第二届北京农业嘉年华秉承“自然、和谐、创新、精品”的理念，于 2014 年 3 月 15 日(周六)至 5 月 4 日(周日)持续 51 d，打造了又一轮新颖的农业盛世景观。按照“一展、两区、三乐园”的筹办模式，分为六大功能板块，赋予每个区域不同的主题。“一展”——全国休闲农业创意精品展。为创意、精品农业提供评选的平台，同时展销各种精品优质农产品，方便购买。“两区”——农业艺术体验区、草莓科技博览区。以创意、科技、休闲、互动、文化等内容与形式展示现代都市农业的独特魅力。“三乐园”——主题狂欢乐园、拓展休闲乐园、采摘互动乐园。

打造娱乐、互动的大舞台，让游客深入参与到活动之中，体会农业带来的乐趣。

第二届农业嘉年华不同品种展示图

第二届农业嘉年华景观效果图

2015 年 3 月 14 日(星期六)至 5 月 3 日(星期日)开展的第三届北京农业嘉年华，本届北京农业嘉年华以实现中国梦为理念，以践行群众路线为宗旨，与首都功能定位相结合，以市场为导向，瞄准现代国际农业发展方向，秉承城乡融合发展理念，以现代农业科技装备和科学技术为支撑，以农业创意为手段，以互动体验为抓手，以“惠民、兴业、创品牌”为办会目标，诠释“农业用生态方式传递文化、农业用生活方式诠释乡愁、农业用生产方式满足消费”的深刻内涵，丰富城市居民观光休闲活动内容，大力推动资源节约型都市农业前进，全面协调京津冀的共同发展，服务三农促进农民增收，使农业更好地服务首都、更好地满足广大消费者的生活需求，打造北京都市农业品牌。活动按照“三馆、两园、一带”的筹办模式，分为六大功能板块。“三馆”即农业精品馆、农业创意馆、农业体验馆；“两园”即激情狂欢乐园、农事体验乐园；“一带”即草莓休闲观光采摘带。

蔬情画意效果图

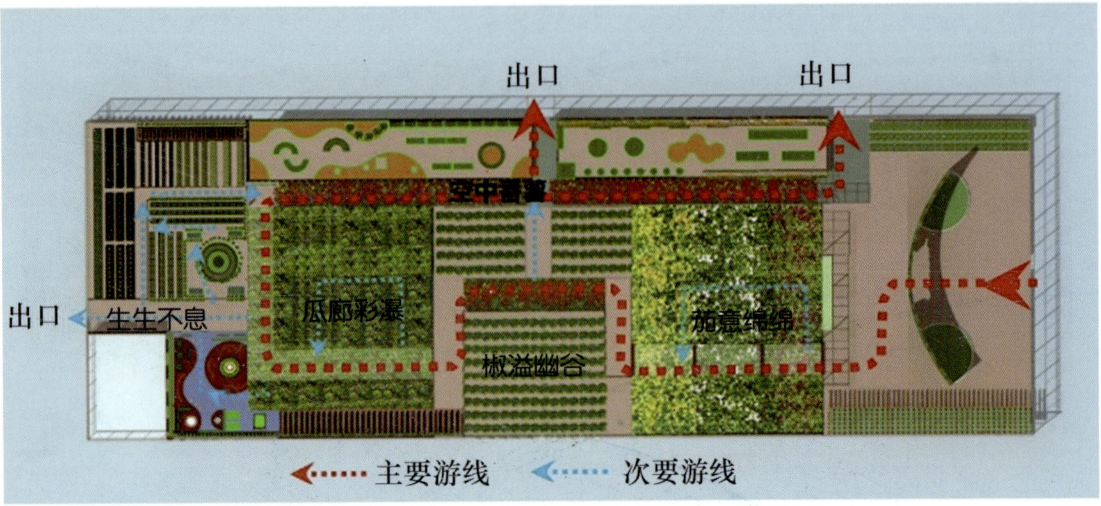

蔬情画意平面图

2016 年 3 月 12 日（周六）至 5 月 8 日（周日），第四届北京农业嘉年华 58 d 活动期。园区设置“三馆两园一带一谷”汇集了 610 余个农业新奇特品种、120 余项农业科技成果展示，以及 100 余个以蔬菜、水果、花卉等农业元素装点的创意景观，让游客充分感受到了现代农业技术的先进与神奇。此外在 58 d 会期中，20 项特色主题活动、200 项互动体验贯穿始终，为市民呈现一场全新的都市现代农业盛会。

北京农业嘉年华活动在不断探索和拓展都市型现代农业的实现形式、发展方式、运行模式上做了大量卓有成效的探索和创新，办出了代表首都形象的特色农业会展品牌。以第三届北京农业嘉年华为例，充分发挥市场机制作用，通过市场开发，广泛吸收企业和社会力量参与嘉年华活动，比往届要加大招商招展、票务推广、广告宣传、企业赞助等多种形式的实施力度，减少政府投资数额。促进京津冀协同发展，举办天津、河北专题馆展示、主题日活动、文化民俗推介、优质农产品展示等。结合首都功能定位，利用科技创新中心资源优势，比往届更充分展示科技创新成果。创意文化更突出，互动体验活动更充分，参与性更高，趣味性更强。贯彻节俭办会的精神，充分利用原有设施设备，活动运营上实行精细化管理，比上届减少投资 20%左右。

北京农业嘉年华受到了广大首都城市居民的高度评价，已经成为北京都市农业的一张绚丽“名片”，引起了国内外的广泛关注和效仿，对推动我国都市农业的创新发展，丰富城乡居民的休闲文化生活，促进农业科技进步，打造美丽中国起到了很好的示范和带动作用。

八、北京国际都市农业科技园

园区位于潞城镇东南部，北部以潮白河右堤路为界，周边有京哈高速、北京六环高速等交通干线贯穿镇域，地理位置优越，交通便利。园区总规划面积 10 000 亩，其中一期建设 6 000 亩。园区以展示国内外最新农业科技成果、高效设施农业示范、农业高新技术企业孵化为主，以聚集国内外先进农业技术、产品及人才，引进北京各大农业高等院校及全国涉农研究机构的科研项目为特色，已聚集上百项农业新技术，与 30 多个国家交流合作。

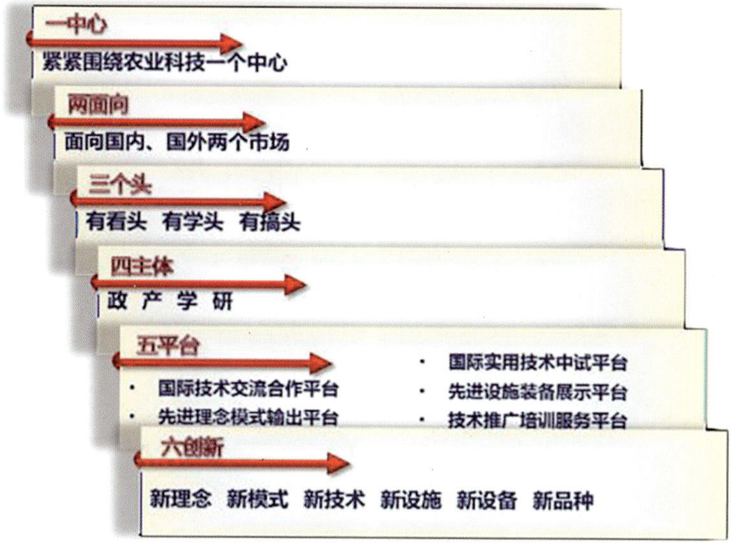

园区模式示意图

园区依靠首都北京的区位优势、科技优势、人才优势和信息优势，以“聚人才，建平台”为目标，以集聚国内外先进农业技术、产品及人才，引进北京各大农业高等院校及全国涉农研究机构的科研项目为特色，以创新发展为灵魂，以技术孵化为手段，大力发展现代农业高端服务业，培育发展国际水平的示范农业产业集群，使园区建设成为国内领先、国际知名的现代都市农业科技产业孵化园区，并成为北京市农业科技成果转化、实用技术人才培训基地和国际设施农业展示示范基地。

园区摸索出其发展模式：园区以农业科技为中心；面向国内、国外两个市场；园区科技有看头、有学头、有搞头；以政、产、学、研为主体；建设国际现代化农业技术交流平台、国内外先进农业设施装备展示平台、农业科研院校先进技术中试平台、农业先进理念模式及技术输出平台、农业实用技术推广培训服务平台；不断开拓创新新理念、新模式、新技术、新设施、新设备、新品种，走在中国现代农业的前沿。

园区多次承担国家重大攻关课题项目，每年自主研发 20 余项专利成果，与美国、荷兰、挪威、法国、以色列、德国、意大利等近百个国家和地区建立了现代农业科技战略合作关系。

园区鸟瞰图

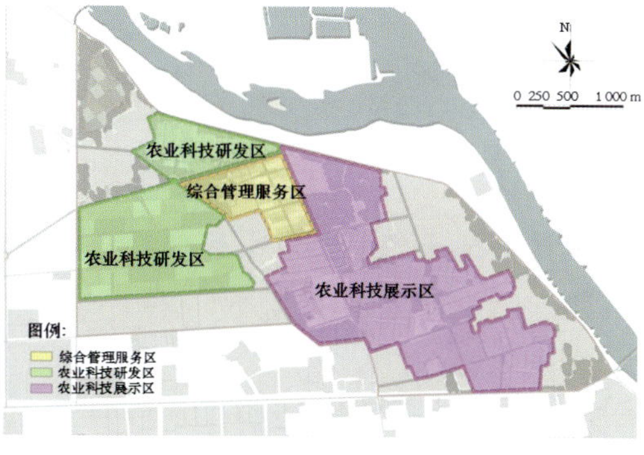

园区功能分区图

园区芭蕾苹果展示

非洲农业高级研修班学员参观

自主研发嫁接机器人在园区展示

高空管道水培

九、成都五朵金花

五朵金花位于四川省成都市东南锦江区三圣乡，SB5E 都市区二环路约 5 km，占地约 12 hm^2，80%被花木覆盖，村民世世代代以种植花木为生。2003 年 9 月在锦江区召开“四川省首届花卉博览会”以后，锦江区为挖掘三圣乡梅、菊、荷等花文化内蕴，将花乡资源开发与特色旅游景区建设紧密结合起来，把三圣乡所辖的 5 个行政村，分别建设成为各具特色的农业旅游观光区，并命名为“花乡农居、幸福梅林、江家菜地、东篱菊园、荷塘月色”。这“五朵金花”特色各异，均以花为媒介吸引游客，以花为主题拓展市场，以花为资源发展经济的特点。

五朵金花的打造，提升了三圣乡的品位，增加了知名度。2005 年，五朵金花接待游客 747 万人，景区旅游总收入达到 119 亿元，农民人均纯收入由 2003 年的 4 426 元增加到 2005 年的 6 321 元。2006 年 4 月五朵金花被评为国家 AAAA 级旅游景区，同年 5 月被评为国家文化产业示范基地。

当地政府注重当地农业由基础农业转向现代农业、观光农业，带动休闲经济、旅游经济共同发展。采用商业化模式运作，多产业经营，包括旅游观光、花卉种植、蔬菜生产以及农民自主经营的农家乐。

“五朵金花”为农民增收搭建了平台，提供租金、薪金、股金、保障金四金稳定收入，农民土地承包权流转，每亩每年获 1 800 元，农民房屋出租每年可获 3 万～10 万元租金。

五朵金花部分场景展示

十、金福艺农番茄联合国

金福艺农番茄联合国，创建于 2006 年，占地面积为 3 000 余亩，以番茄为主题。该园区应用现代农业物联网技术，通过农业科研工作者的精心培育，生产出了“五彩番茄”等主打产品，一年四季均可供游人体验采摘乐趣。

(一)丰富的农业品种展示

番茄联合国之所有这样的称谓，是因为这里汇集着的世界各地所有国家近百种不同特色番茄，21 种以上颜色，千奇百异，既可以让前来游客品尝到异国番茄美味，又可以感受不同国家的番茄文化。在这里领略一场番茄的盛宴。

金福艺农番茄联合国

(二)园区配套设施完备

这个园区通过物联网控制,实现了精准化的农业管理,通过精准化的管理,精确地控制番茄的生长发育全过程环境调控,保证产品的健康、安全的生长,为消费者负责。园区通过设置图书馆、互动拓展区域以及生态餐厅的配套设施,给大众以全方位的服务及休闲体验。同时园区结合培训成立了番茄培训学院,建立了运动场,丰富了整个农业园区作为都市周边的休闲场所的服务功能。

生态餐厅宴会厅

图书馆

欢乐采摘

会议室

第四章　都市农业的品种选择与栽培管理技术

第一节　蔬菜品种的选择与栽培管理技术

一、蔬菜品种的选择

(一)果菜类

1. 番茄

番茄(*Lycopersicon esculentum* Miller)又称西红柿、洋柿子,属于茄科(Solanaceae)番茄属(*Lycopersicon*)多年生草本植物,栽培中常作为一年生种植,原产南美洲热带地区。番茄是世界范围内广泛种植的蔬菜类作物,富有极高的营养价值,番茄富含维生素 A、维生素 C、维生素 B_1、维生素 B_2 以及胡萝卜素和钙、磷、钾、镁、铁、锌、铜和碘等多种元素,还含有蛋白质、糖类、有机酸、纤维素。近年来,营养专家研究发现,番茄还具有新的保健功效和防治多种疾病的药用价值。番茄于 18 世纪传入我国,逐步普及栽培,现成为城乡居民主要蔬菜之一,种植面积大,品种应用广泛。近年来,随着我国蔬菜产业的快速发展,通过各蔬菜育种单位及育种公司的不懈努力,加上广泛的国际交流,如从番茄品种大国荷兰、以色列以及美国、法国、日本等国引进,使得我国的番茄品种日益丰富,初步估计不下几百种,其中果型上有大果型、中果型、樱桃番茄类型,颜色有粉色、红色、黄色、紫色、绿色等,类型十分丰富。番茄适应性强,容易栽培,都市农业应选择具有代表性的新奇特品种。

(1)粉红大果

大粉2号

大粉3号

商粉特1号

玉粉41号

瑞粉882

（2）红色、黄色大果

丰收

黄迪

金橘一号

（3）樱桃番茄类

紫星

佳西娜

福特斯

甜宝

黄洋梨

金玲珑

金珠

金玉

黑珍珠

（4）盆栽矮生类

矮生黄玲

矮生黄玲

矮生红玲

（5）特殊品种

京丹绿宝石

公主

寿桃

贼不偷

五彩花

京番白玉堂

2. 茄子

茄(*Solumun melongena* L.)属于茄科(Solanaceae),茄属(*Solanum*),是以浆果为产品的一年生草本植物,在热带为多年生,可炒、煮、煎食、干制和盐渍,营养价值高。除含有丰富的维生素和矿物质外,还含有多种糖苷生物碱,具有保健及抑菌功能,近年来广受关注;另外,茄子特别是紫色茄子中含有的花青素有降低胆固醇、增强肝脏生理功能的效应。茄栽培广泛,是一种重要的世界性蔬菜。我国栽培茄的历史悠久,种质资源十分丰富,被认为是茄的第二起源地。中国是世界最大的茄子生产国,同时也是我国主要蔬菜种类之一,种植面积大,品种应用广泛。在长期的自然演化和栽培驯化过程中,已形成了丰富的形态多样性,遗传变异十分丰富。

(1)黑、紫圆茄

杭茄5号

硕源黑宝

北京黑茄子

(2)黑长茄

布利塔

特旺达

10-765

10-704

(3)线茄

京茄32

杭茄一号

日晟长茄

紫冠长茄

翡翠绿茄

（4）绿茄

10-911（绿布利塔）

绿罐

绿塔

（5）特殊茄

安吉拉花茄

特大牛心茄

白天使

象牙白茄

（6）观赏茄

非洲红茄

五指茄

鸡蛋茄

金银茄

大橙茄

太空南瓜茄

珊瑚豆

多哥条纹彩茄

3.辣椒

辣椒（*Capsicum frutescens* L.）为茄科植物，又叫番椒、海椒、辣子、辣角、秦椒等，是一种药食同源的蔬菜，主要用于菜肴调料，通常呈圆锥形或长圆形，未成熟时呈绿色，成熟后变成鲜红色、黄色或紫色，以红色最为常见。辣椒植物的种植遍布世界各地，可在不同的土壤和气候下生长，一般每年 7—10 月份果实成熟时采收，因各地气候、地理位置、土壤类型及栽培方式的不同形成了形状、辣度、口感各异的多品种辣椒。我国辣椒种植面积广，辣椒品种丰富，辣椒制品多元化。

（1）甜、彩椒

中椒107

如雪甜椒

桑尼

金冠

盛世皇后

格丽亚

拜恩奇

曼迪

紫水晶

白公主

马露莎

黄太极

（2）尖椒

维特咖啡椒

紫星二号

黄金剑尖椒

寒剑

亮剑

巴莱姆

4号白尖椒

伊雪斯特

龙鼎一号

(3)线椒

黄金龙

秀峰13

(4)朝天椒

野生朝天椒

朝天椒

五彩朝天椒

七姐妹椒

梦都莎

喜丽

香脆白玉米椒

(5)观赏椒

红宝石

赏喝彩椒

皱彩椒

蟠桃

橘梦

凤铃椒

黑色指天椒

紫星

4. 人参果

人参果(*Solanum muricatum* Aiton)是多年生草本植物,当年栽培多年受益。人参果的观赏和实用价值极高。它既适合大面积种植,也适合庭院阳台盆栽。其花艳丽漂亮,清香四溢,令人赏心悦目。其果形状美观,有卵形和椭圆形,单果重150~350 g,最大的600 g左右。成熟果实果皮呈淡黄色,并显现紫红色花纹。果肉柔嫩多汁,爽甜无核,清香味美,风味独特。它既可做水果鲜食或凉拌,也可做炒食或汤,还可加工成果酱、罐头或各种饮料等。

人参果

(二)瓜类

1.观赏南瓜

观赏南瓜(ornmantal gourd)又名玩具南瓜,属于葫芦科(Cucurbitaceae)南瓜属,美洲南瓜(*C. pepo* L.)的观赏南瓜群。果形奇特、果色丰富,观赏价值高,近几年来已成为现代农业科技示范园中吸引游客的亮点之一。观赏南瓜色彩艳丽,有红、橙、黄、绿、白等多种颜色;外形小巧美观,有球形、洋梨形、长球形、卵形、飞碟形、皇冠形等;其表面奇硬,泛有蜡光,只要不受损,可长期存放。因此,消费者多将不同形状和色泽的南瓜拼成瓜篮,再陪衬一些美丽的干花,陈放于室内,令人耳目一新,独具观赏价值。栽培技术相对简单,除在温室、露地种植外,还可在家庭的阳台、楼顶及窗口上栽种,生长势强,适于廊架栽培,深受广大市民和观光游客欢迎,部分品种既能食用又可观赏,具有广阔的市场开发前景。

(1)不规则状南瓜

翠鸟

橄核瓜

香梨

奶油南瓜

(2)近圆球形南瓜

银星南瓜

京绿栗

宝玉南瓜

绿贝贝

黄贝贝

仿古瓜

京红栗

李白南瓜

(3)突珠(疙瘩)南瓜

突珠（疙瘩）南瓜

(4)细长形南瓜

金锤南瓜

丑小鸭

龙凤瓜

砍瓜

(5)多翅瓜

多翅瓜

（6）橘瓜类

天鹅南瓜

鸳鸯梨南瓜

黄梨南瓜

迷你皇冠南瓜

（7）花皮南瓜类

花皮南瓜类

花皮南瓜类

（8）僧帽瓜

僧帽瓜

(9)香炉瓜(寿星南瓜)

香炉瓜(寿星南瓜)

(10)其他南瓜

巨型南瓜

巨型南瓜

密本南瓜

2.观赏西葫芦

西葫芦(*Cucurbita pepo* L.),别名熊(雄)瓜、茭瓜、白瓜、小瓜、番瓜、角瓜、荀瓜等,一年生草质粗壮藤本,原产印度,中国南、北均有种植,有矮生、半蔓生、蔓生三大品系。观赏西葫芦为西葫芦种的一类特殊变异类型,有金黄、乳白、浅绿等颜色,具飞碟、珍珠、香蕉、扇贝等形态。观赏西葫芦不但可以生食、炒食,还可供观赏、当玩物,具有很高的观赏价值。

(1)黄皮西葫芦

黄玉

中葫2号

金榜

金天鹅

金珠

(2)飞碟瓜

黄飞蝶瓜

白飞碟瓜

(3)绿皮西葫芦

珍珠

翠珠

京珠

3. 袖珍西瓜

西瓜(*Citrullus lanatus*)为葫芦科西瓜属的一年生蔓性草本植物。果瓤脆嫩,味甜多汁,含丰富的矿物盐和多种维生素,是夏季主要的消暑果品。据联合国粮农组织统计,我国的西瓜在世界十大果品中占第 5 位,栽培面积及总产量居世界之首,年总产量占全球西瓜产量的 50%以上。西瓜喜温、喜光、耐热、耐旱,根系强大、深而广。茎蔓性,叶片大,雌雄异花同株,果实圆或椭圆形,2～20 kg。种子千粒重 100～125 g。果肉富含蛋白质、糖、苹果酸、萝卜素、胡萝卜素、番茄烃、六氢番茄烃及各种维生素。

西瓜种质资源丰富,类型与品种多样。根据果实大小,可划分为大果型、中果型、小型礼品果型。其中小型水果西瓜具有以下特点:花色较多,外形美观,含糖量高,一般可达 13%～14%,肉质细腻、多汁脆甜、入口即化;生育期短;小巧玲珑(单瓜重 1～2.5 kg),便于携带和储藏;价格较高,一般高于普通西瓜的 1～2 倍。因此,生产发展较快。

(1)绿皮红瓤小西瓜

早春红玉

京秀

绿美人

早佳8424

翠玲

新金兰

(2)黄皮、黑皮红瓤小西瓜

太阳雨

黄皮京欣

金美人

宝冠

黑美人

(3)绿皮黄瓤小西瓜

金麒麟

特小凤

特小凤

新小兰

(4)特色西瓜

三白西瓜

拇指西瓜

黑帅西瓜

4. 甜瓜

甜瓜(*Cucumis melo* L.)属葫芦科(Cucurbitaceae)甜瓜属(*Cucumis*)一年生蔓性草本植物。果实的形状、颜色因品种而异,通常为球形或长椭圆形,果皮平滑,有纵沟纹或斑纹,无刺状突起,果肉白色、黄色或绿色,有香甜味。种子污白色或黄白色,卵形或长圆形,先端尖,基部钝,表面光滑,无边缘,花果期为夏季。

(1)薄皮甜瓜

骄雪六号

雪甜九号

红妃

绿宝石

(2)厚皮、网纹甜瓜

景甜

京玉2号

长香玉

金蜜

富豪甜瓜

伊丽莎白

金道甜瓜

玉露

天仙

(3)特色甜瓜

联创伯克扎德

花样年华

青蜜

花木兰

5.特色丝瓜

丝瓜，属葫芦科，丝瓜属，生产上分为普通丝瓜[*Luffa cylindrical*（L.）Roem]和有棱丝瓜[*Luffa acutangula*（L.）Roxb]两个栽培种。丝瓜在我国南北均有栽培，以嫩果供食用，瓜肉细腻柔软，味道鲜美，是我国主要的夏季蔬菜之一。丝瓜是一个全能的营养高手，它的肉、花、皮、络都有各自不同的功效。丝瓜性凉、味甘，具有清热化痰、解毒、凉血止血、祛风通络、下乳汁、美容抗癌等功效，并可治疗诸如痰喘咳嗽、乳汁不通、热病烦渴、筋骨酸痛、便血等病症。丝瓜富含B族维生素，有健脑的作用。它还含有皂苷类物质，具有一定的强心作用。此外作为廊架栽培，具有很好的观赏价值。

(1)棱丝瓜

金秀丝瓜

雅绿二号

(2)肉丝瓜

中绿丝瓜

香白玉丝瓜

特长丝瓜

LXY丝瓜

6.特色苦瓜

苦瓜(*Momordica charantia* L.)系葫芦科植物苦瓜的果实，因其味苦而得名，被称为瓜类瓜菜类的“苦味之冠”。它的果皮上布满疙瘩，和荔枝的皮壳类似，故亦有“锦荔枝”之别名。据历史书籍记载，苦瓜原产越南一带，明朝初年传入我国。现在，我国各地多有栽培，尤以广东、广西、云南、福建、台湾等温热地区最为盛产。现代科学分析表明：苦瓜含苦瓜苷、多种氨基酸、半乳糖醛酸、果胶、矿物质和维生素等养分，其中最引人注目是苦瓜中的维生素 C 的含量。500 g 苦瓜含维生素 C 420 mg，相当于 3.5 kg 番茄或 8.5 kg 苹果。

(1)白苦瓜

白玉苦瓜

苹果苦瓜

蓝山大白苦瓜

大白苦瓜

（2）绿苦瓜

澄选珍珠苦瓜

翠玉苦瓜

绿龙苦瓜

（3）墨绿、黑苦瓜

黑珍珠

爱乐苦瓜

7. 黄瓜

黄瓜（*Cucumis sativus* L.）是葫芦科甜瓜属中的一个种，一年生攀缘性草本植物，具有喜温、喜湿、耐一定弱光的特点。喜马拉雅山南麓的印度北部、锡金、尼泊尔、缅甸以及中国云南是不同野生黄瓜变种的分布地区，也是栽培黄瓜的起源地和主要演化地。

（1）大黄瓜类型

中农26号

津优35

喜旺915

北京刺瓜

北京秋瓜

(2)水果黄瓜

夏之光

东之光

戴多星

玉女

(3)特色黄瓜

野生黄瓜

野生黄瓜

苹果黄瓜

月脂黄瓜

白贵妃

柠檬黄瓜

火参果

锡金黄瓜

蛇甜瓜

8.葫芦

葫芦为葫芦科植物瓠瓜[*Lagenaria siceraria*(Molina)Standl. var. *depressa*(Ser.)Hara]的干燥果皮。全国大部分地区均有栽培。秋季采收,打碎,除去果瓤及种子,晒干,生用。鲜葫芦肉质丰厚,细嫩雪白,富含糖、胡萝卜素、维生素 B 与维生素 C、脂肪、蛋白质等,是营养价值很高的保健蔬菜,具有养颜抗衰老的功效。但多食令人呕吐、烦闷,口苦者不能吃。

葫芦除作为器具外,还可作为观赏工艺品,葫芦外形多样、乖巧美观色彩丰富果实成熟后,大部分品种果壳坚硬,观赏期长。产品工艺不断改进、更新,现主要有针刺、雕刻、彩绘、烙画等,天球瓶、鼻烟壶、蝈蝈笼、雕刻绘画等上好的葫芦工艺品,价值动辄千金。朴实自然,高雅精致,眼下,葫芦工艺品正成为继陶器、瓷器、景泰蓝之后的一种具有浓郁民族特色和广阔市场前景的工艺新品种。

苹果葫芦

迷你葫芦

千成兵丹

小丫丫葫芦

手捻葫芦

将军肚葫芦

绘画葫芦

杆葫芦

牛腿葫芦

瓢葫芦

天鹅葫芦

鹤首葫芦

9. 瓠瓜

瓠瓜（*Lagenaria siceraria*（Molina）Standl.）又叫瓠子瓜、扁蒲等，为葫芦科一年生攀缘藤本植物，其嫩瓜营养丰富、质地清凉、水分多、味清淡，具有清暑解热之功效，可炒食或做汤，适合大多数人的口味；未老熟的果实可加工成蜜饯等。瓠瓜适应性强，果实耐贮运，每亩产量可达 2 500～3 000 kg，华中、华南地区普遍栽培。瓠子瓜按其形状可分为短筒、扁圆、细长等类型。

短柱状瓠子

圆瓠子

绿宝2号

线瓠子

10. 冬瓜

冬瓜(*Benincasa hispida*(Thunb.)Cogn.)为葫芦科冬瓜属，素有“瓜中巨头”之称，现已是一年四季均可吃到的一种瓜蔬。因它体外挂霜，民间称之为“白瓜”，最早见于魏时张揖所撰的《广雅》。冬瓜为葫芦科一年生蔓性草本植物，果实球形或长圆柱形，大小因品种而不同，小的重数斤，大的数十斤。主要分为粉皮、青皮两大类。粉皮肉薄，味甜微酸；青皮肉厚，质嫩味爽。原产地在印度，后在我国南部地区生长，已有千年生长史了。冬瓜的营养价值较高，每 500 g 含蛋白质 0.4 g、钙 19 mg、磷 12 mg、铁 0.3 mg，还含有胡萝卜素、硫胺素、烟酸、纤维素、维生素 A 原、维生素 B_1、维生素 B_2、维生素 C、维生素 PP 等成分。尤其维生素 C 的含量极为丰富，每百克含 16 mg，超过黄瓜、南瓜、西瓜、茄子、菜豆、芹菜等瓜蔬，就连西红柿所含的维生素 C 也望尘莫及。

绿春小冬瓜

铁柱冬瓜

宝玉冬瓜

草枕冬瓜

一串铃4号

翠玉冬瓜

黑优冬瓜

花枕冬瓜

柿饼冬瓜

11.其他瓜类

(1)蛇瓜　蛇瓜(*Trichosanthes anguiua*)因形状酷似一条会动的活蛇得名,是近年引入我国的一种观赏性极强的葫芦科栝楼属的一年生攀缘性草本蔬菜作物。原产印度、马来西亚,广泛分布于东南亚各国和澳大利亚,在西非、美洲热带和加勒比海等地也有栽培。我国南北各地均有零星栽培,但面积极小。蛇瓜茎蔓细长,长可达 4～8 m;茎五棱;叶片掌状;3～7 裂;花单性,同株雌雄异花,花瓣白色,5 裂或 6 裂,雌花花托肥大;嫩瓜细长,瓜身圆筒形或弯曲,酷似一条扭曲的小蛇,果实两端渐尖细,长 30～190 cm,千粒质量 200～250 g。蛇瓜肉质松软,煮熟以后有一股特殊的清香味,嫩果和嫩茎叶可炒食、做汤,别具风味。蛇瓜奇特诱人的生长形状为其赋予了极具吸引力的观赏价值。

(2)佛手瓜　佛手瓜(*Sechium edule*)又称隼人瓜、安南瓜、寿瓜、丰收瓜、洋瓜等,是一种葫芦科佛手瓜属植物,藤蔓生长迅速,花小、白色,果梨形、绿色,长 7.5～10 cm,上有凹槽,种子仅一枚;佛手瓜清脆,含有丰富营养,既可做菜,又能当水果生吃,加上瓜形如两掌合十,有佛教祝福之意,深受人们喜爱。

(3)搅瓜　搅瓜(*Cucurbita peop* var. *medullosa*)又名金丝瓜、茭瓜、金瓜等,为葫芦科南瓜属西葫芦的一个变种,为一年生草本植物,以成熟果实供食用。茎蔓生,长而粗壮,表面有棱沟和刺毛,茎节叶腋间生有侧蔓和卷须,节间长 10～15 cm,分枝力强。叶片宽大,单叶互生,绿色,叶呈心脏形或五角形。雌雄同株,花冠黄色,主蔓第 4～7 节着生第 1 雌花。果实长卵圆形,初熟时为黄白色,老熟呈金黄色,果长 22～25 cm、横径 11.5～13.5 cm,单瓜重 1～2 kg。果肉厚,由许多黄色瓜丝密集环绕瓜腔而成。

(4)老鼠瓜　老鼠瓜(*Trichosanthes* sp.)也称彩瓜、白粉瓜,因其两头小中间大,俗称其老鼠瓜,是葫芦科栝楼属一年生攀缘性草本植物,原产印度、马来西亚一带,是一种非常新奇的瓜菜,特别适宜在科技园区种植,观赏食用兼得。株结瓜 30～50 个,单瓜重 350～600 g,幼瓜白带绿花纹,远看如一只只老鼠,所以称老鼠瓜,由黄、橙、红等色,红色为成熟,剥开外皮,里面是一粒粒红玛瑙般的果实,入口滑嫩清爽,有补血健胃之作用。嫩瓜食用味道好,炒菜或做汤口味清香。变色瓜依瓜皮条纹分青皮白条和白皮青丝两种。

蛇瓜

佛手瓜

搅瓜

老鼠瓜

(三)豆类

豆类泛指所有能产生豆荚的豆科植物,同时,也常用来称呼豆科的蝶形花亚科中的作为食用和饲料用的豆类作物。豆类植物种类极多,全世界有近20000种,大部分用作蔬菜,如豌豆、菜豆、刀豆等,也有用作油料作物和作为粮食的辅助主食,如黄豆制作豆面,小豆制作红豆沙等。一般豆科植物由于具有共生的根瘤菌,可以帮助吸收空气中的氮,所以蛋白质含量较高,营养丰富。

1.特色菜豆、豇豆

特长架豆

春秋紫架豆

彩虹豆

九粒青芸豆

老来少芸豆

十粒长大灰狼芸豆

特长豇豆

五月红满地

2.眉豆

眉豆(*Lablab purpureus*(Linn.)Sweet)为豆科豇豆属眉豆种,一年生缠绕草本,高20~40 cm。3出复叶,顶生小叶卵状菱形,两侧小叶斜卵形,先端短尖,边全缘或近全缘。眉豆荚果,呈扁椭圆形或扁卵圆形,长8~13 mm,宽6~9 mm,厚约7 mm,成熟时颜色有绿色、紫色、红色等。种子表面淡黄白色或淡黄色,平滑,略有光泽,一侧边缘有隆起的白色眉状种皁。

紫眉豆　　绿眉豆　　红眉豆

3. 刀豆

刀豆（*Canavalia*）为豆科刀豆属一年生半直立蔓藤植物，高 50～100 cm。叶卵形或椭圆形，花淡紫红色花期 6—7 月份，果期 8—10 月份刀豆为夹果，长达 30 cm 左右，扁带形，略弯曲，像一把刀，因此也叫刀豆。花和果均为观赏部分，种子椭圆形，褐色。刀豆种植管理较粗放，无须特殊打理，如果地栽，只要排水良好，任何土壤均可。抗逆性强，适合廊架栽培。

4. 四棱豆

四棱豆（*Psophocarpus tetragonolobus*（L.）DC.）别名翼豆、阳桃豆、四稔豆，属一年生或多年生缠绕草本植物，起源于非洲和东南亚，中国沿海各省有百年以上栽培历史，云南的思茅、景洪、勐海等地均有不同面积的栽培。一般食用其嫩荚、块根、嫩梢叶和种子。豆荚呈带棱的长条方形四面体，棱缘翼状，有疏锯齿，豆荚有绿色或紫色几种类型，老熟后深褐色，荚长 10～70 cm，一般为 20 cm。种子卵圆形，光滑，种皮有白色、黄色、褐色、黑褐色和黑色及介于它们之间的多种颜色。

5. 食用豌豆

豌豆（*Pisum sativum* L.）为豆科豌豆属。甜豌豆耐寒不耐热，适宜的生长温度为 10～25℃，幼苗能忍受零下 4℃的低温。喜长日照蔬菜，稍能耐旱，但不耐湿，播种后水分多，容易烂种；土壤以沙质或黏质排水良好的土壤为宜，植株要搭架。豆荚、嫩种子、嫩茎卷须均可食用。

刀豆　　四棱豆　　食用豌豆

(四)叶、薹茎、球类

1.甘蓝类

(1)羽衣甘蓝　羽衣甘蓝(*Brassica oleracea* L. var. *acephala* D. C. f. *tricolor* Hort.),别名牡丹草、花甘蓝、花菜、花苞菜等,是十字花科芸薹属甘蓝种的一个变种,是两年生草本观叶植物,观赏期达3—4个月,其叶型丰富,叶色绚丽缤纷,整个植株酷似牡丹,因此被形象地称为“叶牡丹”。羽衣甘蓝基生叶片互生紧密,呈莲座状,叶型可以分为圆叶、皱叶、裂叶和波浪叶,边缘叶叶片宽大,叶色呈现翠绿、黄绿或深绿,叶柄粗壮,叶脉和叶柄呈浅紫色,中心叶叶色丰富,有紫红、玫瑰红、红、黄、粉红、淡黄、白、淡青、青灰、杂色等,绚丽多彩,观赏期长、观赏价值高。

裂叶系列:

京羽红2号

紫羽衣甘蓝

京羽粉1号

波浪叶系列:

植株矮生,株型整齐,叶数多且排列紧密,内叶奶白色、桃红色、粉色等,着色面积大,呈色早,外叶蓝绿色,叶缘卷曲,褶皱细致,株型丰满。耐冻,赏食兼用,株高9～11 cm。是晚秋至早春的耐寒优良美化品种,成品栽种景观效果极佳,兼具观赏及食用保健价值。亦可定植于花盆之中,供观赏用。代表品种有京冠白1号、京冠红2号、京冠红5号、三雄系列、名古屋系列、欧红欧白系列等。

名古屋白

名古屋红

三雄白

三雄红

红闪亮

京冠红

欧白

欧红

圆叶系列：

京莲红

京莲白系列

京莲紫系列

白舞

京莲红系列

白鸽

红鸽　　维多利亚鸽　　紫鸽

皱叶羽衣甘蓝：

京羽1号　　皱叶羽衣甘蓝　　皱叶羽衣甘蓝

切花类型：

切花羽衣甘蓝

(2)结球甘蓝　结球甘蓝(*Brassica oleracea* L. var. *capitata* L.)是十字花科、芸薹属甘蓝的一大变种简称甘蓝。又名卷心菜、洋白菜、莲花白等。二年生草本，被粉霜。起源于地中海沿岸，16 世纪开始传入中国。甘蓝基生叶多数，质厚，层层包裹成球状体具有耐寒、抗病、适应性强、易贮耐运、产量高、品质好等特点，在中国各地普遍栽培，是中国东北、西北、华北等地区春、夏、秋季的主要蔬菜之一。甘蓝类型非常丰富，颜色上有绿色、灰绿色或紫色。球形有圆头、平头、尖头等类型。

中甘21

中甘101

苏甘21

亮叶甘蓝

乔雅秀甘蓝

皱叶甘蓝

彩甘

彩甘

(3)抱子甘蓝　抱子甘蓝(*Brassica oleracea* var. *gemmifera*)为十字花科甘蓝种的变种，又称芽甘蓝、子持甘蓝，原产地中海沿岸，欧美各国广泛种植，其叶球外形小巧美观，玲珑可爱，质地柔软，纤维少而甘美，营养风味优于普通结球甘蓝，国内主要在北京、上海等大都市近郊种植，作为高端特菜供应市场。近年来，随着人民生活水平的提高、现代农业的不断发展，抱子甘蓝已进入平常百姓餐桌，深受消费者喜爱。

抱子甘蓝

(4)花椰菜　花椰菜(*Brassica oleracea* L. var. *botrytis* L.)为十字花科芸薹属甘蓝类蔬菜一个变种。包括普通白球花椰菜、松花类型、紫球花椰菜、黄球花椰菜、淡绿球花椰菜等，彩色花椰菜是从花椰菜中选出的一类新品种。花椰菜成熟的花球横径一般为 20～30 cm，直径 10～20 cm，由肥嫩的主轴和众多的肉质花梗组成。彩色花椰菜除了按普通花椰菜栽培，作商品销售外，还可以盆栽作家庭小菜园栽培或观赏栽培，前景看好。

中花1号

橘皇

紫贵人

津松65号

威特

罗马宝塔

(5)青花菜　青花菜(*Brassica oleracea* L. var. *italic* Planch.)又名西兰花，是十字花科芸薹属甘蓝种的一个变种。长势强健，耐热性和抗寒性都较强。植株高大，根据不同品种叶片生长 20 片左右抽出花茎，顶端群生花蕾。紧密群集成花球状，形状为半球形，花蕾青绿色，故称青花菜。青花菜中的营养成分，不仅含量高，而且十分全面，主要包括蛋白质、碳水化合物、脂肪、矿物质、维生素 C 和胡萝卜素等。具有防癌抗癌的功效，尤其是在防治胃癌、乳腺癌方面效果尤佳。

优秀

中青8

中青12号

(6)芥蓝　芥蓝(*Brassica alboglabra* L. H. Bailey)别名白花芥蓝，是十字花科芸薹属中以花薹为产品的一、二年生草本植物。中国特产蔬菜，以肥嫩的花薹和嫩叶供食用。芥蓝的菜薹柔嫩、鲜脆、清甜、味鲜美，以肥嫩的花薹和嫩叶供食用，每 100 g 芥蓝新鲜菜薹含水分 92～93 g，维生素 C 51.3～68.8 mg，还有相当多的矿物质，是甘蓝类蔬菜中营养比较丰富的一种蔬菜，可炒食、汤食，或作配菜。芥蓝起源于中国南部，主要分布在广东、广西、福建和台湾等省，北京、上海、南京、杭州等地有少量栽培。

芥蓝1号

四季香菇

夏翠芥蓝

粗条芥蓝

冬绿芥蓝

秋绿芥蓝

秋盛芥蓝

(7)西兰薹　西兰薹是由芥蓝与西兰花杂交选育而成的一种新型蔬菜。西兰薹主要特征特性介于西兰花和芥蓝之间，主要以肥嫩的花薹供食，故而得名。芥蓝与西兰花都是蔬菜中公认的“抗癌”能手，而西兰薹集两者之优点，因此抗癌物质含量更高，风味更佳，同时其含有更丰富的维生素 A、维生素 C、维生素 E，矿物质，食用纤维素和胡萝卜素等，是一种美味与保健完美结合的新型功能型绿色蔬菜。

圣提

西兰薹25号

2. 白菜类

白菜类蔬菜是十字花科(Brassicaceae)芸薹属(*Brassica*)植物中重要的蔬菜作物，是人们所需营养的重要来源之一，其栽培面积居中国各类蔬菜之首，在蔬菜周年生产和供应上有着举足轻重的作用。在栽培中，随着长期的进化，形成了丰富的变异类型，主要包括不结球白菜、大白菜、菜薹等亚种。

（1）不结球白菜类　不结球白菜[*Brassica campestris* L. ssp. *chinensis*（L.）Makino]为白菜种中的一个亚种，原产中国，有着丰富的变异类型，具有适应性广、生长期短、高产、省工、易种、品质柔嫩、营养丰富以及鲜食腌渍皆宜等特点。不结球白菜占长江中下游各大中城市蔬菜年总产量的30%～40%，占秋、冬、春季蔬菜复种面积的40%～60%，在蔬菜周年生产和供应中具有非常重要的作用。

上海青

苏州青

紫罗兰

小白菜

乌塌菜

紫冠1号

奶白菜

黄心乌

（2）结球白菜类。结球白菜（*Brassica rapa* L. ssp. *pekinensis*）原产于我国北方，俗称大白菜。引种南方，南北各地均有栽培。19世纪传入日本、欧美各国。大白菜耐储存，所以中国的老百姓特别是中国北方老百姓对白菜有特殊的感情。大白菜品种繁多，基本有散叶型、花心型、结球型和半结球型几类。颜色上又有绿、黄、紫等颜色。

北京新3号

绿健85

吉红娃娃

紫宝

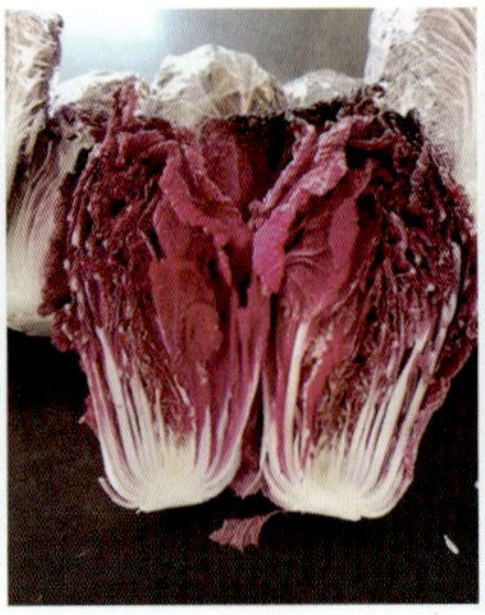
紫裔

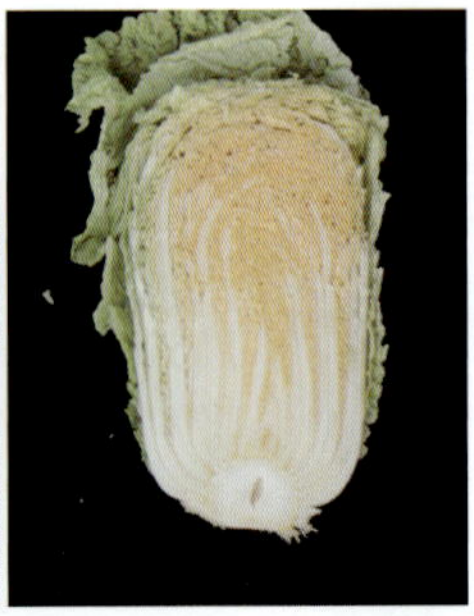
吉红308

(3)京水菜　京水菜(*Brassica juncea* var. *multisecta* L. H. Bailey)是日本最新育成的一种外形新颖、含矿质营养丰富的蔬菜新品种，全称白茎千筋京水菜。我国特菜产区称之为“水晶菜”。为十字花科芸薹属白菜亚种的一个新育成品种。是以绿叶及白色的叶柄为产品的一二年生草本植物。外形介于不结球小白菜和花叶芥菜之间，口感风味类似于不结球小白菜。

京水菜

(4)菜薹(菜心)　菜薹(*Brassica para chinensis* Bailey)是十字花科芸薹属芸薹种白菜亚种中以花薹为产品的变种，一二年生草本植物。菜薹味甘，性辛、凉，有散血消肿之功效。麻疹后、疮疥、目疾者不宜食。油菜薹味甘、性辛、凉，有散血消肿之功效。滑嫩、清香，口感好，堪称健康食品，其独特的风味为人们喜爱。在我国广东、台湾、福建等城市栽培面积非常大。

红湘苔1号

浅绿菜心

油绿50天

特青迟心4号

3.生菜类

(1)生菜　生菜(*Lactuca saliva* L.)是叶用莴苣的俗称,属菊科莴苣属。为一年生或二年生草本作物,它是一种很常见的食用蔬菜。也是欧美国家的大众蔬菜,深受人们喜爱。生菜原产欧洲地中海沿岸,由野生种驯化而来。古希腊人、罗马人最早食用。生菜传入我国的历史较悠久,东南沿海,特别是大城市近郊、两广地区栽培较多,特别是台湾种植尤为普遍。近年来,栽培面积迅速扩大,生菜也由宾馆、饭店进入寻常百姓的餐桌。生菜类型非常丰富,按叶片的色泽区分有绿生菜、紫生菜两种。如按叶的生长状态区分,有散叶生菜、结球生菜两种。

红帆

红生1号

紫珊

罗生1号

罗生3号

立生1号

美国大速生

奶油生菜

紫玉生菜

意大利生菜

(2)油麦菜类　油麦菜(*Lacuna sativa* L. var. *romana*),又名莜麦菜、油荬菜、春菜,有的地方又叫苦菜,属菊科莴苣属,为长叶莴苣变种的一个变异类型,是以嫩梢、嫩叶为产品的尖叶型叶用莴苣,叶片呈长披针形,色泽淡绿、质地脆嫩,口感极为鲜嫩、清香、具有独特风味,含有大量维生素和大量钙、铁、蛋白质、脂肪、维生素A、维生素B_1、维生素B_2等营养成分,是生食蔬菜中的上品,有“凤尾”之称。油麦菜的营养价值略高于生菜,而远远优于莴笋。

首都紫油麦

甜油麦

翠香油麦

长叶春菜

绿油麦菜

4.其他特色叶菜类蔬菜

(1)花叶苦苣　花叶苦苣(*Cichorium endivia* L.)属菊科苦苣属,是一年生或二年生草本植物。食用部分为叶片,叶片带有苦味,有一种独特的风味,西方国家主要用于生食。外叶绿色,心叶浅绿,单株重 500 g 左右,单株有叶片 40~80 片,基部最大叶片长 18~25 cm,单叶重 2.5~3 g,花叶苦苣耐寒、耐热、耐贫瘠性均很强,而且病虫害很少,生育适温为 15~20℃。

花叶苦苣

(2)特色叶甜菜　叶用甜菜(*Beta vulgaris* L. var. *cicla* L.)原产地欧洲地中海,为藜科甜菜属的变种。其以嫩茎叶为食用部分,是我国北方夏淡季节的常见食用叶菜,鲜嫩多汁,适口性好。菜叶片富含蛋白质、碳水化合物、粗纤维、胡萝卜素、维生素 C、钙、磷、铁等。具有清热解毒,行瘀止血的功效。在长期栽培中形成不同变异类型,可以分为绿梗,白梗,红梗,黄梗及红梗红叶甜菜等多种类型,植株生长强健,株高可以达到 40~50 cm,茎叶食用部分纤维少,风味好,色泽美观,具有良好的栽培观赏性。

红梗甜菜

黄梗甜菜

绿梗甜菜

红叶甜菜

白梗甜菜

(3)木耳菜　木耳菜(*Gynura cusimbua*(D. Don)S. Moore)别名落葵属落葵科，一年生藤本植物。它茎细柔软，缠绕生长，分枝力强。叶心脏形，颜色深绿，叶片较厚，以幼苗或肥嫩的叶片，嫩梢供食，质地滑嫩多汁，供煮汤或炒食，口感似木耳，故称木耳菜。木耳菜营养价值极高，富含维生素和蛋白质，其叶可食药兼用，有滑肠，散热、利便等功效。长期食用能降压、润肺、养血生津，所以也是一种保健蔬菜。

木耳菜

(4)菊苣　菊苣(*Cichorium intybus* L.)，为菊科多年生草本植物。芽球菊苣从欧洲引进，是欧美市场畅销的高档蔬菜，食用部分为肉质根软化栽培后萌发的嫩黄椭圆形的芽球，其营养丰富，可生食凉拌或做色拉，也可作火锅配料或炒食，口感脆嫩，微甜稍带苦味，富含钙、镁、铁、钾、胡萝卜素、维生素 C，含马栗树皮素、野莴苣苷等成分，具有清肝利胆、解酒和减肥的功效，是特菜中的上品。

菊苣

5. 冬寒菜

冬寒菜(*Callirhoe involucrate*)为锦葵科锦葵属中以嫩茎叶供食的栽培种，二年生草本植物。别名冬葵、葵菜、滑肠菜等。冬寒菜原产中国北部及其他东亚地区，嫩茎叶可炒食、煮食，柔嫩清香，口感滑润，颇受人们喜爱。特别适宜孕妇和儿童食用。选择良种主要有紫梗冬寒菜、白梗冬寒菜。

冬寒菜

(五)根茎类

1. 芹菜

芹菜(*Apium graveolens* L.)为伞形科芹属，是我国城乡人民生活喜欢食用的绿叶蔬菜之一。其富含蛋白质、矿物质、维生素等多种营养物质，具有较高的营养价值。同时还含有芹菜油，具有清香气味，降血压、健脑和清肠利便的作用，而在市场上占有重要地位，在生产中可四季栽培。

红芹

香芹

西芹

水芹

根芹

京芹一号

2. 苤蓝

苤蓝又称茄莲，球茎甘蓝(*Brassica oleracea* var. *caulorapa*)，为十字花科芸薹属甘蓝变种。以膨大的肉质球茎和嫩叶为食用部位，球茎脆嫩清香爽口，营养丰富，适宜凉拌鲜食；嫩叶营养丰富，含钙量很高，并具有消食积、去痰的保健功能，适宜凉拌、炒食和做汤等。在装箱礼品菜和超市销售很受欢迎。其生育期短，病害少，种植容易。按球茎皮色分绿、绿白、紫色三个类型。主要品种有：天津青苤蓝、青苤 3 号、紫苤蓝等。

紫苤蓝

青苤3号

3.特色萝卜

萝卜（*Raphanus sativus* L.）为十字花科萝卜属，是我国一种重要的大陆蔬菜，全国各地均有种植。可四季栽培，周年供应，产销量也很大。由于人民生活水平的提高，消费习惯的改变，科学技术的发达，反季节栽培也有所发展，利用日光温室和塑料大、中、小棚配套栽培，实现了萝卜超时令上市，深受广大消费者欢迎。

樱桃萝卜

大红袍

黑萝卜

抚顺大红萝卜

白萝卜

4.特色胡萝卜

胡萝卜（*Daucus carota*），别名红萝卜、丁香萝卜、葫芦菔金，有地下“小人参”之称，是伞形科二年生草本植物，以呈肉质的根作为蔬菜来食用。有黄、橙、橙红、紫等不同颜色，是一种质脆味美、营养丰富的家常蔬菜，富含脂肪胡萝卜素、B族维生素、花青素、钙、铁等营养成分。最重要的营养成分当然还是丰富的胡萝卜素。胡萝卜素进入我们的消化道后，在肝脏及小肠黏膜内经过酶的作用，高达50%变成维生素A，可补肝明目，还可治疗夜盲症，增强机体的免疫机能。

紫龙

紫黑萝卜

七彩萝卜

H14212

H1063

山西细心黄

鞭杆红

5. 芋头

芋头(*Colocasia esculenta* L. Schoot)又称芋、芋艿，天南星科植物的地下球茎，形状、肉质因品种而异，通常食用的为小芋头。多年生块茎植物，常作一年生作物栽培。叶片盾形，叶柄长而肥大，绿色或紫红色；植株基部形成短缩茎，逐渐累积养分肥大成肉质球茎，称为“芋头”或“母芋”，球形、卵形、椭圆形或块状等。母芋每节都有一个脑芽，但以中下部节位的腋芽活动力最强，发生第一次分蘖，形成小的球茎称为“子芋”，再从子芋发生“孙芋”，在适宜条件下，可形成曾孙或玄孙芋等。

芋头

芋头盆栽

6.球茎茴香

球茎茴香（*Foeniculum dulce* D. C.），别名意大利茴香、甜茴香，为伞形花科茴香属茴香种的一个变种。球茎茴香膨大肥厚的叶鞘部鲜嫩质脆，味清甜，具有比小茴香略淡的清香，一般切成细丝放入调味品凉拌生食，也可配以各种肉类炒食。在欧美球茎茴香是一种很受欢迎的蔬菜，近些年从中国部分城市的销售情况来看，已得到大多数食者的认同，而且渐渐受到人们的青睐。

球茎茴香

7.牛蒡

牛蒡（*Arctium lappa* L.），别名东洋参、牛鞭菜，原产地中国，属两年生草本植物，性温味甘，粗纤维植物，是一种价值很高的保健型蔬菜。其综合营养价值远远高于我们日常所吃的胡萝卜、菠菜、马铃薯、西红柿、葛根粉、淮山药、玉米及各种蔬菜，享有蔬菜之王的美誉。牛蒡还有抗菌和抗真菌作用，并含有大量的抗肿瘤物质。能健脾、养胃、补肾利尿、祛风解热、防治感冒、增强人体的免疫功能，对神经衰弱和失眠症有很理想的治疗效果。

牛蒡

8.特色韭菜

韭菜（*Allium tuberosum*），别名丰本、草钟乳、起阳草、壮阳草等属百合科多年生草本植物，具特殊的强烈气味，根茎横卧，鳞茎狭圆锥形，簇生；鳞式外皮黄褐色，网状纤维质；叶基生，条形，扁平；伞形花序，顶生。常见为绿色韭菜，近年紫根韭菜逐渐盛行起来。此外，产自京郊大兴区瀛海庄的五色韭菜也具有非常鲜明的特点，具有清香脆嫩，营养丰富，纤维少、香味浓的特点，是凉拌菜中的上品。

五色韭菜　　紫根韭菜

(六)其他特色蔬菜

1.秋葵

秋葵(*Abelmoschus esculentus* L. Moench)为锦葵科,黄葵属一年生草本,原产于非洲,后来进入美洲地区。高1～2 m,茎圆柱形,被疏生刺毛;叶互生,具长柄,近心形,3～7裂,边缘具粗齿,两面有硬毛;花大,单生叶腋,有短梗,花黄色,花心紫色,花萼钟形;蒴果狭塔状矩圆形。它可凉拌、热炒、油炸、炖食、做色拉、汤菜等。经常食用,可消除疲劳、迅速恢复体力。如今,在国内的餐桌上也常常看见其身影,秋葵不仅是一道美味的菜肴,同时还有很多养生功效。颜色分有绿秋葵和红秋葵两种。

红秋葵　　绿秋葵

2.红花番杏

红花番杏

红花番杏,别名新西兰菠菜、洋菠菜、夏菠菜等,为番杏科番杏属多年生半蔓性肉质草本植物,以嫩茎叶为蔬,原产澳大利亚、东南亚及智利等地,主栽区分布在热带和温带,我国东南沿海曾在很早以前就已引进栽培。番杏具有较强的抗逆能力,易栽培,极少病虫害,是一种不需用农药的无公害的绿色蔬菜。番杏生长旺盛,嫩茎叶柔嫩、清香,在我国各地均可实现周年供应。据药理研究表明,番杏具清热解毒、利尿、小疮疖、解蛇毒的功效，对胃癌、食道癌等有治疗作用，番杏隐含有单宁，在使用前一般需要热水烫漂，然后配以葱耳等调味凉拌、炒食，口感柔嫩，颜色翠绿，味道清香。

3. 叶用枸杞

叶用枸杞（*Lycium chinense* Mill），又叫枸杞头、枸芽菜，为茄科枸杞，属多年生小灌木。以枸杞的嫩梢、嫩茎叶作为蔬菜食用；果实亦可菜用，还可入药。枸杞叶可炒食、凉拌吃，还可做汤、炖鸡，味道鲜美可口。枸杞叶中含有丰富的胡萝卜素、尼克酸、维生素 C 等营养成分，还含有甜菜碱、芳香苷、枸杞胺等药物成分，有补精益气、清热止渴、祛风明目、降血压、降血糖和降胆固醇的功效。

台湾红枸杞属苋科多年生宿根矮生丛生型植物，叶片及茎秆均为淡红色，半直立型，丛高 20～25 cm，分枝能力特强，每丛可有分枝 20～30 条，基部节间均有气根，秋天时茎端有白色的小花朵，叶片大小约为 1 cm×2 cm。以叶片及嫩茎食用，可炒食或煮汤，口感较好。其药用功效为：清肝明目、凉血解毒、祛湿利尿等。

叶用枸杞

台湾枸杞

4. 薄荷

薄荷（*Mentha haplocalyx*）别名人丹草，为唇形科薄荷属多年生草本植物，各地均有分布。主要含薄荷油、薄荷醇以及薄荷酮、异薄荷酮、迷迭香酸等成分。可以健胃祛风、祛痰、利胆、抗痉挛，改善感冒发烧、咽喉、肿痛，并消除头痛、牙痛、恶心感。也常用于制作料理或甜点，以去除鱼及羊肉腥味，或搭配水果及甜点，用以提味；也可做成消炎消肿的润肤水。因此现在新兴出现了绿叶蔬菜薄荷。

薄荷

5. 紫苏

紫苏（*Perilla frutescens*），又名荏、香苏、赤苏，为唇形科、紫苏属一年生草本。因其气味芳香、色泽鲜艳，又有保健价值，现已作为一种特种蔬菜进入高档酒家和寻常百姓家中。“紫苏”的茎叶紫色或紫绿色，茎多分枝，有紫色或白色柔毛，叶片褶皱，卵形至宽卵形，先端突尖或渐尖，基部近圆形，边缘有粗圆齿，两面紫色或上面绿下面紫，或仅叶的边缘呈紫色。营养丰富的蔬菜紫苏叶、茎、花、种子均有很高的营

紫苏

养价值。

6.费菜

费菜(*Sedum*. K. F),也称养心菜,属蔷薇目,景天科。它集观赏、药用、食用等多功能于一身,具有很高的实用价值。可盆栽于居室阳台,也可点缀于花坛和园林绿化区;它全棵可入药,是一味民间常用的广谱高效草药;作为蔬菜食用,是21世纪家庭餐桌上的一道美味佳肴,常食可增强人体免疫力,有很好的食疗保健作用。制成养心茶,泡出茶水色香味纯正,长期饮用可高效抑制失眠、心悸、烦闷。

费菜

7.红油香椿

香椿(*Toona sinensis* (A. Juss.) Roem.)属楝科香椿属多年生落叶乔木。性喜温,适宜在年平均气温8~10℃的地区栽培,生长适温为16~25℃,最适温度为20~25℃。月平均温度达到10℃时,香椿树就可萌芽。嫩芽色泽鲜艳,香味浓郁,脆而不硬,食之无渣,即使是高温时节萌发的嫩芽也鲜艳如春,成为蔬菜市场上的佼佼者。

红油香椿

8.紫背天葵

紫背天葵(*Begonia fimbristipula* Hance)别名红皮菜、粉皮菜、紫背菜、红背菜,属菊科三七草属中以嫩茎叶做菜用的半栽培种。系较发达,侧根多,再生能力较强。株高30~60 cm,分枝性强,茎近圆形、直立、绿色、带紫红,嫩茎紫红色,被绒毛多年生宿根常绿草本植物,病虫害少,一般无须施用农药,是一种"无公害"的保健蔬菜。其营养丰富,富含黄酮苷和铁、铜、锌、锰等微量元素,有清热解毒、降血压、消肿、治咳血、经痛、血气亏等功效,并对肿瘤有一定疗效。紫背天葵可凉拌、做汤,具特殊香味,脆嫩可口,加蒜炒食,先用开水泡一下,再加入蒜炒。

紫背天葵

9.沙拉地榆

沙拉地榆(*Poterium Sanguisorba*)即多年生小地榆,适应性强,枝杈乱展,长着白色、粉色或淡紫色花、鲜红籽穗和对生扇形叶。叶有一股分明像黄瓜一样的香味,嫩时采下,可用于制作各种食品、饮料和药。

沙拉地榆

10.蒌蒿

蒌蒿(*Artemisia selengensis*)又名芦蒿、水蒿、柳蒿,为菊科蒿属多年生草本。适合于湿润、凉爽的气候。芦蒿可凉拌或炒食,嫩茎及叶做蔬菜或腌制酱菜。此外,芦蒿还具有清凉、平抑肝火、预防牙病、喉痛和便秘等功效。它对降血压、降血脂、缓解心血管疾病均有较好的食疗作用，是一种典型的保健蔬菜。

蒌蒿

(七)野菜类

1.马齿苋

马齿苋(*Portulaca oleracea* L.)，又名马齿菜、五行草、马蛇子菜、瓜子菜，是马齿苋科马齿苋属一年生草本植物。马齿苋是一种常用中草药，也是普通百姓喜欢食用的野生蔬菜，它是被医药界和食品界公认的一种“药食同源”的植物。近年研究表明，无论从药理作用还是从食用保健看，马齿苋都是一种不可多得的良药和天然绿色佳蔬。因此，它是一种很有发展前途的绿色保健蔬菜。

荷兰马齿苋：

荷兰马齿苋菜为荷兰引进的人工筛选的“栽培品种”，在保留马齿苋营养及用途基础上，在口味上较之野生马齿苋有很多优点。此外，此类型马齿苋直立性特别好，适合大规模有机栽培，肥厚多汁，无毛，高35～120 cm，平均叶宽2.5 cm，长5 cm。

马齿苋

荷兰马齿苋

2.荠菜

荠菜(*Capsella bursa-pastoris* Linn. Medic.)为十字花科越年生或一年生草本植物，全株稍有分枝或单毛，茎直立，有分枝，高20～50 cm，基生叶丛生，大头羽状复叶，裂片常有齿，具长柄，茎生叶狭披针形，长圆形，边缘有缺刻或锯齿。荠菜虽植株不算大，但它的根很长，很硬，盘根错节，能抗严寒，它适应性强，生长快，嫩苗可作蔬菜，种子可榨油，荠菜含有人体所需要的十多种氨基酸，如甘氨酸、蛋氨酸、胱氨酸等，很受人们的喜爱。

荠菜

3. 蒲公英

蒲公英

蒲公英(*Taraxacum mongolicum* Hand.-Mazz.)别名婆婆叮,其嫩叶可食用。因蒲公英喜冷凉环境,是早春可采食的主要野菜品种。它营养丰富,而且还含有蒲公英甾醇胆碱、果胶和菊糖等,其叶芽质脆、味清香、微甘苦,有清肝利胆、爽口健胃的功效。所以,蒲公英不仅有食用价值,而且还是一种医疗保健型蔬菜,很受消费者欢迎。蒲公英喜冷凉环境,土壤化冻后就可萌发,气温在5℃时就可生长,生长适温为15～20℃。

4. 酢浆草

酢浆草

紫叶山本酢浆草(*Oxalis triangularis*)又名酸浆草、酸酸草、斑鸠酸、三叶酸,多年生宿根草本植物,具有叶艳、花多、植株整齐等特点。酢浆草嫩茎叶每百克含水分84 g,蛋白质3.1 g,脂肪0.5 g,碳水化合物5 g,钙27 mg,磷125 mg,铁5.6 mg,胡萝卜素5.24 mg,维生素 B_1 0.25 mg,维生素 B_2 0.31 mg,维生素C 127 mg。酢浆草性味酸寒,具有清热利湿、凉血散瘀、消肿解毒的功效,能够治泄泻、痢疾、黄疸、淋病、痔疾等。

5. 苋菜

苋菜(*Amaranthus tricolor* L.)苋科、苋属一年生草本,茎粗壮,绿色或红色,苋菜茎叶作为蔬菜食用;叶杂有各种颜色可供观赏苋菜能补气、清热、明目、滑胎、利大小肠,且对牙齿和骨骼的生长可起到促进作用,并能维持正常的心肌活动,防止肌肉痉挛。还具有促进凝血、增加血红蛋白含量并提高携氧能力、促进造血等功能。也可以减肥轻身,促进排毒,防止便秘。紫苋菜能抗辐射、抗突变、抗氧化,与其含硒有关。硒是种重要的微量元素,能增强机体免疫功能,保护人体健康。常吃含硒丰富的紫苋菜,可提高人体对抗辐射的能力。

红苋

彩苋

折叠绿苋

6. 罗勒

罗勒

罗勒(*Ocimum basilicum*)，别名九层塔、香草、防馊菜和驱蚊草等，是唇形科一年生草本植物，其茎叶带有特殊香味，在意大利等欧洲国家作为香料。近年来，全国各地引种栽培。罗勒的食用部分为嫩茎、叶，含有芳香性植物油，具有特殊的薄荷香味，炒食、凉拌、油炸、做汤均可。植株高约 60 cm，茎钝四棱形，全株被稀疏柔毛，叶腋分枝，叶对生全缘，叶柄长 2 cm 左右，叶片卵圆，长 3～5 cm，宽约 3 cm。

7. 鱼腥草

鱼腥草(*Houttuynia cordata* Thunb.)为三百草科蕺菜属植物蕺菜的全草，因其茎叶搓碎后有鱼腥味，故名鱼腥草。鱼腥草既是一种传统药用植物，又是一种常见的野生蔬菜。叶片椭圆形，有尖，中间绿边上紫褐色，根白色，有节，暴露在外的稍有土色。

鱼腥草

二、栽培方式

(一)盆栽

最为原始的简易无土栽培模式，该模式通过在不同直径大小的花盆中添加基质或椰糠，配以滴箭或人工辅助灌溉直接栽种，适宜栽植黄瓜、番茄、茄子、各种瓜类蔬菜。单株植物发病时可单独处理，不会影响其他植物生长，可以任意摆放，能及时补充景观效果，充分利用走道两旁或其他空闲地带，也可以利用不同品种组景，苗木成活率高，景观效果好，部分有盆贴的还可以做宣传。此种栽培方式简单易行，不仅可以用于大规模生产，还能够提前在育苗室培育，短期内达到较好的景观效果。

盆栽甜瓜

盆栽草莓

盆栽南瓜

盆栽彩椒

盆栽人参果

盆栽茄子

吊盆

(二)箱培

一种燕尾式基质栽培箱,外径长度为500 mm,宽450 mm,高300 mm。可以一个或多个顺序连接的可容纳栽培基质的箱体,一侧设有向外的突出部位,另一侧设有向内的凹陷部位,多箱体连接时突出部位和凹陷部位能无间隙结合,底部有加强筋,材质为泡沫。燕尾箱式基质培整体效果美观,搬运方便,可以连接成条,当单株蔬菜发病时,可将栽培箱连同植物一起换掉,不会传染其他植株。但箱体容易脏,难清洗,根据栽培蔬菜类型确定是否增加吊蔓系统。适合茄果类、瓜类等吊蔓蔬菜;也可高密度栽培白菜、生菜、草莓等低矮蔬菜。

燕尾箱多种蔬菜

燕尾箱黄瓜

燕尾箱甜瓜

燕尾箱韭菜

黄瓜潮汐式基质培

(三)袋培

袋培为最原始的简易无土栽培模式,栽培设施为美植袋、大号营养钵或采用黑白膜做的栽培袋、栽培转,内部添加基质或椰糠,在袋体上开孔,结合滴灌形成的栽培模式。适合黄瓜、番茄、茄子等瓜果类蔬菜生长。袋培造价低廉,发现病害后方便移除。夏天使用白色面朝外,可反射阳光防止基质升温,冬季将黑色面朝外,可以吸收热量,保障根系温度,重复利用性高。如果有单个得病可以单独处理,避免大面积感染。基质袋使用寿命短,对地面要求比较严格。

条式袋培茄子

袋培茄子

条式袋培辣椒

椰糠砖培茄子

(四)槽培

1.槽式基质培

采用砖、控根容器、泡沫板等材料,组合成长方形栽培槽,槽内添加基质,适合各类蔬菜种植,集约化生产,管理方便,建造成本低,使用时间寿命长。控根容器,对防止根腐病和主根的缠绕有独特的功能。侧壁是凹凸相间,凸起外侧顶端有小孔,具有“气剪”控根功能。但对地面要求较高,地面要求比较平整,如果不严格控制浇水时间可能造成地面下陷。

砖槽芹菜

控根容器槽草莓

控根容器槽甜瓜

控根容器槽黄瓜

2.梯形储气储液培

通过单体长 1 000 mm,上口宽 500 mm,下底宽 300 mm,高度 300 mm 的梯形泡沫槽顺序链接组成的栽培槽，内部铺设黑白膜添加基质后栽培各类蔬菜。苗期植株可直接吸收基质中的水分和营养，随植株生长产生的负压，底部营养液可利用毛细管作用向上运动，不断补充基质中的水分及养分。适合集约化生产，与普通栽培方式相比，至少可提早播种和定植 25 d，提早上市 20 d 左右。拆装方便，便于运输。但对地面要求高，黑白膜破损后需要全部更换，修补起来比较麻烦，要排列整齐。

储气储液蒌蒿

储气储液草莓

储气储液茄子

储气储液球茎茴香

储气储液薄荷

3.其他形式槽基质培

用方钢、圆管、波纹管或 PVC 管加工成 H 形、可摇臂型、多段立体型支架、折叠槽、圆形槽体等，内部填充基质。最适合草莓、乌塌菜、生菜、叶甜菜等叶菜类栽培。H 架和可摇臂架相对来说成本比较高，不适合超大面积建造，多段立体槽式基质培和多层浅表基质培能高效利用栽培空间，形成较好的立体空间，景观效果好。

H架基质培

可摇臂式基质培

多段立体密植基质培

折叠槽式基质培

多层立体密植基质培

网槽式基质培

(五)水培

1.DFT 水培

利用特制的泡沫箱和带有定植孔的浮板及钢龙骨组成，营养液液层较深、植物由定植板或定植网框悬挂在营养液面上方，而根系在定植板或定制网框深入到营养液中生长的深液流水技术。栽培方式有地式水培箱、双层 DFT 水培等多种形式，适宜种植的蔬菜类型多，能够用于水培苗的驯化或生产栽培。

简易叶菜浮板培

地式DFT水培

单层DFT水培

单层DFT水培

地式DFT水培

双层DFT水培

双层DFT水培

双层DFT水培

2. 链条式水培

该栽培设施采用定制的泡沫栽培槽，配合钢骨架及 PVC 管道形成的墙式或阶梯式链条水培栽培模式。每个栽培箱长 1 000 mm，宽 350 mm，高 130 mm，定植板含有 18 个定植孔，根据不同蔬菜种类，可选择适宜的株距，适合叶菜类生长，单层也适合果菜生长。

多层立体链条水培

多层立体链条水培

多层立体链条水培

多层立体链条水培

阶梯式链条水培

阶梯式链条水培

3. 多种 NFT(营养液膜)水培

该栽培设施是采用钢骨架龙骨，配合泡沫槽体形成的单层、双层或多层水培栽培方式。营养液液层较浅，植株直接放在种植槽槽底，根系在槽底生长，大部分根系裸露在潮湿空气中，而营养液以一浅层在槽底流动的营养液膜技术。多层栽培的常需要增加补光设备，适宜集装箱式叶菜类蔬菜高效栽培。

单层NFT水培

单层NFT水培

双层NFT水培

多层NFT水培

4.螺旋仿生立柱水培

种植盆按四个方位螺旋形串叠组合成栽培柱，柱体固定及给回液管路安装方便。种植盆螺旋形排列有利于柱体上每棵植物均匀采光；种植盆配套的两种不同定植盖，有利于多种花草、叶菜品种的栽培选择；有利于每棵植物的直立生长，提高叶菜的商品性和产品的均匀性。有效地提高空间利用率，增加景观效果。但适宜栽培蔬菜类型有限，仅限于一些叶菜类蔬菜栽培。

螺旋仿生立柱水培

螺旋仿生立柱水培

螺旋仿生立柱水培

5.半圆管式立体水培

该栽培设施由半圆管，配套塑料定植盖、盖卡、管槽托卡、半圆管槽堵、钢结构支架、水培定植杯、给回液管路等组成。适合大规模的叶菜水培生产，家庭园艺趣味栽培，立体水培景观墙，克服了可移动管道水培换茬过程中不利于馆内清洗、消毒的问题，但造价较高，施工工艺要求高。

半圆管式立体水培

（六）雾培

雾培又称气培，是指不用固体基质，直接将营养液喷到植物的根系上，供给其生长所需的营养和养分，利用泡沫或 PVC 管，组成不同的造型如 A 字形、多边形、圆柱形、金字塔形。这些立体式栽培模式大大提高了栽培植物的覆盖面积，使温室利用率提高数倍。同时，气雾培是水资源利用率最高的农业技术，只需土壤栽培的1/10用水量。目前主要有A字形气雾培、多边形气雾培、桶装气雾培、圆柱状气雾培、可移动气雾培等。

1. A字形气雾培

该栽培设施采用2块挤塑板和钢骨架形成的栽培模式，挤塑板与地面呈45°角，两块板组合成A字形结构，内部配以喷雾系统，可栽植各类叶菜类蔬菜，不仅能够提高单位面积产量、节省水费、更具有很好的景观效果。

A字形气雾培

A字形气雾培

2. 多边形、圆柱形气雾培

该栽培设施采用黑白膜、钢材焊机骨架，钢丝网外包，最外层黑白膜包裹，内部添加喷头形成的多边形或圆柱形气雾培。景观效果好，模式新颖。但是只能栽植叶菜类蔬菜，耗能高。

多边形气雾培

多边形气雾培

圆柱形气雾培

金字塔形气雾培

圆柱形气雾培

斜插式圆柱形气雾培

3.可移动式气雾培

集水果、蔬菜、花卉、中药材种植等为一体的阳台果蔬综合体，占地 0.4 m^2，占空间小于 0.4 m^3，能同时种植 70 种蔬菜。操作简单容易掌握，在家庭环境下，只要不断电断暖，就可以实现各种水果的连续结果，为家庭生活增添无限的乐趣；可以让藤蔓不仅布满整个阳台，还可以缠绕的客厅、卧室，只要有足够的漫射光，植物就能正常生长，负离子洗肺，让人仿佛置身于大森林之中。适合于家庭园艺或科技展示。

可移动式气雾培

4. 悬挂气雾培

该栽培设施采用亚克力管和 PVC 管相结合的方式进行组装，在亚克力的位置安装喷头，进行气雾栽培，方便观察。能够大大提高空间利用率，具有很好的景观效果和展示效果。

悬挂气雾培

5. 鱼菜共生气雾培

鱼菜共生是一种新型的复合耕作体系，它把水产养殖与蔬菜生产这两种原本完全不同的农耕技术，通过巧妙的生态设计，达到科学的协同共生，从而实现养鱼不换水而无水质忧患，种菜不施肥而正常成长的生态共生效应。让动物、植物、微生物三者之间达到一种和谐的生态平衡关系，是未来可持续循环型零排放的低碳生产模式，更是解决农业生态危机的最有效方法。

鱼菜共生气雾培

(七)树式栽培

1. 蔬菜树式培

“蔬菜树式”栽培模式又称“蔬菜巨型化栽培”也叫“蔬菜单株高产栽培”，是通过提供蔬菜单株生长发育的最大空间和最佳的环境条件、营养条件，通过生理调控和农艺措施，使蔬菜单株生长和高产潜能得到最大限度地发挥，培养出巨型植株个体，实现多结果、结大果的目的。目前，科研人员已成功地将番茄、茄子、甜辣椒、瓜类等蔬菜培养成单株冠幅 25～120 m^2 的巨型“蔬菜树”。蔬菜巨型化栽培对观光农业来说是最有科普观赏价值的一种栽培模式，而且随着人们的不懈努力，巨型单株和单株高产实例不断出现，把这项技术推向了一次又一次的顶峰。

红茄树

紫茄树

番茄树

彩茄树

2. 一树多果基质培

此种栽培模式是指利用嫁接技术，将茄子、辣椒、番茄等茄果类蔬菜嫁接到土豆砧木上，采用基质培栽培方式种植的一种栽培方式。在同一植株上同时可以结多种果菜，具有很好的观赏价值，主要用于科普展示。

一树多果栽培

(八)管道栽培

1. 高空管道栽培

该设施是把已经开槽的不同直径的 PVC 管道固定在廊架上,内部加无纺布并填充基质或采用内加定植杯水培的方式,种植鹤首葫芦、金童玉女、福瓜等各种瓜类或茄果类蔬菜。蔬菜的蔓长高后爬到廊架上,形成较好的景观效果。此种模式可以使植物在空中生长,利用蔬菜的叶片营造一个蔬菜森林的感觉,具有非常好的视觉效果。植物光照充足而且均匀。但改模式需要一定的时间才能出效果、养护植物成本高(整枝、打杈、换苗)。

高空管道栽培

2. 彩色管道基质培

该栽培设施采用定做的(直径 100 mm)彩色管道并在管道上每隔 150 mm 开宽 850 mm、长 95 mm 椭圆孔,把栽培花盆放入内。可以栽植各类叶菜、矮化茄果类蔬菜或草本花卉类。管道色彩鲜艳多样,配以不同颜色蔬菜花卉能表达很好的景观效果。但管材成本相对较高,管道超过一定时间管道会掉色,不适合果菜类栽植。

彩色管道培

3. A 字形管道培

A 字形管道培采用 PVC 排水管或竹木作为介质，配合角钢或圆管组合成 A 字形栽培槽，或定植孔，利用基质或水培的方式栽植各类叶菜类蔬菜。此类栽培方式可根据场地条件挪动，美观大方，土地利用率高，适宜采摘。但只能栽植叶菜类和部分果菜类蔬菜，最顶层栽培槽在后期换苗或养护时工人操作困难。

A 字形基质培

A 字形水培

4. 旋转式管道水培

该栽培设施采用 75 mm PVC 管做栽培槽，每槽栽植 11 棵苗，25 根槽，共计 275 棵苗。25 根管道围成横向圆柱状，配以滴箭灌溉，适合栽植叶菜类或草花类。栽培管道能够不停地旋转，栽培模式新颖，能让植物采光条件更好。但运营成本高，设施还需要改进，不能大面积应用于生产。

旋转式管道水培

5.螺旋管道基质培

此栽培方式为利用立体双螺旋形栽培管道，双螺旋管是一个带有定植孔的可容纳栽培基质的容器，从双螺旋管底部到顶部每隔 30 cm 有一个贯穿螺旋内部中心立柱的 PVC 板，对所述双螺旋管起到支撑和固定作用。是高空管道栽培的延伸，该设施采用椰糠和海绵条结合作为基质最为合适。适合栽培叶甜菜、芹菜、穿心莲、台湾枸杞等蔬菜。立体景观效果好，能够充分利用现有空间。

螺旋管道基质培

6.床体管道水培

改栽培模式为由 75 cm PVC 管材和钢骨架做成的平面式床体栽培槽，为管道栽培的最基本形式，效果好看，操作相对简单，适合生菜等叶类生长。但此种栽培模式占地较大，栽培管道不能太宽，否则影响工人操作。

单层床体管道水培

多层床体管道水培

7. 立体管道水培

此类栽培设施采用 750 mm PVC 管道，一般一根 4 m，19 个栽培孔，结合钢骨架形成不同形式的立体管道水培的栽培设施，适宜种植芹菜、叶甜菜等各种茎菜类蔬菜。具有很好的景观效果，能够充分利用栽培空间。但适合栽植的植物有限，造价高，施工工艺要求相对严格。

步步高升管道水培

立体管道水培

立体管道水培

立体管道水培

8. 建筑造型管道水培

利用 PVC 管道设计成各种形态的造型，采用营养液的形式供应植物生长所需的营养和水分，造型高大新颖。适宜种植低矮的叶菜类。

建筑造型管道水培

（九）多种形式的立体栽培等

1.立柱基质培

通过不同形式的泡沫栽培钵上下串叠，栽培钵上有不同数量栽培孔或利用特制 PVC 管形成斜插式栽培孔，定植孔垂直错位排列。此类栽培方式能够充分利用栽培空间，提高单位面积产量；适合多种布局方式，以满足生态园所需的趣味性和生产所需要的产量化；配套专用 U 形定植杯，不仅具有保护栽培钵定植孔的作用，还方便植物育苗、定植和采收。适合栽植、台湾枸杞、苦菊等观叶植物，也可以栽植矮生的、垂吊的草本花草植物和叶菜类蔬菜。不能栽植果菜类蔬菜，单体产品购买比较贵，成本较高。常见的有三角立柱、斜插式立柱基质培等。

三角立柱培

三角立柱培

三角立柱培

三角立柱培

四角立柱培

旋转立柱式管道培

2. 墙体基质培

种植槽为泡沫钵或塑料槽左右链式搭接、上下串叠叠加，形成双面或单面种植墙，栽培设施安装简便，整体性强、封闭性好。搭接可以使墙体变换立体造型，有利于立体墙的景观塑造。

不仅能大大提高土地利用率，增加产量，还可通过不同颜色植物的搭配及栽培墙本身形状特性，拼装组成各种植物图案和立体造型，为都市农业提供产品及技术支持，应用领域极其广泛。

链条墙体装饰

链条墙体装饰

组拼式墙体装饰

挂盆墙体装饰

3. 抱柱式立柱基质培

抱柱式立柱基质培由 1/4 圆弧形种植盆、1/4 圆弧形连接盒、固定螺丝螺母，内支撑骨架、给回液管路等组成。内腔直径 220 mm，适用于现有大部分温室立柱的抱合立体栽培。种植盒、连接盒具有互相嵌合的固定结构，抱柱式使用能独立成型；还可附着在墙面、外墙角、内墙角等的立体绿化种植；连接盒可实现种植盒纵向调节间距的作用，从而有利于实现多种品种的立体栽培，并实现立柱视觉景观的多样化需求。

抱柱式立柱培

4. 花瓣立柱基质培

栽培形式由数个花瓣状栽培钵通过 40 mm 钢管做立柱错落叠放而成。钵的个数因需要而定。钵内装基质，钵底有孔，颜色多样，有橘色、粉红色、绿色、白色产品，普通花盆用于种植并不能把太阳光能完全利用，新型的立柱式组合花盆能有效增加光能使用率，提高实用面积的使用率，节能、省空间、科学美观，可垂吊、可立地，采用优质 PP 塑料，无毒无害，无味无污染，结实耐用，色彩柔和美观。适合农业园区的蔬菜生产、都市观光农业园和植物园、生态餐厅、家庭阳台等的观赏栽培。除适用于生产各种叶类蔬菜，还可生产矮生花草及草莓等作物。

花瓣立柱培

5. 叠盘式立柱基质培

叠盘式立柱基质培，即盘形种植容器串叠而成，盘内灌注基质即可用于种植，柱芯管为镀锌钢管，配合给回液管路设施即可。可用于小棵型的叶菜、花草的种植，也可用于芽苗菜种植。叠盘式立柱栽培节省空间、设施结构简单、线条优美、材质考究、档次高，适用于高档环境的立体美化种植。

叠盘式立柱培

6. 墙体漏窗水培

该栽培设施由链式塑料水槽、槽间距调节管圈、定植盖、水培定植杯、链式固定轴管及供回液管路组成，一个槽能栽 7 棵苗。种植槽左右链式搭接、上下串叠叠加、轴管串接固定成立体漏窗式水培设施，安装简便，整体性强、封闭性好、外形美观；链式结构有利于立面几何造型的塑造；种植槽上下间距可调，可塑造出多种立体种植景观；两种不同定植盖可供栽培选择，既可水培棵型较大的蔬菜花草，也可水培芽苗菜及小型水草。

墙体漏窗水培

墙体漏窗水培

（十）其他栽培方式

1.廊架栽培

长蔓型、攀爬类生长旺盛、结果性能好的品种成为高处廊架类艺术造型首选，如香炉瓜、佛手瓜、南瓜、蛇瓜、丝瓜等，观赏蔬菜果实悬挂于架下，具有很好的观赏景观价值。

廊架栽培

廊架栽培

廊架栽培

2. 鱼菜共生栽培

鱼菜共生是一种综合利用资源的环保生态循环栽培模式，通过在鱼类养殖池塘水面或其周边种植蔬菜，利用蔬菜根系发达、生长对氮磷需求高等特性，水质原位生物调控方式，在池塘内形成鱼肥水—菜净水—水养鱼循环系统，达到鱼和菜和谐共生。具有原位生物调水，吸收池塘废弃 N、P，缓解池塘水体富营养化、充分利用水土资源，光合作用增氧、遮阴避暑、提高水产品品质、减少水电药成本投入，制造景观工程等诸多优势。

简易鱼菜共生

鱼菜共生

鱼菜共生

3. 高效模式

利用可调节高度的支撑架结合栽培槽的栽培设施，使用椰糠条＋岩棉的复合栽培模式，结合滴箭及自动灌溉设备，进行果菜的高产优质生产，即为支撑架栽培槽基质栽培；或通过泡沫箱加定植钵的复合果菜栽培。此类模式具有单位面积产量高、节水、能实现生产流程标准化、自动化程度高、投资相对少、施工方便等优势，适合大面积生产推广，具有非常好的市场前景，是未来蔬菜工厂化高效栽培的主要方式。最适合栽培番茄、黄瓜、辣椒等。

岩棉椰糠复合栽培

岩棉椰糠复合栽培

岩棉椰糠复合栽培

果菜复合栽培

4. 塑型栽培

在瓜果幼果时套上塑型模具，让瓜果膨大生长成模具的样子，改变传统瓜果形状。适宜西瓜、人参果、萝卜、人参、何首乌等的栽培。可以获得造型奇特、观赏性强的瓜果，提高经济利润。

塑型栽培

5.综合景观栽培

用水泥雕塑树，然后把盆栽菜放在雕塑树的铁环上，从雕塑树转变为蔬菜树；或综合利用管道、廊架、盆栽、不同颜色蔬菜组合等综合造景，形成独特的综合景观效果。适宜景观小品组合模式，栽植品种有限，不适合生产上用。

综合景观栽培

综合景观栽培

第二节　果树的品种选择与栽培管理技术

一、南果北种品种介绍及栽培技术

(一)火龙果

火龙果(*Hylocereus undulatus* Britt)，又名神龙果、仙蜜果、情人果等，属仙人掌科(Cactaceae)蔓性多年生果树，是近年来受到广泛关注的一种新兴热带亚热带果树。火龙果原产于中美洲的热带地区，具有良好的保健功能，依果肉颜色分为红皮白肉、红皮红肉、黄皮白肉三大类。火龙果种植已成为近年来的农业新、特、优、高开发项目，近年来在福建、海南、广东和广西等地得到发展，在云南、贵州高海拔山区也有引种栽培，在北方也进行了南果北种的探索。

火龙果主要采用扦插或嫁接法繁殖，不耐霜冻，低于0℃的地区需采用日光温室。寒冷地区棚内设保温设施，棚外覆盖防寒被，保证冬季室内温度。

火龙果

火龙果采用架式和柱式栽培方式最为普遍。架式栽培采用PVC管材、竹竿、木材等搭成“井”字架，架下垄面定植植株。立柱式栽培，就是立起一根水泥柱或木柱，在柱的周围种3～4株火龙果苗，让其植株沿着立柱向上生长。在柱顶部用10号铁丝做成空间网，用以吊挂固定果枝。

火龙果为多年生植物，每年都要重施有机肥，均衡施用氮磷钾复合肥，营养生长期以氮肥为主，进入花果期应以磷、钾肥为主。

火龙果成苗栽植后30 d可发芽，植株生长迅速，平均每天长高2 cm以上，在生长过程中会生出许多芽苞，因此，应注意整枝，一般前期只留一个主干，其余侧枝全部剪除，待主茎长至所需高度（1.3～1.5 m）时再行打顶，要合理分布空间，对于侧枝上过密的枝杈要及时剪掉，以免过多消耗养分，让结果的枝条自然下垂，积累养分，提早开花结果。温室生产的火龙果自花结实率只有20%～30%，人工授粉可使坐果率可达到85%以上。结过果的枝条每年收果后将其剪除，以促使新枝长出，保证来年的产量。

（二）番石榴

番石榴（*Psidium guajava* Linn.），俗称芭乐、拔番石榴子、那拔等，属桃金娘科（Myrtaceae）番石榴属（*Psidium*）常绿小乔木或灌木，原产美洲热带国家，现主产于印度、巴西、墨西哥和我国的华南等地。番石榴具有降糖、止泻、抗氧化、抗肿瘤、抗菌、降血压、保护心脏等多种药用功效，因此作为一种民间药物在全世界亚热带地区广泛使用。番石榴于17世纪传入我国，在台湾栽培较多，近年来广东等南方也有了一定的发展。具有稳定的适应性、良好的观赏价值和较高的经济效益。

番石榴用播种及扦插繁殖。

播种繁殖方法：当种子成熟采下后立即播种，撒播或条播，经2～4周出苗。待苗高10 cm左右（3～4寸）移植一次，如生长良好，播种后一年即可定植。

扦插繁殖：番石榴可用实生、扦插、圈枝（空中压条）和嫁接法育苗。由于根系能发生根蘖，也可以用分株法。但实生繁殖有变异性，最好用营养袋繁殖。

番石榴树

番石榴

(三)菠萝蜜

菠萝蜜(*Artocarpus heterophyllus* Lam.),原名波罗蜜,别名树菠萝、苞萝、木菠萝、大树菠萝、蜜冬瓜、牛肚子果,桑科波罗蜜属常绿乔木,果实清甜可口,香味浓郁,故被誉为"热带水果皇后"。菠萝蜜原产印度,中国引入菠萝蜜已有一千多年历史,在我国福建、台湾、广东、广西、海南等地均有种植。菠萝蜜树形整齐,冠大荫浓,果奇特,是优美的庭荫树和行道树。

菠萝蜜

菠萝蜜主要为嫁接繁殖。菠萝蜜一年四季均可定植,但以春植(3—4 月份)和秋植(9—11 月份)最佳。在幼龄树根系分布较浅且窄时,肥宜勤施薄施,以水肥的方式淋施为佳。一般以一梢二肥较合理，即促梢肥和壮梢肥。

（四）莲雾

莲雾果（*Syzygium. Samarangense*（Bi.）Merr. et Perry）又名洋蒲桃、金山蒲桃、洋蒲桃、辇雾、琏雾、水蒲桃等，是桃金娘科蒲桃属热带常绿乔木果树，原产印度和马来西亚，17世纪我国台湾最早引种，是著名的热带水果，我国台湾、广东、福建、海南、广西、云南和四川均有栽培，其中台湾栽培最多。莲雾果实营养丰富，是营养全面的水果，被称为“水果皇帝”。果实具有特殊的芳香，清脆可口，品质极佳，形状独特。

莲雾果树

莲雾

莲雾繁殖有 3 种方法，即压条、扦插、嫁接。莲雾生长最适温度为 25～30℃，冬季棚内最低温度应保持在 10℃以上，以利于生长和花芽分化。花期棚内温度最高不高于 28℃。施肥需要有机肥和无机肥结合，土壤施肥与根外施肥相结合，需重视微量元素肥分的补给。催熟肥与采后肥应于果实成熟前施用，每株施尿素 0.1～0.2 kg。

莲雾结果过多时应考虑进行酌量疏果，以促使果形美观，肥大和均匀。莲雾开花多，坐果也多，应及时进行疏花疏果，选留良好结果部位，促果增大，提高品质。花穗的保留位置应该分布均匀，疏花蔬果后，每花穗保留 4～6 个发育正常的果实。开花结果期要适当控制抽梢，随时抹芽和摘心，避免枝梢生长与开花结果争夺养分。花后 20 d 进行果实套袋。7—8 月果实成熟时，注意棚内不能积水，以免引起落果。莲雾主要通过修剪来培养形成圆伞形树冠。春季修剪最佳时期为 3 月左右。

（五）番木瓜

番木瓜（*Carica papayacarica* L.）又称木瓜、乳瓜、万寿果等，属番木瓜科番木瓜属小乔木，半草本热带果树，在我国主要分布于广东、广西、海南和台湾等地。番木瓜是世界十大水果之一，果肉营养丰富，除富含各种矿物质和维生素外，还含有具强烈抗癌活性的木瓜碱和帮助消化、治疗胃病的木瓜蛋白酶，木瓜除了鲜食外，还可加工成果脯等食品，未成熟果可做菜、炒食、做汤等，与肉同煮，肉质鲜嫩有助消化，果实、种子、叶片均可入药，具有理气、活血等功效，随着我国人民生活水平的不断提高，人们对风味独特、营养丰富的番木瓜的认可程度越来越高，番木瓜国内需求量将持续增长，是北方农民增收、农业增效的好项目，而且近几年随着设施农业的不断发展，番木瓜引入北方进行温室栽培取得了成功。

番木瓜栽培

番木瓜

番木瓜一般用种子繁殖。番木瓜种子如同绿豆粒大小，黑色，外有一层假种皮。华北地区一般采用冬育春栽。种子繁殖过程一般为：催芽、播种、育苗。

番木瓜种子发芽的适宜温度为 30～32℃，低于 23℃和高于 40℃对发芽不利。经高温催芽的种子发芽出苗整齐，否则，出苗时间可长达 1 个月以上，给育苗管理带来难度。播种时将种子播于营养钵上，播后覆盖 1.0～1.5 cm 厚的细土，浇水盖膜。育苗宜在塑料大棚或日光温室内进行，温度控制在 20～30℃。通常播种后 10 d 左右出苗，出苗后经常保持土壤湿润，忌过湿。

栽培管理一般包括：定植、肥水管理、除草及花果管理以及结果期管理。定植前对土壤要进行深翻改良并施足底肥，创造透气性好、pH 适宜、肥力均匀的土壤环境。由于番木瓜的树冠幅度大，可采用宽行密植，株行距 1.8 m×2.5 m。番木瓜根系浅，叶大，不耐干旱，且生长迅速，需肥水较多。为促进植株的营养生长，每隔 10～15 d 施肥一次，以速效肥为主。番木瓜定植后浇好定植水，覆膜进行保温，促进根系恢复生长，以后根据植株长势和生长的季节进行合理的浇水，冬春季节和雨季要避免积水，夏秋高温季节要避免干旱缺水，在生长结果旺盛时缺水会导致果实外观和品质变劣。番木瓜为浅根性果树，应浅锄以免伤其根部。番木瓜在树干叶腋间萌发着生花芽，为了减少养分消耗，侧芽要摘除，每叶腋只留 1～2 个果。

（六）柑橘

柑橘（*Citrus reticulata*），别称橘子，芸香科柑橘属的一种水果，柑橘原产中国，主要产自长江中下游和长江以南地区的福建、浙江、江西、湖南地区。橘子常与柑子一起被统称为柑橘，颜色鲜艳，酸甜可口，一般呈橘黄色，也有青色或其他颜色，是人们生活中最常见的水果之一，果皮可入药。柑橘果实外形美观，味道鲜美，营养丰富，是世界最重要的水果之一，在国际农产品贸易中占有非常重要的地位。

柑橘树

柑橘

繁殖柑橘苗木的方法有实生、压条、扦插和嫁接等，但以嫁接法最优、应用普遍。

一般采用株距 3 m×行距 4 m 的密度进行栽植，亩植 55～60 株。柑橘施肥以有机肥为主、合理施用无机肥和配方肥料。以土壤施肥为主，配合叶面施肥。整形要求按自然开心形进行。

（七）柚子

柚子（*Citrus maxima*），又名文旦、香栾、朱栾、内紫、雷柚、碌柚，是芸香科常绿乔木植物柚的成熟果实，有 4 000 余年的栽培史。产于我国福建、江西、湖南、广东、广西等南方地区。当前除了中国种植外，在东南亚许多国家和地区都有栽培，如美国、古巴、南非、巴西、阿根廷以及日本也是柚子的主要产地。柚子清香、酸甜、凉润，营养丰富，药用价值很高，是人们喜食的水果之一，也是医学界公认的最具食疗效果的水果。

柚子栽培

柚子

柚子繁殖方式可选择实生繁殖、嫁接繁殖和压条繁殖。定植时期一般在春、秋两季。幼树施肥采取“勤施薄施”的原则，每月应施 2～3 次速效肥。柚树周年常绿，枝梢年生长量大，挂果期长，叶大果大，对水分的要求高。栽培柚树必须通过灌溉来保证其水分要求。进行灌溉时要根据柚树各个物后期对水分的需要与当时干旱情况而定。春芽萌发和开花期、果实生长盛期是柚树需水高峰期，这时必须进行灌溉。

柚树采取“压顶、修边、留中间”为主的原则进行修剪。当大部分花蕾有火柴头大小时，开始进行疏花。第二次生理落果后，摘除畸形果。

（八）香蕉

香蕉（*Musa nana* Lour），为热带、亚热带的重要水果，是多年生巨型草本植物，种子已退化无发芽能力，繁殖利用地下茎所生出的吸芽。香蕉原产于我国南方一带及东南亚，叶片基部圆形，不对称，叶翼张开，果肉质熟时黄色，蕉肉芳香，富含碳水化合物，蛋白质和脂肪的含量很低，所含的糖类主要是葡萄糖、果糖和蔗糖。

温室香蕉树

香蕉

香蕉除了杂交育种必须采用种子繁殖之外，在生产上过去均采用吸芽或球茎切块的方法繁殖种苗。随着科技的进步，目前主要是采用生物技术即组织培养和快速繁殖的技术来繁殖种苗。香蕉为热带植物，对温度要求高，生长的最适温度为 25～30℃。香蕉生长前期的小苗要经常淋水，保持湿润，应见干见湿；中期浇水时适当多浇些，使其更好地生长，避免因水分供应不足引起叶片变黄等，影响观赏价值；后期要保持土壤湿润，进行保根、保叶，雨季应及时排积水。一般每月浇水 2 次。香蕉是典型的喜钾植物，对钾需求最多，氮肥次之，磷肥最少，一般氮、磷、钾的比例为 1∶(0.4～0.5)∶2的配方施肥为最好。施肥原则为前期攻苗要薄肥勤施，以氮肥为主，其他次之；中期与后期以钾肥为主，配施磷、钾肥。施肥方法以淋施为主，穴施为辅。由于香蕉根系较弱，应勤施薄肥，并与叶面喷肥相结合。香蕉抽蕾后当花蕾开至中性花或雄性花后，割尾断段，减少养分消耗。从现蕾到断蕾的过程，夏季需15 d左右，冬季则要 20 d 以上。

(九)杧果

杧果(*Mangifera indica* L.)，又名檬果、闷果、蜜望、望果、庵波罗果，漆树科常绿乔木，原产于热带地区，外形有的为鸡蛋形，也有圆形、肾形、心形；皮色有浅绿色、黄色、深红色；果肉为黄色，有纤维，味道酸甜不一，有香气，汁水多而果核大。杧果为著名热带水果之一，所含有的维生素 A 的前体胡萝卜素成分特别高，是所有水果中少见的，维生素 C、矿物质、蛋白质、脂肪、糖类等也是其主要营养成分，杧果集热带水果精华于一身，被誉为“热带水果之王”。

杧果树

杧果

杧果有实生苗繁殖和无性繁殖，以无性繁殖为好。嫁接的方法有劈接、盾状补片芽接和枝腹接等，管理与其他果树繁殖大同小异。杧果是一种速生的高大乔木果树，种得太疏会影响早期单位面积的产量，种得过密又会引起早期郁闭，不利于通风透光，易滋生病虫害，影响产量及品质。所以，既要使果品的产量高，品质好，又能使管理方便，种植的规格就应建立在经济栽培的基础上。为尽早产果创造条件，施肥以氮、磷为主，适当施用钾肥，尽可能多施用有机肥，注重果园土壤的改良，为结果打下基础。杧果树一般在定植后第三年可以开始结果，第四年进入盛果期。6 年树龄后，根据株产量适当增加氮、磷、钾施用量。杧果自开花至幼果期可用施石灰的办法来降低土壤酸度和有害铁、铝、锰的含量，提高钙素水平。施用时可于病虫害防治时混合于农药内。

(十)人心果

人心果(*Manilkar zapota*)，别称吴凤柿、赤铁果、奇果，山榄科属热带常绿乔木，生长在墨西哥南部至中美洲、西印度群岛一带，因人心果外形长得像人的心脏，故因而得名；又由于它的果形有点像柿子，所以又称“吴凤柿”。

人心果果实味道甜美、芳香爽口、营养丰富，果树婆娑可爱，果实营养价值高，富含胶状乳液，称为“奇可胶”，是制造口香糖的天然胶基；在中国主要分布在台湾、海南、福建、广东、广西等地。人心果树四季常绿，树形优美，是很好的园林绿化树种；也可在南方小庭园中栽植，既可观赏又可食用，也可盆栽摆放于宾馆大堂，商厦大厅等大型场所，别具一格。

人心果盆栽

人心果

人心果的繁殖方法主要是高空压条和嫁接育苗。高空压苗以1.2～2 cm粗的向阳枝最适，3—4月进行，当发出两次根以上时即可锯离母树假植，继续培育。嫁接育苗以4—5月最适，选取优良母树上1年生以上充实向阳的老熟枝条为接穗，以人心果小苗作砧木，于早晨取穗并剪去叶片，不可损伤芽眼。嫁接时嫁接部位如有流胶汁要立即擦净，接芽片与砧木应紧贴。人心果定植的最佳时间是4—5月，植后浇足定根水，适当覆盖地膜，保持土壤湿润，避免土壤板结。幼年树以营养生长主，每次抽梢前施速效肥，扩大树冠。结果树以有机肥为主，采果后增施磷钾肥一次，春秋两季各追肥一次，提高果实品质。人心果周年常绿，年发梢次数多，多次开花结果，花果并存，生长量大，产量高，周年均需足量水分，干旱加高温易大量落花，因此要适时浇水，保持土壤经常湿润。人心果较耐阴，但为了提高叶片光合效能，减少无效枝梢，协调生长与生殖，仍需保证足够的光照，保持合适的株行距，合理整形、修剪。幼树剪顶，促使侧枝生长。冬季结合清园，剪除病虫枝和枯枝。正常情况下，人心果疏果，如确实过多，可适当疏除，确保丰产稳产。

(十一)柠檬

柠檬(*Citrus limon*)，别称柠果、洋柠檬、益母果，是芸香科柑橘属的常绿小乔木，原产东南亚，种植在我国长江以南地区。柠檬味极酸，有浓郁的芳香气，含有丰富的柠檬酸，因此被誉为“柠檬酸仓库”。柠檬富含维生素C、糖类、钙、磷、铁、维生素B_1、维生素B_2，能化痰止咳，生津健胃，是世界上最有药用价值的水果之一，对人体十分有益。

柠檬盆栽及柠檬

柠檬一般用嫁接的方法进行繁殖，春季用单芽切接法；秋季用小芽复接法。柠檬的砧木，国外常用酸橙、粗柠檬和枳橙，国内多选用枳壳作砧木，也可用柑、橙、柠檬（土柠檬）、红橘；选择优良单株接穗。柠檬温室内一年四季都可以栽植。一般柠檬定植期，分春植（2—3月）和秋植（9—10月），选阴天定植，浇足定根水后覆盖地膜保温保湿。幼树定植后第一年和第二年施用氮肥作追肥，促进树冠的形成，以后要控制氮肥，增加钙镁磷复合肥的施用。秋季施有机肥作基肥，结合生长定期根外追肥，加强树体营养，促进花芽形成及开花着果。柠檬结果树施肥重点放在谢花后至果实膨大期和秋梢抽发期。追肥采用薄肥多施的办法，即多次、少量。柠檬不耐旱，要及时淋水或灌溉。柠檬幼树生长旺盛，开花性强，并容易在枝条弯曲处和骨干枝上发生徒长枝，扰乱树形。因此，对柠檬的整形修剪需要用绳吊、绳拉来支撑主枝，使副主枝不弯曲，并且要经常抹除骨干枝上的萌芽。柠檬生长旺盛，在修剪时宜轻不宜重，多留枝叶，以树冠内能透入少量阳光为原则。春、夏、秋季主要对徒长枝条及时摘心或短截。在冬季主要剪除病虫枝，枯枝及结果枝等。柠檬具有旺长特性，对结果树可采用断根、控水、枝条环割等手段控制旺长。

（十二）橙子

橙子（*Citrus sinensis*），又叫柑子、柳丁、金环、黄果，属芸香科柑橘属植物香橙的果实，原产于中国东南部，是世界四大名果之一。橙子是一种柑果，它是种植了很久的混合品种，是柚子与橘子的杂交品种。果实可以剥皮鲜食其果肉，果肉可以用作其他食物的调料或附加物。

橙子有甜橙和酸橙之分，酸橙又名缸橙，味酸带苦，不宜食用，大多用来制取果汁，很少鲜食，一般鲜食以甜橙为主。

温室橙子树

橙子

橙子的繁殖方法一般选用砧木生产和嫁接。砧木生产中，一直用枳壳做砧木，其优点是早期生长快、吸肥吸水能力强、定干高等。嫁接一般在春季进行，采用切接法，接穗选用母本树中上部组织充实、芽饱满的1年生枝（枝条基部、顶端部分芽不用），用72%农用链霉素液浸泡2～3h，然后用清水洗净后按操作规程进行嫁接。定植时间一般在秋梢老熟后或春梢萌芽前栽植。施肥应充分满足橙子对各种营养元素的需要，提倡多施有机肥、合理施用无机肥和配方肥料。并根据叶片分析结果、果园土壤分析结果指导施肥。施肥方法以土壤施肥为主，配合叶面施肥。采用环状沟施、条沟施、穴施等方法。幼树施肥勤施薄施，以氮肥为主，配合施用磷、钾肥。成年树施好四次肥即萌芽肥、保果肥、壮果肥、采果肥。土壤干旱时灌水，每次追肥时配合浇水。橙子树整形按照自然开心形进行修剪，每次修剪时，在其刀剪伤口处及时涂抹愈伤防腐膜，可促进伤口愈合，防止病菌侵袭感染。

（十三）佛手

佛手（*Citrus medica* L. var. *sarcodactylis* Swingle），别称佛手柑、五指橘、飞穰、蜜罗柑、五指香橼、五指柑，为芸香科柑橘属常绿灌木或小乔木，因果实在成熟时各心皮分离，形成细长弯曲的果瓣，状如手指，故名佛手。中国长江以南各地有栽种，主要产地为两广、云南、四川、浙江、福建等地。佛手果实皮鲜黄色，皱而有光泽，肉白，无种子，可供食用、药用或盆栽观赏；具疏肝理气、和胃止痛之功效；其挥发油可应用于食品和化妆品等方面，因而佛手具有很大的开发利用价值。

佛手瓜树

佛手瓜

佛手的繁殖方法有扦插和嫁接。扦插选择7～8年生健壮的母树，剪生长旺盛、无病虫害的老健枝条，剪除叶片及顶端嫩梢，截成长17～20 cm的插条。嫁接在春秋两季进行。用香橼或柠檬作砧木较好。砧木一般用扦插或播种繁殖。扦插苗或嫁接苗培育一年后，幼苗高达50 cm时，春秋两季都可定植。佛手的追肥应根据树龄大小、生长好差而定。一般头3年在3—8月每月宜施1次速效有机肥；进入盛果期后一年可追肥3次，分别在花前、幼果期和采果后及时施入有机肥并加入氮、磷、钾复合肥，尤其要注意施好冬肥。追肥时挖宽30 cm、深25 cm的环状沟施下，覆土盖严。为保证佛手高产和稳产，要做好树形树势的调整及花、果枝条的合理修剪。当年栽植的不宜让其开花，要及早摘去花芽，以促使树形的生长和扩冠。进入花果盛期的树体，一般在萌芽和果实采收后进行修剪。佛手果栽后4～5年开始开花结果。采花在开花盛期，每天早上采摘。注意摘除早花(即春末初夏开的花，因此时开的花多数为雄花，不能结果)，对雌花期枝条上萌生的多余腋芽也须抹摘，每一短枝只留1～2朵，或待结出幼果时，再摘去更为保险。以减少养分消耗，改善生长条件，达到减少落花、多结果的高产目的。

(十四)黄金果

黄金果(*Solanum mammosum* L.)，原名乳茄，又名五指茄、乳头茄、乳香茄、多头茄、牛头茄等，茄科茄属直立小灌木植物，原产美洲，现广东、广西及云南均引种成功。果实的形状美丽，经久不变色、不干缩，金光灿灿，观果期达半年，果色鲜艳，是一种珍贵的观果植物，多栽培以供赏，在切花和盆栽花卉上应用广泛。黄金果还具药用价值，具有消炎镇痛、散瘀消肿的作用，治心胃气痛、淋巴结核、腋窝生疮等症。

黄金果树

黄金果

黄金果可以采用播种和扦插繁殖，常用扦插繁殖。播种一般在春季，发芽适温20～25℃，播后7～10 d发芽。扦插是在夏季，用顶端嫩枝作插条，长12～15 cm，插入沙床，15～20 d可生根，30 d移栽。黄金果喜肥，幼苗每10～15 d施1次稀薄的尿素溶液，云蕾期间应偏重施含磷钾的复合肥，要增施2～3次磷、钾肥，以促进花蕾形成及坐果。黄金果喜湿润，忌干旱、积水。夏季每天浇水一两次，防过干落叶，影响生长；花期土壤过湿易落花，降低结果率，因此要适当控水；果实成熟期土壤要湿润，防果实干黄无光。高温干燥，易出现只开花不结果的现象。黄金果喜温暖，不耐寒，生长适温为 20～30℃，5～10℃生长缓慢，5℃以下停止生长，0℃以下受冻害。夏季可忍耐 35℃左右的高温，但不宜持续时间过长。黄金果喜阳光充足，忌长期遮阴，最适合在强光下生长，如果光照不足，植株会徒长，叶片黄化脱落。为使高大的植株充分矮化，可在其茎枝长至 50 cm 高时摘去顶芽，使植株不再长高，让侧芽生长。待侧芽长至适当高度，用多效唑喷洒，抑制高度，并促其开花，直至果熟为止。

二、北方果蔬品种及栽培技术

(一)葡萄

葡萄(*Vitis vinifera* L.)为葡萄科葡萄属木质藤本植物，无毛或被稀疏柔毛，叶卵圆形，圆锥花序密集或疏散，基部分枝发达，果实球形或椭圆形，花期在 4—5 月，果期在 8—9 月。葡萄原产亚洲西部，世界各地均有栽培。葡萄可生食或制葡萄干，也可酿酒，是一种美味且开发方向广泛的水果。

葡萄

设施栽培葡萄，最好选用一年生、无病虫害、生长良好的优质苗木进行栽植。定植后灌足定根水，并经常保持土壤湿润。采用棚架式，可在大棚内侧各栽 1 行向中央对爬而架成圆拱形。目前，温室葡萄生产常用两种栽植制度，一种是一年一栽制，另一种是多年一栽制。

栽植时期，一般春季1—3月份为宜。葡萄扣棚升温的时间应在自然休眠结束后进行。一般品种在0～5℃的低温条件下，自然休眠结束后，正是扣棚开始的适宜时间。萌芽前可全天候不卷膜；萌芽后，白天在棚内温度达到28℃时，要及时通风。在3月下旬、4月初，可直接揭膜。塑料大棚葡萄主要靠阳光的照射增温和棚膜的保温，葡萄生长期棚温应以25～28℃为宜。设施内的土温调控技术主要是指提高地温技术，使地温和气温协调一致。发芽后的空气湿度应控制在60%～65%。硬核期前后，对水分有更高的要求，应充分灌水。葡萄开始着色后，应控制灌水，采收前水分过多，会延迟果实成熟，并影响色、香、味，降低品质，严重时会发生裂果和加剧病害的蔓延。每年秋季要施入优质腐熟有机肥及过磷酸钙。葡萄生长过程中，需要定期疏花疏果，并且通常在谢花后两周，给果实套袋。幼树修剪一般采用小扇形整枝，可促进成熟；成树修剪及整形分为冬剪、抹芽、定梢、摘心和摘副梢、绑新梢、剪梢和摘老叶。

(二)樱桃

中国樱桃(*Cerasus pseudocerasus* Lindl.)又名含桃，起源于我国，隶属蔷薇科李亚科樱属，其栽培历史已达3 000余年之久，是我国最为重要和古老的栽培果树之一。樱桃为药食同源味美的佳果，其营养成分十分丰富，含铁量居众水果之首。樱桃的活性成分主要为花色苷、花青素、褪黑素、槲皮素、异槲皮素等，以花色苷、花青素为主，含量最高。

樱桃果树

樱桃

1. 栽培技术

(1)休眠期管理

①适时扣棚与升温　甜樱桃的休眠期需冷量比较大，经过7.2℃以下低温达到需冷量以上再升温发芽整齐，花芽生长发育均匀，如达不到需冷量就升温，发芽不整齐。如能安装制冷与加温设备，可提早强制休眠，提早升温，提早成熟。

人工调控土壤湿度的主要措施是通过浇水调节，空气湿度一般通过喷水、改变棚内温度、通气换气、控制浇水等技术措施来调节。在调节棚内湿度时，要避免棚内湿度急剧变化。棚内浇水应依据土壤含水量的变化，适时浇灌。当土壤含水量低于50%时，就应该水量浇水。

②花果管理　花前应将弱芽掰掉，每个结果枝组应疏去30%～50%的弱花芽。同时必须进行花期放蜂，一般每棚放蜜蜂200头。喷布生长调节剂与微量元素。

疏花芽宜在花芽膨大期进行，在树势较弱，花束状果枝过多、过密的情况下，可将其中20%左右的花束状果枝上的花芽疏除，只保留顶端的叶芽，让其抽生健壮短果枝，翌年结果。

疏蕾一般在开花前进行，主要是疏除弱花保留壮花，疏除量以30%为宜。疏果一般在生理落果后进行，坐果量较多时，应对弱枝、发育不良的果进行疏除。一个花束状果枝留3～4个果为宜。

③肥水管理　追肥应在升温前结合浇水进行，每株结果树追豆饼液10～20 kg或三元素复合肥1.0～1.5 kg。

要重施基肥和前期施肥，总施肥量要比露地增加1/3，在采果后和8月份施两次基肥，每次每株施有机肥50～100 kg。

从5月份开始进行果园压草，每亩压草量1 000～2 000 kg，并施少量氮肥。

根据叶相，在萌芽前、开花后、果实膨大期、采果后进行多次叶面追肥，以防脱肥，稳定树势，确保连年丰产稳产。

④提高坐果率　温室甜樱桃由于通风差、湿度高、温度变化快，所以授粉就比露地栽培甜樱桃的难度大，严重影响产量，应采取措施：

增大授粉树比例，由原来的30%增加到40%～50%。

蜜蜂加人工授粉。因蜜蜂受天气和温度的制约，单靠蜜蜂授粉坐果率仅为10%，而配合人工授粉，坐果率可达50%。

盛花期用手提式吹风机在上午9～10时，下午2～3时，对准授粉树吹风，加强空气流动，有利于花药散粉，从而提高坐果率。

(3)采后树体管理

①疏枝。采果后疏除过密过强、紊乱树形的大枝，调整树体结构，促进花芽分化。

②采后施肥。采后增施一次有机肥和复合肥，结合灌水，有利于樱桃复壮树势，促进花芽形成，保证连年丰产。

③拉枝。秋季8月下旬至9月，拉枝开角。

④秋施基肥。每年秋施基肥，一般每株树施入人粪尿或厩肥等有机肥20～40 kg，在树

盘周围开环状沟或放射状沟施入。花果期追肥，成年结果树按生长势强弱，每株可施稀薄人粪尿 25～50 kg 或株施复合肥 12 kg。初花期、幼果期、果实膨大期、采果后可视树势、叶色差异，单独喷施或结合防病治虫混合喷施一定浓度的叶面肥，如生力宝 600 倍液或 0.2%尿素加 0.3%磷酸二氢钾等。

(三)芭蕾苹果

芭蕾苹果(*ballerina* apple)，是 20 世纪 80 年代由英国推出的新型苹果品种，短枝型，树姿紧凑挺立，犹如跳芭蕾舞的美女，故名“芭蕾”。由于其树冠只是一个细长的柱子，故也称柱型品种。属小乔木或灌木。集绿化观赏、果品加工于一体，在庭院很小的场地就可以栽种，也容易管理。引进我国后在华北、东北、华东、华南、西南地区试种表现良好。

芭蕾苹果

芭蕾苹果园的栽培管理技术比普通苹果园难度小，但要求管理细致、及时，特别是肥水供应要及时。在整形修剪、花果管理上，因为树冠体积小、树体结构简单，作业的技术要领也简单。果园的机械化管理，比普通苹果园更容易管理。芭蕾苹果树喜肥水，宜选择地势平缓、光照充足、排灌方便的土地作果园。用山定子或海棠种子培育的幼苗作砧木。选择生长健壮、嫩芽饱满的当年生枝条，剪取接穗。嫁接可采取劈接、切接、皮下接等多种方法。也可用嫩枝扦插育苗。嫁接后 10～15 d 检查枝芽，芽眼湿润呈绿色表示成活，未成活的可补接。成活后要随时抹除萌蘖，当新梢长到 20 cm 时，适量追施氮肥，加强水肥管理和病虫害防治。一年生干上的短枝，上端每 3～4 个枝疏除 1 个，下端每 4～6 个疏 1 个。个别较长的枝短截，留 2 个芽。留下的短枝若花芽多，也要短截，只留 2 芽，使树形、体积不大。夏季注意侧枝摘心。果以每个花絮留 2 个为宜，观赏效果较好。

(四)蓝莓

越橘俗称蓝莓，为杜鹃花科(Ericaceae)越橘属(*Vaccinium*)植物，呈灌木。蓝莓果实为蓝色或红色，果实大小因种类不同而异，一般单果重为 0.5～2.5 g。其果实果肉细腻，种子极小，甜酸适口，并且具有清爽宜人的香气。蓝莓营养丰富，特别蓝莓中富含花青素，吃上几粒，舌头就染上色了。花青素可以防治高血压，疏通毛细血管，增强心肌功能。还能软化血管，抗癌症、抗衰老；防止脑神经老化，有利于眼毛细血管，而减少斑点，进而保护视力；长期食用可减少皱纹起美容作用。蓝莓是目前欧美和日本市场上售价最为昂贵的水果之一，在国外超市很少能看到蓝莓的纯果汁，多半都是复合型的果汁，蓝莓果汁含量很少。在日本也是只有高收入人群才能消费得起。

蓝莓在商业生产中主要类群包括高丛越橘、矮丛越橘、兔眼越橘和蔓越橘，以及种间杂交种半高丛越橘和南高丛越橘。此外，从野生红豆越橘选育出的栽培种逐渐用于生产。一般而言，高丛越橘适于温带栽培，又称北高丛越橘；兔眼越橘适于热带或亚热带栽培；矮丛越橘则适于高寒地带栽培。为适应(亚)热带栽培，将高丛越橘与兔眼越橘本属其他种杂交培育出短低温类型统称为南高丛越橘。高丛越橘的栽培品种有蓝丰，半高丛越橘有北陆、北蓝，矮丛越橘有美登等。

蓝莓的特点主要有抗旱、病虫害极少、需肥量少、高产出。蓝莓和其他杜鹃花科植物一样，喜欢酸性土壤。蓝莓果种植第 3 年即可投产，第 5 年进入盛果期，盛果期长达 25 年以上。主要用于鲜食，制作甜点、蜜饯、果酱和酿酒。有些常绿型，矮化型的树种，一到秋季叶脉会变成红色，具有观赏价值，可用于绿化、装饰和布景。

蓝莓盆栽

蓝莓

蓝莓春栽和秋栽均可，其中秋栽成活率高，春栽则宜早。蓝莓根系分布较浅，而且纤细，没有根毛，因此要求疏松、通气良好的土壤条件。蓝莓施肥中提倡氮、磷、钾配比使用，肥料比例大多趋向于1∶1∶1。土壤施肥时期一般是在早春萌芽前进行，可分两次施入，在果实采收结束后再施一次。由于蓝莓根系分布浅，又喜湿润。干旱少雨地区栽培一定要有灌溉设备，滴灌最好。矮丛蓝莓果实成熟期较长。但先成熟的果实也不易脱落，所以可待全部成熟时一起采收。高丛蓝莓由于果实成熟期不一致，一般采收需要持续3～4周，通常每隔1周采1次。采收后放入专用的保鲜盒内，避免挤压。

（五）树莓

树莓又称托盘、山莓果、悬钩子、马林果，中草药中称其为覆盆子。主要分布于北半球温带和寒带，少数分布于热带、亚热带和南半球。我国北自大兴安岭，南至海南岛，东至台湾，西至新疆都有野生树莓分布。多年生落叶小灌木，树高1.5～2.0 m。它的果实颜色有红色、黄色、紫红色和黑红色。其中红色占主导地位，称之为红树莓。红树莓富含SOD、鞣化酸、水杨酸及覆盆子酮等，其中树莓果实中鞣化酸含量1.52 mg/100 g鲜果，居各类食物之首。所含鞣化酸被美国科学家证实是预防癌症最有效的物质。树莓果中富含的生物色素，颜色鲜艳，对光和热的稳定性好，是天然的食品着色剂。因其有独特的味道，可作为食品加工的天然香料。我国树莓主要栽培地区为辽宁、黑龙江、吉林、江苏、江西、陕西、北京等地。从市场销售上看，树莓的销售主要为出口，占总产量的90%以上，其他近10%为省内外消化。

树莓

树莓是喜温、喜光、喜土壤肥沃且湿度适中的树种，土或沙壤土为好苗木选择分生繁殖合格苗木；提倡采用组织培养无病毒苗木。双篱架栽培适合于大面积生产的果园。其中双臂十字形架是目前以及将来最适宜的树莓搭架方式，它集经济、适用、便于田间生产于一体的现代化搭架方式。树莓于春季土壤解冻后到苗木萌芽前（3 月下旬到 4 月下旬）栽植，秋季应在苗木落叶后到土壤解冻前栽植。树莓栽培方式一般采用带状法或单株法，主栽品种与授粉品种的栽植比例按 8∶1配置。土壤管理结合施肥进行土壤深翻熟化。山地要修水平梯田，沙滩地客土压砂，黏土地掺砂改造。树莓植株随年龄增长根系上移，因此，每年应培土覆盖裸露根系。施肥以农家肥为主，混加少量的氮素化肥。在萌芽期、开花期、果实膨大期以及埋土防寒前及时灌水，这 4 次灌水，依次称为返青水、开花水、丰收水和封冻水。另外，结合每次追肥都要灌一次透水。一年可进行 3 次整形修剪。第一次在防寒解除之后，第二次修剪在开花时，第三次修剪在果实全部采收后。树莓应在晴天进行采摘，采摘时轻摘、轻拿、轻放。

（六）黑加仑

黑加仑（blackcurrent）学名黑穗醋栗（*Ribes nigrum* L.）又名黑醋栗、黑豆果、紫梅，为虎耳草目茶藨子科茶藨子属植物，小型灌木，其成熟果实为黑色小浆果，内富含维生素 C、花青素等。黑加仑的氧化活性为 128.8 μmol/g，是草莓的 6 倍，苹果的 25 倍，番茄的 117 倍。因此，黑加仑是人类饮食中一种非常具有潜力的重要的抗氧化剂源。黑穗醋栗主要用于加工果酒、果汁、果酱等食品，其加工品芳香爽口，风味独特，深受消费者喜爱。黑加仑种子中含有的 γ-亚麻酸在医药业中有重要作用，市场前景广阔。

黑加仑

繁殖技术黑加仑可选择扦插繁殖、压条繁殖和分株繁殖。黑加仑是喜光植物，应选择较温暖、向阳而水分充足的肥沃地点建园。根系发达，对水分的吸收能力及抗旱能力强，对缺氧环境忍耐力较弱，耐旱而不耐涝。适宜在 pH 6～7 的壤土、沙土或草甸土上生长，盐碱土、白浆土和酸性土都不宜种植，要求土壤的总盐量低于 0.4%以下。定植以春季为宜，整形主要采用丛状整形。种植过程中需要在秋天或春季施基肥。灌水主要在春季和生长前期进行，可用沟灌或穴灌，必须使根系分布层灌透，灌后将土耙平保墒。灌后及时中耕锄草。黑加仑果实成熟后容易脱落，须分期采收。采收时间应在下午和傍晚，浆果不易腐烂。成熟的浆果只能保存 2～3 d，因此采后要及时处理和就地加工或压榨成果汁，以降低损耗。

（七）中华寿桃

中华寿桃是从中国北方冬桃自然芽变中选育出的新品种，被誉为桃中极品，是发展绿色食品和出口创汇的优良品种。中华寿桃个头大，最大可达 1 000 g 以上，平均 400～500 g；品质好，色泽美，成熟后的大桃颜色鲜红，格外漂亮诱人。果肉软硬适度、汁多如蜜。食后清香爽口，风味独特。含糖量可达 18%～20%，并含有许多人体所必需的维生素及氨基酸等。

中华寿桃是山东省地方选育的优良晚熟桃树品种，1998 年通过山东省农作物品种审定委员会的审定，中华寿桃属于晚熟品种，一般在 11 月上中旬成熟，果个极大，平均单果重 730 g，500 g 以上的果占 30%以上，果实近圆形，果形端正，缝合线顺直，果面光滑，茸毛很少，果实套袋后底色乳白，着色鲜红，着色面可达 75%以上。

中华寿桃果肉细嫩，风味奇特，香甜诱人，含有可溶性固形物 21%，品质上乘，中华寿桃营养价值极高，对人有清脑和胃、健脾、润肠、软化血管和降低血脂等多种功能。据测定，果实中可溶性固形物含量为 18%～21%，总糖含量为 14.6%，可滴定酸的含量为 0.09%，糖酸比为 151∶1，维生素 C 含量 7 mg/100 g，此外还含有蛋白质、脂肪、维生素 B_1、维生素 B_2、胡萝卜素等多种对人体有益的营养物质，前几年中华寿桃栽培面积迅速扩大，现在已引种到河北、天津、北京、辽宁、河南、山西、内蒙古等省市区，中华寿桃属于特晚熟桃品种，有其特殊的生物生态学特性，采用常规的桃树管理措施，往往达不到应有的效果，不能实现优质高产的目的。

同时，应该注意的是中华寿桃的抗逆性差，不耐寒也不耐涝；不抗桃穿孔病，易感染细菌性穿孔病和真菌性穿孔病，缩叶病、枝干腐烂病、果实褐腐病、黑星病、绿盲蝽、食心虫、潜叶蛾等病虫害危害也较重。因此，在果园选址时，不要选择潮湿、低洼的风口、盆地和土壤黏重地块，还要加强病虫害管理工作，注重病虫害的预防。另外，需要注意的是中华寿桃除了具有明显的优点外，也具有一些缺点。比如抗寒力弱、果实着色性能不好、不套袋时易裂果、果肉容易褐变等。目前北京地区已基本淘汰（但在温室、大棚设施中还有）。要全面及时地了解每个品种的发展变化情况。

中华寿桃

中华寿桃的苗木繁育主要采用嫁接育苗方法。整形修剪较多采用自然开心形。果树以施有机肥为主，化肥为辅。中华寿桃果实套袋最好使用双层纸袋，果实采收前 15 d 摘袋，如天气干旱，摘袋前浇 1 次水，摘袋时先撕开袋口，2 d 后再去袋。

(八)欧李

欧李(*Prunus humilis* Bunge)为蔷薇科樱桃属欧李树种，多年生落叶小灌木。因果实含钙高又称高钙果。欧李果实的外形和味道似李子，成熟后多为红色，也有少数为紫红或黄色。因其富含蛋白质、矿物质、维生素等多种营养成分，被誉为果中圣品，是一种保健型水果。欧李春季花朵繁茂，入秋后果实鲜红、玲珑剔透，是花果俱佳观赏价值极高的小灌木。它抗寒、耐旱、耐瘠薄、耐盐碱，适应性强，是优良的生态树种，在我国的山西、内蒙古、辽宁、河南、河北等干旱寒冷地区分布，有抗寒耐旱、耐盐碱、适应性强等特点。

繁殖技术可选择播种育苗、嫁接育苗和扦插育苗。欧李苗木根系栽前要进行修剪，一般于冬春季节栽培，北方地区以春栽为好。在定植后立即浇水 1 次，5～7 d 内再浇水 1 次，表土稍干后，立即松土并覆盖地膜。欧李易成花，在花朵绿豆粒大时疏果，疏去梢部果、密集果。

欧李

(九)黑枸杞

黑枸杞(*Lycium Ruthenicum* Murr.)，为茄科(Solanceae)枸杞属多年生长的灌木，植株高 50～80 cm，颜色以白色和灰白色为主，多分枝，枝条坚硬，花颜色为淡紫色，花落后结果，果实呈肉质小浆果状，果实成熟后颜色加深，呈紫黑色，富含花色苷类色素，味甜，营养丰富，被誉为荒漠中的“软黄金”和“黑珍珠”。黑枸杞微量元素的含量比红枸杞要高很多，比一般红色枸杞更珍贵，更有药用价值。黑枸杞生长能力强、抗逆性强，耐寒冷、抗干旱性极强。同时，由于其耐盐碱能力很高，抗风沙能力极强，所以它可以生长在戈壁处、盐碱地以及盐化沙地等区域。我国的新疆、甘肃、西藏和宁夏等地盛产黑枸杞，中国甘肃酒泉、青海西部和内蒙古西部等地也有零星分布。

黑枸杞

黑枸杞可用种子繁殖。将采摘、晒干留种的干果浸泡 24 h，打浆，冲洗、过滤果浆，过滤出种子。用 0.3%～0.5%的高锰酸钾对种子进行浸泡 2～4 h，捞出后用清水清洗，晾干即可。使用育苗盘进行育苗，出苗后，给苗床提供湿润环境，并做好苗床的除草管理。黑枸杞育苗高度 10 cm 左右，4 月中旬至 5 月初就可以进行大田移栽。在田间管理上，全年要结合锄草，及时松土，适度浇水。每年在 3 月份施足基肥，6 月和 8 月底进行科学追肥。黑果枸杞可以在第二年见果，三年大量挂果，进入盛果期，其整形必须在定植的前三年完成。黑枸杞一般在 7 月上旬开始采收，选择籽粒饱满的果实采收，第一批果实产量高。第二次采收在 9 月下旬到 10 月上旬。采收之后进行晾晒或者阴干，为确保黑枸杞的果实质量，晾晒过程中不可堆积过厚，无论如何不可以用手揉。4～5 kg 鲜果可晒干果 1 kg，黑枸杞成株也可整枝出售。

第三节　花卉的品种选择与栽培管理技术

一、花卉的设施栽培

随着经济的发展和人们物质文化生活水平的提高，人们对花卉的需求愈来愈多，要求越来越高，不仅要求花卉的品质提高，而且要求做到反季节生产，四季有花、周年供应，以便满足花卉市场对商品花的要求。

因此，进行花卉栽培和生产必须具备一定的环境与设施条件。为了满足花卉生产的需要，在正规的花场里，除应具有与生产量适应的花圃土地外，还应配备温室、荫棚、塑料大棚或小棚、温床、地窖、风障、上下水道、贮水池、水缸、喷壶、花盆、胶管和农具等环境与设施。在创办花场或花圃时，需全面考虑，统一安排，做到布局合理，使用方便。

（一）设施类型

1. 温室

温室是覆盖着透光材料，并附有防寒、加温设备的特殊建筑，它能够提供适宜植物生长发育的环境条件，是北方地区栽培热带亚、热带植物的主要设施。温室设有保温、加温、降温系统、通风和排风系统、遮阴系统、补光系统、施肥系统、灌溉系统、计算机控制系统等，故其比其他栽培设备(如风障、冷床、温床等)对环境因子的调节和控制能力更强、更全面。温室有许多不同的类型，对环境的调控能力也不同，在花卉栽培中有不同的用途。

(1)温室的类型

①单栋温室　又称单跨温室、单屋脊温室。一般单栋温室的规模较小，常用于小规模的生产栽培和科学研究。其采光性能较好，便于进行自然通风和人工操作管理；保温性较差，室外气温对室内气温的影响较大，单位建筑面积的土建造价较高。

②连栋温室　为了加大温室的规模，适应大面积、甚至工厂化生产花卉产品的需要，将两栋以上的单温室在屋檐处衔接起来，去掉连接处的侧墙，加上檐沟(天沟)，就构成了连栋温室。连栋温室又称为连跨温室、连脊温室。

连栋温室保温性好，单位面积的土建造价低，占地面积少，总平面的利用系数高。因此，有利于降低造价、节省能源。但是，其单位建筑面积上的采光量小于单栋温室；栋间加设天沟后，极易造成冬季积雪，排雪困难，给结构带来较大的负载，而且其宽度造成结构遮光。随着栋数的加大，采用开门窗进行自然通风换气困难，因而必须采用机械强制通风、增设二氧化碳发生器和必要的降温设备。

2. 塑料大棚

覆盖塑料薄膜的建筑称为塑料大棚，是目前应用最广泛的普及型保护地设施，也是花卉栽培及养护的又一主要设施。它可用来代替温床、冷床，甚至可以代替低温温室，而其费用仅为建一温室的 1/10 左右。

塑料大棚的类型和结构有很多种：根据屋顶的形状分为拱圆形塑料大棚和屋脊形塑料大棚；根据耐久性能分为固定式塑料大棚(多用于栽培菊花、香石竹等切花或观叶植物与盆栽花卉等)和简易式移动塑料棚(多作为扦插繁殖、花卉的促成栽培、盆花的越冬等使用)；根据结构分为竹木结构大棚、悬梁吊柱竹木拱架大棚、拉筋吊柱大棚、无柱钢架大棚以及装配式镀锌薄壁钢管大棚。目前推广应用最多的有装配式镀锌薄壁钢管型大棚(俗称钢管大棚)和竹木圆拱形大棚两种。

塑料大棚以单层塑料薄膜作为覆盖材料，一般为 0.10～0.15 mm 长寿防滴薄膜。塑料大棚全部依靠日光作为能量来源，冬季不加温。塑料大棚的光照条件比较好，但散热面大，温度变化剧烈。塑料大棚密封性强，棚内空气湿度较高，晴天中午，温度会很高，需要及时通风降温、降湿。一般采用手动卷帘通风，也可按照要求配置微滴灌系统。

总体说来，塑料大棚在北方只是花卉栽培中临时性保护设施，常用于观赏植物的春提前、秋延后栽培生产以及从春到秋的长季节栽培(南方地区夏季去掉裙膜，换上防虫网，再覆盖遮阳网)，同时还用于播种、扦插及组培苗的过渡培养，以及育苗、杂交制种等。与露地育苗相比，具有出苗早、生根快、成活率高、生长快、种苗质量高等优点。由于其结构简单，投资少，实用性强，在我国被广泛使用。

二、品种选择

(一)兰花类

1.君子兰

君子兰(*Clivia miniata* Regel),石蒜科君子兰属多年生草本植物。君子兰原产于非洲南部,其植株文雅俊秀,有君子风姿,花如兰,而得名。花、叶并美,美观大方,又耐阴,宜盆栽室内摆设,观叶赏花,也是布置会场、装饰宾馆环境的理想盆花。君子兰喜微酸性的土质,以 pH 6～6.5 为宜。用播种方法繁殖君子兰的时间要求不严格,春、秋、冬三季都可播种,气温要保持在 20～25℃,可以采用点播形式播种。君子兰适宜用含腐殖质丰富的土壤。每 2 年进行一次换盆,并施入常用的厩肥、堆肥、绿肥、饼肥等;追肥可施用饼肥、鱼粉、骨粉等肥料;常用尿素、磷酸二氢钾、过磷酸钙等进行叶面喷肥。进入秋、冬季,适当增施磷、钾肥,以促进植株成花、抽莛。保证水分适量供应,君子兰抽莛期间要保证盆土的含水量在 30%～50%之间。

君子兰

2.蝴蝶兰

蝴蝶兰(*Phalaenopsis aphrodite* Rchb. F.),又名蝶兰,为兰科蝴蝶兰属多年生草本植物,原产于亚洲,在中国台湾和泰国、菲律宾、马来西亚、印度尼西亚等地都有分布,其中以台湾出产最多。蝴蝶兰属是著名的切花和盆花种类,全属 50 多种,因花形似蝶得名。其花姿优美,颜色华丽,为热带兰中的珍品,有"兰中皇后"之美誉。蝴蝶兰花期很长,一般花期在 3～6 个月。常采用无菌播种法和组织培养法进行繁殖。蝴蝶兰对栽培介质要求较高,适于栽培蝴蝶兰的介质有以下几种:蛇木屑、泥炭藓、水苔、树皮、椰糠与椰壳纤维。市场出售的蝴蝶兰盆花使用的介质一般为水苔。另外,蝴蝶兰从瓶苗到开花成品出售分 5 个生长阶段:瓶苗、小苗、中苗、大苗、开花阶段。前期管理瓶苗生长阶段,最适生长温度白天为 25～28℃,夜间 18～20℃。苗期管理组培苗出瓶后 3～5 d 内不宜灌肥、浇水,但需用多菌灵 1 000 倍液叶面杀菌,隔天喷生根粉。经 4 个月培育后,小苗长成中苗叶尖距达 12～15 cm,此时应换成直径 8 cm 透明软盆。中期管理苗经 3～4 个月培育后进入大苗阶段,此时应换成直径 12 cm 透明软盆。大苗经 5～6 个月成熟可以进行催花处理。蝴蝶兰的开花是低温促成的,先将夜间温度降至 16～18℃,45 d 后形成花芽。花芽形成并花梗长高

蝴蝶兰

10 cm 后夜间温度保持在 18～20℃，白天保持 25～28℃。3～4 个月后可开花，花期温度略微降低，但不低于 15℃。开花期水肥管理尤为重要。浇水宜在上午 10 时实施，避免将水直接洒到花朵上。浇水后采用抽风机通风，保持棚内空气新鲜，使残留水分尽快散失。

3. 卡特兰

卡特兰（*Cattleya hybrida*），又名嘉德利亚兰、嘉德丽亚兰等，为兰科卡特兰属多年生草本植物。原产热带美洲，均为附生兰，常附生于林中树上或林下岩石上。卡特兰花大、雍容华丽，花色娇艳多变，花朵芳香馥郁，在国际上有"洋兰之王"的美称，是哥斯达黎加的国花。卡特兰常采用分株和组织培养法进行繁殖。对于需短日照的秋冬花卡特兰，可通过缩短或延长光照时间来控制其花期，使其能应时绽放。对于温度型品种，可通过调节温度来控制花期。卡特兰的生长适温为 20～30℃，白天以 25～30℃ 为好，夜间以 15～20℃ 为最佳，日温差在 5～10℃ 较合适。卡特兰喜具散射光的半阴环境。若光线过强，其叶片和假球茎易发黄或被灼伤，并诱发病害。若光线过弱，又会导致叶片徒长、叶质单薄。一般情况下，春、夏、秋三季可用黑网遮光 50%～60%，冬季在棚室内不遮光，搁放于室内的植株可置于窗前，稍见一些直射阳光。卡特兰不仅要植料湿润，而且要求有较高的空气湿度。它为附生兰，根系呈肉质，宜采用排水透气良好的植料，以免发生积水烂根。生长季节要求水分充足，在花谢后有 40 d 左右的休眠期，应保持植料稍呈潮润状态。卡特兰一般应维持 60%～65% 的空气湿度，可通过加湿器每天加湿 2～3 次，外加叶面喷雾，为其创造一个湿润的适生环境。栽培卡特兰的植料，通常可用蕨根、苔藓、树皮块、水苔、珍珠岩、泥炭土、煤炉渣等混合配制。一般生长旺盛的植株，每隔 1～2 年更换 1 次植料，时间最好在春季新芽刚抽生时或花谢后，结合分株进行换盆。卡特兰所需的肥料，有相当一部分可通过与其根系共生的菌根来获得，需肥相对较少。生长季节，每半月用 0.1% 的尿素加 0.1% 的磷酸二氢钾混合液喷施叶面 1 次。当气温超过 32℃、低于 15℃ 时，要停止施肥，花期及花谢后休眠期间，也应暂停施肥，以免出现肥害伤根。

卡特兰

4. 石斛兰

石斛兰（*Dendrobium nobile* Lindl.），别名石斛、石兰、吊兰花、金钗石斛、枫斗。石斛兰属是兰科植物中最大的一个属，原产地主要分布于亚洲热带和亚热带，澳大利亚和太平洋岛屿，全世界有 1 000 多种。我国约有 76 种，其中大部分分布于西南、华南、台湾等地。石斛兰花形优美，花色变化多端，常作为盆栽供室内观赏，用于桌饰、吊挂。花期长，也为良好的切花材料。由于石斛兰具有秉性刚强、祥和可亲的气质，有许多国家把它作为"父亲节之花"。石斛兰可采用分株、扦插、组培进行繁殖。植料主要分为硬料和软料两大类。硬料可以是火烧土、火山石、珊瑚、红砖粒、大理石、一般的建筑用石等；软料可以是栎树皮、松树皮、蛇木屑、花生壳、椰壳粒等。软硬植料可多种合用，也可各取一种。软硬植料比例一般为 1∶1。石斛兰喜高温高湿，生长适温为20～27℃。落叶类石斛越冬的温度夜间可低至10℃左右或更低，常绿种类则不可低于15℃，同时要注意保持较大的昼夜温差（10～15℃），温差过小（小于4～5℃）会严重影响石斛兰的生长和开花。石斛兰在原产地常附生在热带雨林中的树干或岩石上，因而喜半阴的环境，在春、夏生长旺盛期，应进行遮光，可遮光60%～70%，但在冬季休眠期需要较多的阳光，一般可遮光20%～30%或不遮光。将湿度保持在60%以上，阴雨天气时，湿度在90%以上时应加强通风，防止细菌性、真菌性病害发生。在新芽开始萌发至新根形成期间，需要充足的水分，又不能有积水。对成年植株而言，因夏季是其生产旺季，需要较多的水分，尤其是高温干燥时要注意勤加浇水，一般大晴天需要每天浇水1～2次，而转入秋季之后，生长旺季已过，可逐步减少浇水量和浇水次数，可减至2～3 d或1周浇水1次即可。石斛兰喜薄肥勤施，生长期间每隔7～10 d施1次腐熟的饼肥水或根外追施0.1%的全元素复合肥。石斛兰进入休眠后则应停止施肥。

石斛兰

5. 文心兰

文心兰（*Oncidium flexuosum* Lodd.），又名跳舞兰、舞女兰、金蝶兰、瘤瓣兰等，为兰科文心兰属多年生草本植物，原产美国、哥伦比亚、墨西哥、厄瓜多尔和秘鲁。文心兰是兰科中的文心兰属植物的总称，本属植物全世界原生种多达750种以上，而商业上用的千姿百态的品种多是杂交种，植株轻巧、潇洒，花茎轻盈下垂，花朵奇异可爱，形似飞翔的金蝶，又似翩翩起舞的少女，极富动感，是世界重要的盆花和切花种类之一。繁育文心兰可在春、秋季进行，常在春季新芽萌发前结合换盆进行。将带2个芽的假鳞茎剪下，直接栽植于水苔的盆内，保持较高的空气湿度，很快恢复萌新芽和长新根。采用组培进行繁殖时，选取文心兰基部萌发的嫩芽为外植体，接种在培养基上，保持温度（26±2）℃，光照强度500 lx，每天照射时间16 h。将形成的原球茎在增殖培养基中采用固体培养，20多天后原球茎顶端形成芽，在芽基部分分化根。100 d左右，分化出的植株长出2～3片叶，成为完整幼苗。文心兰的大多数种类均采用盆栽。盆栽植料与栽培蝴蝶兰的植料相似。如水苔、碎蕨根、木屑、木炭、珍珠岩、碎砖块、泥炭土等。栽培2～3年以上的文心兰，植株逐渐长大并长出小株，根系过满，要及时换盆。缓苗阶段，白天温度25～28℃，晚上23～25℃。鳞茎生长成熟后昼夜温度在（26～29℃）/（23～25℃）时，文心兰可从营养生长转为生殖生长。文心兰花期较短，为了延长花期，可适当降低温度。适宜温度为12～33℃，低于12℃就停止光合作用。如低温超过6～8 h就会发生冻害，高于33℃生长发育也会受阻，特别在强光照下会灼伤兰苗。相对湿

文心兰

度应控制在60%～80%，刚栽植的小苗湿度应在80%左右，在炎热的夏季应在植株周围的地面、台架、叶片上喷水，以增加空气湿度，同时还要保持良好的通风，否则会导致植株生长不良，假鳞茎易腐烂。由于文心兰栽培基质主要是椰壳和石子，不易保水、保肥，应在盆中放一些缓释肥，以增加肥效。基质pH应控制在5.5～6.5，EC值在1.2～1.6 mS/cm。文心兰花期不定，周年均可开花。为使其花期刚好在春节应市，应于农历七月上旬挑出次叶芽为2～5 cm的健壮植株放在一起管理，当次叶芽形成假鳞茎后，除日常管理外，每月加施1～2次彼得肥或磷酸二氢钾，并于春节前2个月左右放于温室加温，可取得一定效果。

6. 文殊兰

文殊兰为石蒜科多年生粗壮草本，鳞茎球形。叶20～30片，长0.9～1.2 m。花葶直立，6—8月开放，傍晚时发出芳香。花被裂片白色，线形，雄蕊淡红色，花药线形，顶端渐尖，子房纺锤形。果近球形，直径3～5 cm，通常有1颗种子。多分布于华南地区，常生于海滨地区或河边沙地。分株繁殖可在春、秋季进行，以春季结合换盆时进行。将母株从盆内倒出，将其周围的鳞茎剥下，分别栽种即可。播种繁殖以3—4月为宜。种子含水量大，宜采后即播。可用浅盆点播，覆土约2 cm厚，浇透水，在16～22℃温度下，保持适度湿润，不可过湿，约2周后可发芽。待幼苗长出2～3片真叶时，即可移栽于小盆中。栽培3～4年可以开花。为了满足文殊兰生长期间所需要的养分，在栽培时，应选择较大的花盆加以深栽，以利保水保土，供应根系发育。在文殊兰正常生长期间，5—9月以内，每天适量浇水，见干见湿。夏季充足供水，保持盆土湿润；每周追施稀薄液肥一次，花葶抽出前宜施过磷酸钙一次。9月上旬或10月下旬将盆花移入室内，放在温度为10℃左右的干燥处，不需浇水，终止施肥。文殊兰在生长旺盛期，总要经常从根茎周围生出蘖芽，为保证株形直立，根茎整齐，全株正常生长，应及时抹去蘖芽。为使叶片碧绿、美观整齐而又不影响光照，在酷暑盛夏时，对文殊兰应适当遮阴，早7时至12时，应接受全日照，12时至15时应搭荫棚遮阴。

文殊兰

7. 建兰

建兰(*Cymbidium ensifolium* (L.) Sw.)，又名雄兰、骏河兰、剑蕙等，为多年生草本兰科植物。建兰主产于温暖湿润的多山省份，即福建的七大山脉及其在浙江、江西、广东三省的延伸地带；四川、台湾、广西、云南、贵州和湖南等省区，也均有其丰富的蕴藏量。多山的福建省，几乎是各个山野均盛产建兰，尤其以东南部的戴云山脉、西北部的杉岭山脉和南部的博平岭山脉的产量和种质负有盛名。建兰的繁殖为分株繁殖，一般在10月下旬至11月份进行。建兰的叶芽在每年3—4月相继破土而出，当新芽长至2～5 cm时约有近1个月的缓长期，此时正是植株长根和母株花芽分化期。4—5月新叶芽的根长2 cm以上时便有了自供自给养分的能力，也就进入了伸长展叶期。建兰 6 月中旬前后花芽便破土而出，花芽无休眠期，经 25 d 左右的发育，便竞艳争芳，花葶直立，长约 30 cm，清香宜人。建兰的生长适宜温度为 18～28℃，最高不超过 35℃，冬天不低于 5℃，生殖生长温度为 14～25℃。冬季休眠温度为 5～14℃（11 月至翌年 3 月），只能在有遮挡风霜的防护条件下耐受短暂性的、间歇性的－5～－2℃的低温。建兰是国兰中最喜光的兰花之一。凡冬春全日照，夏秋半遮阴的，分蘖力高，着花量大，香气足，长势壮。不过对于叶艺品种（特别是高艺品种）夏秋要有 70％～80％的遮阴，冬春也要有 50％左右的遮阴。生长期要保持 60％～70％湿度，夏季偏高，春秋季偏低，冬季休眠期（空气最干燥）空气湿度不要低于 50％。建兰需水量以湿润为佳。建兰根系粗大，假鳞球茎圆大，能储藏较多的水分和养料，能耐旱 15 d 左右。建兰喜淡肥勤施，忌浓肥骤施，它的需肥量比其他兰要大些，在生长期可以 10～15 d 施 1 次淡薄肥。

建兰

8. 墨兰

墨兰（*Cymbidium sinense*（Jackson ex Andr.）Willd.），又名中国兰、报岁兰、入岁兰，兰科多年生草本植物。原产我国、越南和缅甸。墨兰作为观赏植物不仅拥有众多的爱好者，而且一直都是诗歌、绘画和工艺品等寓意和表现的题材，兰花活动已成为传统文化的一个组成部分——兰花文化。墨兰常生于山地林下溪边，也见于常绿阔叶林或混交林下草丛中，花序直立，花朵较多，可达 20 朵左右，香气浓郁，花色多变。一般来说，只要不是兰花的旺盛生长季节均可以进行分株繁殖，其中以兰花的休眠期为最佳。墨兰在春节之后花蕾逐渐凋谢，生长减弱，加上气候稍有回暖，也适宜进行分株繁殖。中国传统盆栽兰花多用其原产地林下的腐殖土，当地人称为“兰花泥”。这种土腐殖质含量丰富、疏松而无黏着性，常呈微酸性，是栽培兰花的优良盆栽用土。在北方栽培兰花，一般都用腐叶土 5 份，沙泥 1 份混合而成。也有用腐殖土 4 份、草炭土 2 份、炉渣 2 份和河沙 2 份等混合配制。兰花喜半阴环境，忌干燥。冬季阳光质弱，春季阳光柔和，适宜兰花生长，可接受全光照。自初夏至仲秋光照时间长，光质强，于兰花生长不利，需要遮光蔽荫。兰花生根发芽与正常生长，适宜温度为 20～28℃。20℃以下生长缓慢，25℃以上生长声迅速，达到 30℃即被迫进入休眠状态。昼温 10～16℃，夜温 5～10℃，则为冬季休眠期。家庭养兰多在室内越冬，冬春无须采取加温措施，即可安全度过严寒时期。墨兰施肥“宜淡忌浓”，一般春末开始，秋末停止。施肥时以气温 18～25℃为宜，阴雨天均不宜施肥。肥料种类，有机肥或无机肥均可。生长季节

墨兰

每周施肥1次，秋冬季墨兰生长缓慢，应少施肥，每20 d施1次，施肥后喷少量清水，防止肥液沾污叶片。施肥必须在晴天傍晚进行，阴天施肥有烂根的危险。

9.寒兰

寒兰（*Cymbidium kanran* Makino），为多年生草本兰科植物，株型修长健美，叶姿优雅俊秀，花色艳丽多变，香味清醇久远。分布在福建、浙江、江西、湖南、广东等地，日本亦有分布。寒兰的株型与建兰十分相似，花葶直立，清秀可爱，花色丰富，有黄绿、紫红、深紫色等，一般具有杂色脉纹与斑点。花期10—12月，凌霜冒寒吐芳，实为可贵，因此有“寒兰”之名，花香浓郁持久。在春秋两季均可进行，一般每隔三年分株一次。凡植株生长健壮，假球茎密集的都可分株，分株后每丛至少要保存5个连接在一起的假球茎。分株前要减少灌水，使盆土较干。分株后上盆时，先以碎瓦片覆在盆底孔上，再铺上粗石子，占盆深度的1/5至1/4，再放粗粒土及少量细土，然后用富含腐殖质的沙质壤土栽植。寒兰每年4月下旬至5月中旬叶芽破土而出，叶芽露出盆土2～3 cm长时，有20 d左右的缓长期。6月中旬前后新芽伸长展叶，经4个半月左右时间新叶发育成熟。寒兰花芽每年9月底至10月中旬左右露出土面，并继续伸长，经50 d左右生长发育，11月下旬前后花会陆续开放。春寒兰花期为2—3月；夏寒兰花期为6—9月；秋寒兰花期为8—10月。寒兰生长最适宜温度为20～28℃，最高不超过30℃，最低不低过0℃。生殖生长温度为14～22℃。寒兰是典型的喜阴花卉，冬春晴天要有40%～50%的遮阴；夏秋晴天要有80%～90%的遮阴。生长期空气湿度应保持在65%～85%，冬季休眠期应为50%～60%。寒兰的假鳞茎明显而较大，根细长而深扎，相对较耐干旱，宜盆表土偏干，所以4 d左右浇1次水为好。生长期内每隔10～15 d喷施0.1%磷酸二氢钾1次（生长良好时，可减少次数或不喷），新芽成长期可加适量尿素；新苗成熟期再喷2～3次高钾肥，以促使假鳞茎增大。为了使各种养分更加均衡，4—6月及9—10月每月可增施1次稀薄有机肥，但应切记宁淡勿浓，防止造成肥害。

寒兰

10.万代兰

万代兰（*Vanda* W. Jones ex R. Br.），亦称胡姬花，是对兰科万代兰属*Vanda*的植物统称，是洋兰家族里的一名强者，属于兰科万代兰属多年生草本兰科植物，属内有60～80个原始种，杂交品种非常丰富，是极为重要的花卉之一，新加坡选定万代兰为国花。万代兰的品种众多，开花期各不相同，但主要集中在夏、冬雨季。花朵的寿命很长，观赏期往往可长达30～50 d之久。本属多为附生性，也有部分岩生性或地生性兰花，分布在中国、印度、马来西亚、菲律宾、美国夏威夷以及新几内亚、澳大利亚北方。通过在无菌条件下，利用培养基提供养分对万代兰的芽尖组织进行快繁。秋末时，万代兰在叶腋处会长出高芽，当高芽长至5～7.5 cm时，用已消毒的锋利刀子，切下高芽，并种植在装有蛇木屑的盆子中。当多年栽培的植株长到 1 m 以上时，可将长 30～46 cm 的顶芽切下，并涂药消毒两边切口，然后种植在盆中，保持潮湿即可。由于万代兰的根属气生根，因此凡排水良好的介质都能适用，像蛇木屑、碎砖块、木炭、椰糠等，无论是单独或混合使用都是很好的盆土。盆钵以木条盆、多孔硬塑料盆及陶盆为优。万代兰喜高温，在 18～35℃范围内都可正常发育，在 24～32℃之间，最有利于成长和开花。如生长期达不到这个温度，万带兰就很难开花，甚至不开花。冬季是种植万带兰是否成功的关键，若冬季日间能保持在 20℃以上，晚间保持 15℃以上，才能安全越冬。万代兰叶片厚革质，含水量丰富，能耐猛烈阳光的照射，冬季甚至不需要遮光，但盛夏烈日一般也要使用 40%～50%的遮光网遮光，以免叶片被晒黄，影响整株的观赏效果，尤其是盆栽万代兰如果光照不足，植株会徒长衰弱，并由于体内养分积累少而难以形成花芽。因此，盆栽万代兰要随阳光的四季变化而调整位置，使它能吸收到最恰当的阳光照射量。万代兰为气生兰，有着强大的气生根群，喜欢在潮湿的环境下生长，保持空气湿度在 80%左右，有利于它健康生长。日常管理中必须经常对植株喷水雾和地上洒水去保证合适空气湿度。万代兰植株粗壮高大，需要的肥料较多。因此在生长旺盛期内可每周施稀薄的液肥 1 次，每月用 1 000 倍磷酸二氢钾溶液喷叶面可增加万代兰的养分积累，有利于开花和增强耐寒能力。冬季生长迟缓期可减少施肥，约每月 1 次为宜。万代兰的开花期内可停止施肥直至花期结束后恢复。

万代兰

11. 大花蕙兰

大花蕙兰(*Cymbidium*)，又名虎头兰，喜姆比兰，蝉兰。大花蕙兰，是对兰属中通过人工杂交培育出的、色泽艳丽、花朵硕大的品种的一个统称。大花蕙兰植株挺拔，花茎直立或下垂，花大色艳，主要用作盆栽观赏。适用于室内花架、阳台、窗台摆放，更显典雅豪华，有较高品位和韵味。采用分株繁殖时，可在开花后新芽尚未长大之前的短暂休眠期进行，用锋利的小刀将相连过多的假鳞茎切开进行分株，每丛带 2～3 枚假鳞茎，其中之一必须是新形成的，洗干净放置在阴处 1～2 d，待根略发白而无明显干缩时进行栽种。选取健壮母株基部发出的嫩芽为外植体。将芽段切成直径 0.5 mm 的茎尖，接种在准备好的培养基上。用 MS 培养基添加 6-苄氨基腺嘌呤 0.5 mg/L 培养，52 d 形成原球茎。将原球茎从培养基中取出，切割成小块，接种在添加 6-苄氨基腺嘌呤 2 mg/L 和萘乙酸 0.2 mg/L 的 MS 培养基中，使原球茎增殖。将原球茎继续在增殖培养基中培养，20 d 左右在原球茎顶端形成芽，在芽基部分化根。90 d 左右，分化出的植株长出具 3～4 片叶的完整小苗。大花蕙兰在管理

大花蕙兰

中分为不同苗龄进行。幼苗时，在 8 cm×8 cm 和 12 cm×12 cm 营养钵中的当年生苗，一般不留侧芽。生长 1 年左右的幼苗换到大盆(内口直径15 cm 或18 cm)中，一般每苗留 2 个子球，对称留效果最佳，其他侧芽用手剥除。当芽长到 5 cm 进行疏芽最为合适。因为侧芽在 15 cm 长以前无根，15 cm 以后开始发根，不同品种用不同的留芽方式，也有每苗留 1 个子球的。二年苗是指生长 24 个月以上的苗子，不需要换盆。这个阶段的苗子每月施有机肥 15 g/盆，随着苗子长大，每月使用 18～20 g/盆，换盆 12 个月后只施骨粉，并在 10 月份前不断疏芽，11 月份至翌年 1 月份要决定留孙芽(开花球)数量。一般大型花可留孙芽 2 个/盆，将来可开花 3～4 枝/盆；中型花可留孙芽 2～3 个/盆，将来可望开花 4～6 枝。大花蕙兰生长适温在 15～25℃，且喜白天温度高，夜间温低，温差大(8℃以上)的环境。越冬温度不能低于 10℃，夏季不能高于 29.5℃。花芽分化期间，即夏、秋两季，必须有明显的日夜温差才能使其分化花芽，而当花芽已萌发时，晚上温度不能超过 14℃，否则易使花芽提早凋谢。大花蕙兰的最适光强在 20 000～30 000 lx(注：中等偏强)，相对大部分兰花而言，大花蕙兰更喜阳光。较强光照可提高开花率，但太强会导致幼嫩花芽的枯死，一般控制在 6 000 lx 以下。大花蕙兰属地生兰类，喜根部湿润而不积水的环境，生长期要求湿度75%～85%，休眠期 50% 左右，花期 55%～65%。如湿度过低，植株生长发育不良，根系生长慢而细小，叶片变厚而窄，叶色偏黄。总体来说，大花蕙兰怕干不怕湿。中小苗期需要高钾肥，N、P、K 比例 1∶1∶(2～3)；中大苗需加重 P 的比例，而且以有机肥为主，叶面施肥为辅。生产上通常用喷灌，5 月份和9 月份每天浇 1 次水，6—8 月份 1 d 浇 2 次水，10 月份至次年 4 月份每 2～3 d 浇 1 次水。浇水次数视苗大小和天气状况随时调整。注意大花蕙兰对水质要求很高，电导率 EC 要小于0.3 mS/m。

(二)梅花类

1.蜡梅

蜡梅(*Chimonanthus praecox* (L.) Link)，蜡梅科蜡梅属的植物，落叶丛生灌木，高可达 4～5 m。常丛生。叶对生，纸质，椭圆状卵形至卵状披针形，先端渐尖，全缘，芽具多数覆瓦状鳞片。冬末先叶开花，花单生于一年生枝条叶腋，有短柄及杯状花托，花被多片呈螺旋状排列，黄色，带蜡质，花期 12 月至翌年 1 月，有浓芳香。是中国特产的传统名贵观赏花木。蜡梅常用嫁接、扦插、分株法繁殖。采用嫁接繁殖时，选 2～3 年生的蜡梅为砧木，用靠接或切接法嫁接，通常多采用靠接法。早春 3 月，把砧木与接穗的树皮削开，相互靠拢接合缚紧，接合部用塑料条缠好，使其愈合成活。成活后当年冬季就可与母株分栽。扦插繁殖以夏季嫩枝为好，插穗用 50 mg/kg 生根粉浸泡 6 h 后，插在遮阴的塑料薄膜棚内，20～30 d 即可生根移植分株繁殖时取基部带有多个须根的苗，分株后剪去上部枝条，施以稀薄液肥，上部盖帘遮阴。蜡梅特性是耐旱怕涝，

蜡梅

如水分过高，土壤过于潮湿，植株生长不良，影响花芽分化。因此，盆栽以蜡梅应保持土壤偏干为宜，平时不干不浇，浇则浇透，但“三伏天”高温季节要多浇水，保持植株正常生长，使花芽正常发育。花前或开花期尤其要注意必须适量浇水，如果浇水过多容易落蕾落花，但水分过少开得也不整齐。蜡梅属喜肥花卉，适时施肥能促进花芽分化，多开花。盆栽蜡梅，因盆土有限，土壤要选择合腐殖质高、疏松通气沙质营养土壤。春季施两次展叶肥，6 月底至入伏前每 10 d 左右施 1 次复合肥。伏天又是花芽分化期。也是新根生长旺盛期，再施 1～2 次磷钾肥，此时施肥宜薄宜稀，否则容易烧根。秋凉后施一次干肥，每盆施 40～60 g 腐熟的枯饼粉，更好地充实花芽生长，入冬前后再施 1～2 次有机液肥，供开花时所需要养分。蜡梅发枝力强，通过适期修剪使其萌发更多的强壮花枝条，使其多开花。一般宜在花谢后发叶之前适时修剪，剪除枯枝、过密枝、交叉枝、病虫枝，并将一年生的枝条留基部 2～3 对芽，剪除上部枝条促使萌发分枝。待新枝长到 2～3 对叶片之后，进行摘心，促使萌发短壮花枝，使株形匀称优美。

2.三角梅

三角梅(*Bougainvillea*)，叶子花属植物的统称，又名九重葛、三角花、叶子花、叶子梅等，紫茉莉科，南美紫茉莉属，原产于秘鲁、阿根廷、巴西、南美等地。三角梅为常绿攀缘状灌木，喜温暖湿润气候，不耐寒，喜充足光照，常用于绿篱、庭园花木等。6—7 月花后剪取成熟的木质化枝条 20 cm 长，插入沙床，一般 30 d 左右生根。温度过低，生根慢，成活率低。如用 IBA 或 NAA 处理，有促进生根的作用，浓度一般为 100～200 mg/L，处理时间10～20 s。三角梅的生长适温为 15～30℃，在夏季应适当遮阴或采取喷水、通风等措施，冬季应维持不低于 5℃ 的环境温度。一年四季除新上盆的小苗应先放于半阴处。冬季应摆放于南向窗前，且光照时间不能少于 8 h。三角梅喜疏松肥沃的微酸性土壤，忌水涝。三角梅除在盆土中施足基肥外，生长季节还应追肥。加入少量的磷酸二氢钾，同时给叶面喷施 0.1%～0.2%的磷酸二氢钾溶液，盛花期每周浇施 1 次矾肥水，叶面喷施 0.2%的磷酸二氢钾。若想国庆节见到叶子花，可提前将盆放于暗室进行避光处理，因其为短日照花卉。时间在 8 月初左右，将盆栽叶子花置于不漏光的环境中，每天从下午5 时开始至第 2 天上午 8 时完全不见光。

三角梅

3.五色梅

五色梅(*Lantana camara* L.)，又称山大丹，大红绣球等，属马鞭草科马缨丹属直立或半藤状灌木，高可达 2 m。原产北美南部，现世界各国广为栽培，中国广东、海南、福建、台湾、广西等地有栽培，且已逸为野生。花期较长，在南方露地栽植几乎一年四季有花，北京盆栽 7—

8月花量最大，花色丰富多变，有红、橙、黄、粉、白等色，有的花初开时为黄色或粉色，渐渐变为橘黄或橘红，最后变为红色，故有五色梅、七变花之称。果熟后采摘果实堆沤，浸水搓洗去果肉，即获种子。种子忌失水，可于秋季采取随采随播，或混沙储藏，春季再播种。播后发芽阶段气温应保持在20℃以上。发芽率约为60%，南方播种苗当年秋季可开花。多于5月份进行。扦插繁殖则取一年生枝条做插穗，每两节成一段，保留上部叶片并剪掉一半，下部插入土壤，置于疏阴下养护并经常喷水，1个月左右即生根，并生发新的枝条。五色梅植株分枝极多，沾土生根，故将柔性枝条刻伤并压入土中，待根系生长后即断根分株。盆栽五色梅春季出房前应翻盆，宜施入充足的基肥，花后不留籽的，要摘去残花，以利于下面叶腋再抽出花序。生长期要保持有充足的阳光和湿润的土壤，不要太干，特别是开花期间如干燥，则易出现萎蔫现象，影响开花。5—10月，每7～10 d施饼肥水或有机肥稀液一次，特别是花后应及时追肥，以保持花开不断。10月底，要移入室内，华东地区可放置在冷室内越冬，若室内阳光充足，温度在10℃以上仍可开花。入室后，要控制浇水，停止施肥。对过长的新梢可作适当短截，以方便存放。五色梅生长期间，对枝条要作适当修剪。对小苗要打顶，以促发侧枝。当幼苗长到约10 cm高时即摘心，促使其从基部萌发分枝，保留3～5个枝条作为主枝，待主枝长到一定长度再行摘心，使主枝生长均衡。位于上部的主枝先摘心，位于下部的主枝后修剪，上部主枝在摘心时去枝量略多于下部主枝，这样各枝间生长匀称，便形成了圆头状株形。植株成形之后，随着枝条不断生长，以后要经常疏枝和短截。每年春季结合换盆，把过密枝、纤弱枝、交叉枝及病虫枝从基部疏剪掉。保留的枝条，根据生长情况分别留2～4个芽短裁。开花后及时剪除残花，以免消耗养分。五色梅嫩枝柔软，适合制作多种形式盆景，可制作成单干式、双干式、临水式、斜干式等不同形式的盆景。五色梅叶片较大，树冠常采用潇洒的自然型，也可刻意扎成圆片形。由于生长迅速、萌发力强，耐修剪，造型方法应以修剪为主，再辅以蟠扎和牵拉。五色梅的枝条直而无姿，可用金属丝进行弯曲造型。

五色梅

4. 榆叶梅

榆叶梅（*Amygdalus triloba*（Lindl.）Ricker），又名榆梅、小桃红、榆叶鸾枝，因其叶似榆，花如梅，故名“榆叶梅”，又因其变种枝短花密，满枝缀花，故又名“鸾枝”，为梅亚科扁桃亚属小乔木或灌木。榆叶梅枝叶茂密，花繁色艳，原产中国北部，现今各地几乎都有分布，是中国北方春季园林中的重要观花灌木，有较强的抗盐碱能力。北京园林中最宜大量应用，宜植于公园草地、路边，或庭园中的墙角、池畔等。一般用芽接繁殖，芽接在8

榆叶梅

月中下旬进行，砧木用一年生的榆叶梅实生苗，或用野蔷薇类植物、毛桃、山桃实生苗均可。接芽可从优良品种的榆叶梅株上，选择剪取一年生枝条上的饱满叶芽。如采用扦插繁殖，常于春末秋初用当年生的枝条进行嫩枝扦插，或于早春用去年生的枝条进行老枝扦插。扦插基质用河砂、泥炭土等材料。进行嫩枝扦插时，在春末至早秋植株生长旺盛时，选用当年生粗壮枝条作为插穗。把枝条剪下后，选取壮实的部位，剪成 5～15 cm 长的一段，每段要带 3 个以上的叶节，扦插深度为枝条的 1/2 左右。上盆用的基质可以选用下面的一种：菜园土∶炉渣＝3∶1；或者园土∶中粗河沙∶锯末（茹渣）＝4∶1∶2；或者水稻土、塘泥、腐叶土中的一种。先在盆底放入 2～3 cm 厚的粗粒基质作为滤水层，其上撒上一层充分腐熟的有机肥料作为基肥，厚度为 1～2 cm，再盖上一薄层基质，厚 1～2 cm，然后放入植株，把肥料与根系分开，避免烧根。上完盆后浇 1 次透水，并放在遮阴环境养护 1 周。榆叶梅树冠基本培养形成后，早春时应重点将交叉枝、内膛枝、枯死枝、过密枝、病虫枝、背上直立枝剪掉，还可对一些过长的开花枝和主枝延长枝进行短截，防止花位上移，影响观赏效果。对长势不均匀的植株，要本着抑强扶弱的原则，对长势好的枝条进行短截或疏除；对一些过密的辅养枝和不做预备开花枝培养的上年生枝条要进行疏除；对大的开花枝组枝条适当进行短截，对各类型开花枝组中过密的枝条也应适当进行疏除，防止枝条过密影响开花质量。

5. 珍珠梅

珍珠梅（*Sorbaria sorbifolia*（L.）A. Br.），别名山高粱、高楷子、花楸珍珠、梅珍珠梅，为蔷薇科珍珠梅属落叶灌木，原产亚洲北部，分布在中国、俄罗斯、蒙古、日本及朝鲜半岛。珍珠梅的花、叶清丽，花期很长，又值夏季少花季节，是园林应用上十分受欢迎的观赏树种，可孤植、列植、丛植，效果甚佳。丛植在草坪边缘或水边、房前、路旁，亦可栽植成篱垣。珍珠梅在生长过程中，具有易萌发根蘖的特性，可在早春三四月进行分株繁殖。将树龄 5 年以上的母株根部周围的土挖开，从缝隙中间下刀，将分蘖与母株分开，每株母株可分出 5～7 株。分离出的根蘖苗要带完整的根，如果根蘖苗的侧根又细又多，栽植时应适当剪去一些。分株后浇足水，并将植株移入稍荫蔽处，1 周后逐渐放在阳光下进行正常的养护。这种方法适合大量繁殖，一年四季均可进行，但以 3 月和 10 月扦插生根最快，成活率高。扦插土壤一般用园土 5 份，腐殖土 4 份，沙土 1 份，混合起沟做畦，进行露地扦插。插条选择健壮植株上的当年生或二年生成熟枝条，剪成长 15～20 cm，留 4～5 个芽或叶片。扦插时，将插条的 2/3 插入土中，土面只留最上端一两个芽或叶片。插条切口剪成马蹄形，随剪随插，压紧插条基部土壤，浇一次透水。此后每天喷 1～2 次水，经常保持土壤湿润。20 d 后减少喷水次数，防止过于潮湿，引起枝条腐烂，1 个月左右可生根移栽。三四月份将母株外围的枝条直接弯曲压入土中，也可将压入土中的部分进行环割或刻伤，以促进快速生根。待生长

珍珠梅

新根后与母株分离，春秋植树季节移栽即可。珍珠梅对土壤要求不严，但是栽培在深厚肥沃的沙壤土中则生长更好，开花更繁茂。刚栽培时需施足基肥，就能满足其生长要求，一般不再施追肥。以后结合冬季管理，每隔 1～2 年施 1 次基肥即可。春季干旱时要及时浇水，夏秋干旱时，浇水要透，以保持土壤不干旱；入冬前还需浇 1 次防冻水。花后要及时修剪掉残留花枝、病虫枝和老弱枝，以保持株型整齐，避免养分消耗，促使其生长健壮，花繁叶茂。珍珠梅易发生叶斑病及斑叶蜡蝉。

（三）菊花类

1. 八月菊

八月菊（*Callistephus chinensis*（L.）Nees），又名江西腊，蓝菊，翠菊，为菊科翠菊属一年生草本植物，原产中国北部，1728 年传入法国，紧接着 1731 年被英国引种，以后世界各国相继引入，经过杂交选育，新品种不断上市。八月菊花色丰富，花期较长，在园林中广泛应用。矮型品种适用于毛毡花坛和花坛的边缘，也宜盆栽；中型和高型品种可用于各种园林布置；高型品种还常作背景花卉，是良好的切花材料。八月菊常用播种繁殖，发芽适温为 18～21℃，播后 7～21 d 发芽。幼苗生长迅速，应及时间苗。八月菊出苗后 15～20 d 移栽 1 次，生长 40～45 d 后定植于盆内，常用 10～12 cm 盆。当苗有 8～10 cm 高时，上盆定植并摘心，促其早发侧枝。生长期每旬施肥 1 次，盆栽后 45～80 d 增施磷钾肥 1 次。浇水原则为保持盆土见干见湿，浇水不宜太频。八月菊的根系较浅，在生长期，特别是夏季，土壤表面温度高，对生长影响较大，容易导致下部叶处枯黄脱落，造成脱落。入夏后宜在盆土表面覆盖堆肥、树叶或锯削，注意保湿并移至半阴处，以防止脱叶。

八月菊

2. 九月菊

九月菊，俗称菊花，别名寿客、金英、黄华、秋菊、陶菊等，是菊目菊科多年生草本植物的一个属。在中国古典文学中及文化中，梅、兰、竹、菊合称四君子。菊花是中国十大名花之一，在中国有 3 000 多年的栽培历史。中国人极爱菊花，从宋朝起民间就有一年一度的菊花盛会。古神话传说中菊花又被赋予了吉祥、长寿的含义。一般以 4—5 月扦插，或分株，小苗以一株一盆，且先植于小盆中，（口径为 8～10 cm），上盆后 10 d 左右摘心第一次，以后隔一个月左右再摘心，最后一次摘心于

九月菊

立秋前后进行，摘心时只留下2～3个芽眼即可。春季，菊苗幼小，浇水宜少，这样有利于菊苗根系发育；夏季，菊苗长大，天气炎热，蒸发量大，浇水要充足，可在清晨浇一次，傍晚再补浇一次，并要喷水增加环境湿度；立秋前，要适当控水、控肥，以防止植株窜高疯长。立秋后开花前，要加大浇水量并开始施肥，肥水逐渐加浓；冬季，花枝基本停止生长，植株水分消耗量明显减少，蒸发量也小，须严格控制浇水。在菊花植株定植时，盆中要施足底肥，追肥一般可隔10 d施一次淡肥。立秋后自菊花孕蕾到现蕾时，可每周施一次稍浓一些的肥水；含苞待放时，再施一次浓肥水后，如果此时能给菊花施一次过磷酸钙或0.1%磷酸二氢钾溶液，则花可开得更鲜艳。当菊花植株长至10多cm高时，即开始摘心。摘心时，只留植株基部4～5片叶，上部叶片全部摘除。待以后叶长出新枝有5～6片叶时，再将心摘去，使植株保留4～7个主枝，以后长出的枝、芽要及时摘除。摘心能使植株发生分枝，有效控制植株高度和株型，使其长得矮而壮。最后一次摘心时，要对菊花植株进行定型修剪，去掉过多枝、过旺枝及过弱枝，保留3～5个枝即可。9月现蕾时，要摘去植株下端的花蕾，每个分枝上只留顶端一个花蕾。这样以后每盆菊可开4～7朵花，观赏性增强。

3. 非洲菊

非洲菊(*Gerbera jamesonii* Bolus)，别名为扶郎花、太阳花、猩猩菊、日头花等，为菊科大丁草属多年生宿根常绿草本植物，日头花等，为菊科大丁草属多年生草本植物，原产地为南非，随着国内温室技术的进步及国外新型温室技术的引进，中国的栽培量也明显增加，华南、华东、华中等地区皆有栽培。非洲菊花朵硕大，花色丰富，花枝挺拔，花色艳丽，水插时间长，切花率高，瓶插时间可达15～20 d，花色分别有红色、白色、黄色、橙色、紫色等，是现代切花中的重要材料。非洲菊多采用分株法繁殖，每个母株可分5～6小株；播种繁殖用于矮生盆栽型；需求量大时采用组织培养快繁，还可用单芽或发生于颈基部的短侧芽分切扦插。采用甲醛消毒，用40%工业甲醛稀释浓度为1%，均匀喷洒土壤，喷洒后迅速盖好塑料薄膜密闭闷熏，2～3 d后揭膜，风干土壤两周后淋水冲洗，再过两周后方可定植。第1次种植非洲菊的土壤不必消毒。选择苗高11～15 cm、4～5片真叶的种苗定植。优质种苗标准：种苗健壮，叶片油绿，根系发达、须根多、色白，叶片无病斑、虫咬伤缺口和机械损伤。周年均可定植，但从生产及销售的角度考虑，4—6月份为较理想。种植前2～3 d，给土壤浇透水；选择阴天或晴天的早晨和傍晚进行；栽种时要深穴浅植，根颈部位露于土表1～1.5 cm，如果植株栽得太浅，采花时易拉松或拉出植株；栽完后及时浇透水。苗期管理定植后用70%的遮阳网遮光7～10 d，待苗成活后逐渐增加光照；昼温保持在22～25℃，夜温20～22℃，持续1个月；这个时期用喷淋浇水，浇水时间在早晨为好，水分不宜过干和过湿。每天逐株检查，及时剔除带病植株，补上健壮小苗。成苗期的管理种植后1个月左右，非洲菊进入旺盛生长期，光照过强时需适当遮

非洲菊

阴；温度调为夜间 14～16℃，白天 18～25℃为最低温度；每隔 1 周用 0.1%的复合肥（N∶P∶K 为15∶15∶15）浇 1 次，每 2 周用 0.1%的磷酸二氢钾喷施 1 次叶面肥；喷施广谱性杀菌剂，如喷施甲基托布津 800～1 000 倍液 2～3 次防病。花期的管理定植后 3～4 个月即进入花期。此时每隔 1 周施用 N∶P∶K＝12∶12∶17 的复合肥 1 次。采用叶面喷施微肥，一般 25 d 1 次；浇水原则是"不干不浇，浇则浇透"，棚内相对湿度保持在 80%～85%；及时拔草，清除病叶、枯叶，拔出病株并用生石灰进行植穴的土壤消毒；夏季花期，要注意遮阳及通风降温，冬季花期，注意保温及加温，尤其应防止昼夜温差太大，以减少畸形花的产生。

4. 金盏菊

金盏菊（*Calendula officinalis* L.），又名金盏花、黄金盏、长生菊、醒酒花、常春花，为菊科金盏菊属一年生或越年生草本植物，原产欧洲南部，现世界各地都有栽培。英国的汤普森・摩根公司和以色列的丹齐杰花卉公司在金盏菊的育种和生产方面闻名于欧洲。金盏菊常用于花坛摆花。秋播为宜，将种子催芽后放入已消毒的基质中，覆土厚度为种粒的 2～3 倍。播后用喷雾器把播种基质淋湿，上覆塑料薄膜，以利于保温保湿；幼苗出土后，揭开薄膜，适时让幼苗接受太阳的光照，待幼苗长出 3 片以上真叶后上盆移栽。或者直接用顶梢扦插。小苗装盆时，先在盆底放入2～3 cm 厚的粗粒基质或者陶粒来作为滤水层，其上撒上一层充分腐熟的有机肥料作为基肥，厚度为 1～2 cm，再盖上一层基质后放入植株，以防烧根。当苗高 6～10 cm 并有 6 片以上真叶片后，把顶梢摘掉，保留下部的 3～4 片叶，促使分枝。当侧枝长到 6～8 cm 长时，进行第二次摘心，即把侧枝的顶梢摘掉，保留侧枝下面的 4 片叶。进行两次摘心后，株型会更加理想，开花数量也多。金盏菊喜欢温暖气候，忌酷热，不耐霜寒，温度高于 34℃生长不良，温度低于 4℃进入休眠或死亡。最适宜的生长温度为 15～25℃。金盏菊喜欢较高的空气湿度，空气湿度过低，会加快单花凋谢，最适空气相对湿度为 65%～75%。金盏菊与其他草花一样，遵循"淡肥勤施、量少次多、营养齐全"的施肥（水）原则，可每 15～30 d 施 10 倍水的腐熟尿液 1 次。春、夏、秋三季需要在遮阴条件下养护。冬季要给予直射阳光的照射。早春正常开花之后，及时拣出残花梗，促使其重发新枝开花；加强水肥管理，到了 9—10 月可再次开花。8 月下旬秋播盆内，降霜后移至 8～10℃温度下培养，1 周左右浇 1 次水，保持盆土湿润，每月施加 1 次复合液肥，可冬季花开不断。3 月底或 4 月初播种六月初开花；8 月下旬播种，经越冬管理，第二年五一节可进入盛花期。将金盏菊种子放在 0℃冰箱内数日进行低温处理，然后于 8 月上旬播种，9 月下旬即可开花。

金盏菊

5. 天人菊

天人菊（*Gaillardia pulchella* Foug.），又名虎皮菊，为菊科天人菊属一年生或多年生草本植物，原产北美，在我国中、南部广为栽培。天人花期 7—10 月，具耐旱特性，是很好的沙地绿化、美化、定沙草本植物，其花姿娇娆，色彩艳丽，花期长，栽培管理简单，可作花坛、花丛的材料。天人菊常在夏季进行播种，并覆盖地膜。幼苗出土后，及时揭开薄膜，并在每天上午 9:30 之前，或下午 3:30 之后让幼苗接受太阳的光照。当大部分的幼苗长出 3 片真叶后上盆移栽。也可结合摘心工作，把摘下来的粗壮、无病虫害的顶梢作为插穗，直接用顶梢扦插。插穗生根的最适温度为 18～25℃，温度太高时，注意遮阴降温，同时，给插穗进行喷雾，每天 3～5 次。小苗装盆时，先在盆底放入 2～3 cm 厚的粗粒基质或者陶粒来作为滤水层，其上撒上一层充分腐熟的有机肥料作为基肥，厚度为 1～2 cm，再盖上一层基质，厚 1～2 cm，然后放入植株，以把肥料与根系分开，避免烧根。上盆用的基质可以选用下面的一种：菜园土∶炉渣＝3∶1；或者园土∶中粗河沙∶锯末（菇渣）＝4∶1∶2；或者草炭＋珍珠岩＋陶粒＝2 份＋2 份＋1 份。上盆后浇 1 次透水，并放在略阴环境养护 1 周。

天人菊

上盆 1～2 周后，或者当苗高 6～10 cm 并有 6 片以上的叶片后，把顶梢摘掉，保留下部的 3～4 片叶，促使分枝。在第 1 次摘心 3～5 周后，或当侧枝长到 6～8 cm 长时，进行第二次摘心，即把侧枝的顶梢摘掉，保留侧枝下面的 4 片叶。进行两次摘心后，株型会更加理想，开花数量也多。天人菊喜欢较高的空气湿度，空气湿度过低，会加快单花凋谢，最适空气相对湿度为 65%～75%。耐热，不耐霜寒，生育适温 10～25℃。喜阳光充足，略耐半阴。若日照不足，会影响开花。与其他草花一样，对肥水要求较多，但要求遵循“淡肥勤施、量少次多、营养齐全”的施肥（水）原则，并且在施肥过后，晚上要保持叶片和花朵干燥。

6. 银叶菊

银叶菊（*Jacobaea maritima*（L.）Pelser ex Meijden），别名雪叶菊，为菊科千里光属的多年生草本植物，原产南欧，在我国华北、华中地区有一定面积的栽培。其银白色的叶片与其他色彩的纯色花卉配置栽植，效果极佳，是重要的花坛观叶植物。银叶菊常用种子繁殖。

银叶菊

元旦上市的7月下旬播种，春节上市的8月上中旬播种，发芽适温20～25℃。银叶菊出苗时间较长，出苗前要保持苗床湿度；晚播的出苗后全光照管理；幼苗生长较慢，注意勤施水肥。3～4片真叶时分苗，剔除细弱苗、高脚苗。分苗后用40%遮阳网遮阴4～5 d，7、8月早播的由于分苗醒棵后气温尚高，光线强烈，遮阴要达10～15 d。早盖晚揭，缓苗后全光照管理。苗期施肥3～4次；肥料为浓度0.8%～1.5%高浓复合肥或尿素，或稀释15倍左右的饼肥水。一般6～7叶时上盆，盆径14～16 cm。盆深度为略过原土痕。为增加分枝，上盆前后可摘心1次。上盆后的浇水应把握"见干见湿"的原则。银叶菊有较强的耐旱能力，保护地栽培条件下银叶菊的浇水总体上要适度偏干。但在生长旺盛期应保证充足的肥水供应。上盆2周后，每10 d左右施肥1次，以氮肥为主，冬季间施1～2次磷、钾肥。肥料用尿素和45%三元复合肥，浓度0.1%～0.15%左右，或用0.1%的尿素和磷酸二氢钾喷洒叶面。由于银叶菊是观叶花卉，成株的浇水施肥注意不要沾污叶片。银叶菊苗期可耐－5℃低温，商品盆花栽培，南方地区可露地或单层大棚栽培，长江中下游地区可单层棚或双层棚栽培，北方－10℃以下地区栽培，应在日光温室内进行。盆花初次进棚应在秋冬最低气温降至0℃前进行，冬季宜保证充足的光照。

7. 麦秆菊

麦秆菊(*Helichrysum bracteatum* (Vent.) Andr.)，又名蜡菊，为菊科蜡菊属的多年生草本花卉，常作1～2年生栽培，花期7—9月。原产于澳大利亚，现世界各国多有栽培，可布置花坛花境，也可盆栽观赏，另外可用其作干燥花、切花和插花。常在9月中下旬进行秋播，遇到寒潮低温时，可以用塑料薄膜把育苗穴盘包起来，以利于保温保湿；幼苗出土后，要及时把薄膜揭开，并在每天上午的9:30之前，或者在下午的3:30之后让幼苗接受太阳的光照。当苗约长到9 cm时，定植于园地或花坛，株距30 cm；盆栽时选用20 cm口径的花盆。挖好种植穴，在种植穴底部撒上一层有机肥料作为底肥，再覆上一层土并放入苗木，回填土壤，把根系覆盖住，并用脚把土壤踩实，浇1次透水。在开花之前一般地进行两次摘心，以促使萌发更多的开花枝条。当苗高6～10 cm并有6六片以上的叶片后摘心，促使分枝。当侧枝长到6～8 cm长时，进行第二次摘心。麦秆菊喜欢温暖气候，最适生长温度为15～25℃。忌酷热，温度高于34℃时明显生长不良；不耐霜寒，温度低于4℃以下时进入休眠或死亡。麦秆菊喜欢较高的空气湿度，最适空气相对湿度为65%～75%，空气湿度过低，会加快单花凋谢。春、夏、秋三季需要在遮阴条件下养护。在冬季，由于温度不是很高，要给予直射阳光照射。与其他草花一样，对肥水要求较多，但要求遵循"淡肥勤施、量少次多、营养齐全"的施肥(水)原则。春、秋两季是麦秆菊的生长旺季，每周要保证1次追肥、两次灌水。夏季高温期麦秆菊对肥水要求不多，因此要适当控肥控水。浇水时间尽量安排在早晨温度较低的时候进行，晚上保持叶片干

麦秆菊

燥。冬季麦秆菊进入休眠期，肥水间隔周期为7～10 d。

(四)木本花卉

1.杜鹃

杜鹃花(*Rhododendron simsii* Planch.)，又称映山红，雅称“山客”，与山茶花、仙客来、石蜡红、吊钟海棠称“盆花五姐妹”，是中国十大名花之一，为杜鹃花科落叶或半常绿灌木。中国是杜鹃花的分布中心，约有460种，除新疆和宁夏外，各省区均有分布，西藏东南部、四川西南部、云南西北部是最集中的产地。杜鹃在所有观赏花木之中，称得上花、叶兼美，地栽、盆栽皆宜，用途很广泛。常用播种、扦插和嫁接法繁殖，也可行压条和分株繁殖。杜鹃花在我国淮河以南可以露地栽培。移栽常在初春或梅雨季节，带土球移植。每年春季萌芽后至初秋，每月浇施1～2次有机液肥和磷、钾化肥液，适时喷施叶面肥。夏季和初秋高温时应适当遮阳，并每天早、晚各喷1次叶面水(雾)。每年花后适当进行1次修剪。杜鹃性喜阴湿，3月间，杜鹃花发根萌芽，需水量随之增加。4—9月杜鹃花陆续开花，枝叶也开始抽发，需水量较大，一般应在每天早晨或傍晚浇水1次。9月中旬至11月，天气转凉，为防抽出秋梢，增强越冬抗寒力，浇水量应适量减少，一般隔日清晨浇水1次，保持湿润即可。冬季杜鹃花已进入休眠期，宜在晴暖天中午前后，每隔4～5 d浇水1次。杜鹃花喜肥，一般采用腐熟的饼肥、鱼粉、蚕豆或紫云英等经腐烂后掺水浇灌，忌用人粪尿。出房后至花蕾吐花前，每隔10 d施1次薄肥，浓度为15%，共施2～3次，促使老叶转绿，萌发新根。花谢后，为了促使发枝长叶，在5月中旬至7月上旬施肥5～6次。如连续下雨，可施干肥。进房前，杜鹃花的生长即将停止前，应施肥1～2次。在出房前到开花前宜多见阳光。开花期间，中午要进行短时间遮阴，透光率60%；在6月到7月上旬的梅雨期间，是杜鹃花抽叶发枝期，应多见阳光。但遇强烈阳光还应遮阴，以防灼伤新叶。7月中旬到9月上旬，每天上午8时至下午5时要遮阴，防止烈日照射。9月以后的秋季生长期可缩短遮阴时间，一般可在上午10时至下午4时遮阴，10月以后宜多见阳光。

杜鹃

2.茉莉

茉莉(*Jasminum sambac* (Linn.) Aiton)，为木樨科素馨属常绿灌木或藤本植物的统称，原产于印度、巴基斯坦，中国早已引种，并广泛地种植。茉莉喜温暖湿润和阳光充足环境，其叶色翠绿，花色洁白，香气浓郁，是最常见的芳香性盆栽花木。茉莉花极喜肥，只要养护得当，盆栽茉莉一年可开3次花。茉莉花不耐旱，但又忌积水，多雨季节要及时倾倒盆内积水，否则叶片易发黄。夏季炎热晴天每天早、晚各浇水一次，如发现叶片卷垂应喷水于叶片，促进生长。盛夏是茉莉生长的旺期，多施有机肥和磷、钾肥，如花生饼粉、骨粉、过磷酸钙等，若出现枝叶繁茂但不开花的现象，是氮肥施量过多，造成枝叶徒长，要控制肥水，增施磷、钾肥，促使孕育花蕾。茉莉性喜炎热、潮湿、通风透气环境，需充足的光照。茉莉畏寒，南方地盆栽茉莉可在室外栽培越冬，北方在秋冬季需做好保暖工作，移入室内放在朝南方向。光照强则枝干健壮，叶色浓绿，花多而香，阳光不足则节稀花少而不香。茉莉花的修剪，除春季将越冬后的细弱枝条剪去，只留下粗壮基部以待新芽萌发外，夏季修剪很重要。花败后的枝条要及时留下 3～5 节，剪去顶梢，以促使萌发新芽。

茉莉

3. 山茶花

山茶花（*Camellia reticulata* Lindl.），也叫滇山茶，为双子叶植物纲山茶科多年生木本观赏植物，原产云南，是中国传统花木之一，已有 1 000 多年的栽培历史，是我国“八大名花”中最享有盛名的一种，早在明代就有“云南山茶甲天下”的说法，现在是昆明市的市花，被列为国家二级保护植物。茶花的花期较长，一般从 10 月份始花，翌年 5 月份终花，盛花期 1—3 月份，可历时 7—8 个月之久。茶花持久的花期，使它成为一种很好的观赏植物。于 4—5 月间，用山茶花作砧木，与云南山茶花靠接，约 100 d 可愈合，即可将云南山茶花接穗下端从母树上剪下，即成新株。茶花喜欢偏酸性、含腐殖质较高、疏松通气的山地红（黄）壤土，pH 在 5～6.5 之间，不能采用碱性土或黏性重的土壤作盆栽茶花基质。茶花需要适宜的光照，春季、秋末时将山茶花要移到见光多的阳台上或地面，接受全天光照；夏天阳光最为强烈，要避免烈日直射。山茶花性喜温暖，生长最宜的温度为 18～25℃，相对湿度 60%～65%。茶花的春梢一般在 3 月中下旬萌动，4 月份开始抽芽，5 月中下旬形成顶芽，停止生长，逐渐分化出叶芽或花芽，从花芽形成直到开花要 180～240 d。夏梢在 7 月下旬萌动，至 9 月上旬停止生长。山茶花喜欢湿度较大气候，也喜湿润的土壤。因此，要给盆栽茶花补足水分，春秋每天浇水 1 次，夏天特别是“三伏天”，每天早、晚各浇水 1 次，如果地面干燥还要向花盆的地面和周边浇水或喷水 1～2 次，保持一定的空气湿度。山茶花喜欢湿润的土壤，但又怕花盆内积水，在下雨天如果盆内积水，必须及时排除。山茶花是喜肥花卉，因为树势健壮，叶片较多，花期也较长，因而需肥量也多。根据植株生长时期，增施有机肥。除冬夏最冷最热时外，每月施 1～2 次腐熟枯饼水。施肥的原则：宜轻不宜重，宜淡不宜浓，宜少不宜多，必须坚持薄肥勤施的方法，特别是不要施生肥。

山茶花

4. 紫荆

紫荆（*Cercis chinensis* Bunge），属豆科紫荆属落叶灌木或小乔木，是春季的主要观赏花卉之一，又叫满条红、苏芳花、紫株、乌桑、箩筐树，因其木似黄荆而色紫，故名。原产于中国，在湖北西部、辽宁南部、河北、陕西、河南、甘肃、广东、云南、四川等省都有分布。9—10月收集成熟荚果，取出种子，埋于干沙中置阴凉处越冬。3月下旬到4月上旬播种，播前进行种子处理，待露白后播于苗床，2周可齐苗，出苗后适当间苗。4片真叶时可移植苗圃中。圃地以疏松肥沃的壤土为好。或者在春季3—4月，采用空中压条法繁殖，用利刀刻伤并环剥树皮1.5 cm左右，露出木质部，将生根粉液涂在刻伤部位上方3 cm左右，待干后用筒状塑料袋套在刻伤处，装满疏松园土，浇水后两头扎紧即可。1个月后检查，如土过干可补水保湿，生根后剪下另植。紫荆在生长期应适时中耕，以疏松表土，减少水分蒸发，使土壤里的空气流通，促进养分的分解，为根系的生长和养分的吸收创造良好的条件。每年的早春、夏季、秋后各施一次腐熟的有机肥，以促进开花和花芽的形成。紫荆耐修剪，可在冬季落叶后至春季萌芽前剪除病虫枝、交叉枝、重叠枝，以保持树形的优美。由于紫荆的老枝上也能开花，因此在修剪时不要将老枝剪得过多，否则势必影响开花量。花后如果不留种，注意摘除果荚，以免消耗过多的养分，对生长不利。

紫荆

5. 紫薇

紫薇(*Lagerstroemia indica*)，又称痒痒树，别名百日红、满堂红、入惊儿树，为千屈菜科紫薇属双子叶植物，产于亚洲南部及澳洲北部，中国华东、华中 、华南及西南均有分布，各地普遍栽培。紫薇树姿优美，树干光滑洁净，花色艳丽，开花时正当夏秋少花季节，花期极长，由6月可开至9月，故有“百日红”之称，是观花、观干、观根的盆景良材。紫薇可采用播种繁殖，11月中旬收果，日晒脱粒，取净干藏，于第二年3月上旬播种，播后用遮阳网遮阴。培育生长好的小苗到秋季可见花，但种子繁殖的紫薇花色易发生变异。也可采用扦插繁殖和分生繁殖，硬枝扦插一般在3月中下旬至4月初枝条发芽前进行。选取粗壮的一年生枝条，剪成15 cm长的插穗，插入疏松、排水良好的沙壤土苗床，扦插深度以露出插穗最上部一个芽即可。插后灌透水，覆以塑料薄膜以保湿保温。苗株长成15～20 cm就可以将薄膜掀开，改成遮阴网，适时浇水，当年枝条就可长到60～80 cm。嫩枝扦插在7—8月进行，此时新枝生长旺盛，最具活力。选择半木质化的枝条，剪成8～10 cm长的插穗，上端留2～3片叶子。扦插深度为3～4 cm。插后灌透水，并搭棚遮阴，一般20 d左右即可生根，将薄膜去掉，保留遮阴网，再适时浇水，当年枝条可长到60～80 cm，成活率很好。

紫薇

6.扶桑

扶桑花(*Hibiscus rosa-sinensis* Linn.)，别名朱槿、大红花、朱槿牡丹、妖精花等，为锦葵科常绿大灌木。原产中国，分布于福建、广东、广西、云南、四川诸省区。扶桑花全年开花，夏秋最盛。在南方地栽作花篱，长江流域以北地区均温室盆栽。因其繁殖容易，插枝即活，开花期长，所以成为最普遍的花木，可入盆栽或作为庭院树，其根、叶、花均可入药。扶桑花为马来西亚国花。扶桑是阳性树种，5月初要移到室外放在阳光充足处，并且要加强肥水、松土、拔草等管理工作。每隔7～10 d施一次稀薄液肥，浇水应视盆土干湿情况，过干或过湿都会影响开花。秋后管理要谨慎，要注意后期少施肥，以免抽发秋梢。在霜降后至立冬前需移入室内保暖，越冬温度要求不低于5℃，以免遭受冻害；但也不能高于15℃，以免影响休眠。盆栽用土宜选用疏松、肥沃的沙质壤土，每年早春4月移出室前，应进行换盆。换盆时要换上新的培养土，剪去部分过密的卷曲的须根，施足基肥。为保持树型优美，着花量多，可于早春出房前后进行修剪整形，各枝除基部留2～3芽外，上部全部剪截，可促使发新枝，长势将更旺盛，株形也美观。

扶桑花

7.藤本月季

藤本月季(morden cvs. of climbers and ramblers)，别名藤蔓月季、爬藤月季、爬蔓月季，为蔷薇亚科蔷薇属藤性灌木，原种主产于北半球温带、亚热带，我国为原种分布中心。现代杂交种类广布欧洲、美洲、亚洲、大洋洲，尤以西欧、北美和东亚为多。我国各地多栽培，以河南南阳最为集中。繁殖以扦插为主，但优良品种扦插难以成活，故生产中更多的是用嫁接繁殖。无刺蔷薇根系发达，以无刺蔷薇做砧木嫁接最佳，枝、芽、根接均可。枝接多于11月下旬将砧木挖出于室内接或于早春地接。芽接一年四季均可进行。裸根苗宜于晚秋或早春栽植。脱盆苗木以雨季栽最好。定植应选向阳通风、排水良好之地。挖穴后，重施基肥；栽后浇足水。以后见干浇水。藤本月季在整个生活期中都不能失水，从萌芽到放叶、开花阶段，应注意供应充足水分，尤其是在花期需水特多，要经常保持土壤湿润，以保证花朵肥大、鲜艳。由于藤本月季开花多，需肥量大，所以在冬季休眠期应施足底肥。其中多次开花性的品种应于花后及时将花枝留3～5个芽短截，以促萌新枝继续开花。老枝经几年开花后，应采用“去老留新”法修剪加以更新。藤本月季品种较多，一季花品种是在头年生的藤蔓上抽生花枝，初夏开出大量的花朵。因此，早春的修剪必须注意尽量保留头年生的壮

藤本月季

藤，去除不能开花的老、弱、病枝及过密藤蔓，同时进行轻度短截。所保留的藤蔓要适当地进行牵引、缚扎、卷盘，使其分布均匀，充分透光。花后还要进行修剪，如有老藤可从基部剪除，保留头年生的壮藤，并适当加强肥水管理，促使植株抽发强壮的蘖芽，秋末就能形成健壮的新生藤蔓，藤上的饱满芽来年还会形成花枝，这样年复一年的生长，植株的体积会长得很大。多季花品种一般在定植后 3 年内无须大的修剪，每年仅去除死藤及无用的枝蔓，并进行轻度的短截即可。自第四年开始进行入冬前和春季修剪，每株保留 4～5 根强壮的主藤，剪除过多的老藤，但要注意不宜过多地修剪 2～3 年生的藤蔓，因其在这种藤蔓分枝上开花最好。在整形盘缚时，要去掉主藤的尖梢，以促进侧枝生长开花。花后要去除残花，并注意保留枝上的饱满芽，目的是为了产生新花。也有的品种花后不去残花，故意让其结果，枝条上挂满金红色果实，很有观赏价值。

8. 木芙蓉

木芙蓉（*Hibiscus mutabilis* Linn.），又名芙蓉花，拒霜花，木莲，地芙蓉，华木，属锦葵科木槿属落叶灌木或小乔木，原产中国，黄河流域至华南各省均有栽培，尤以四川、湖南为多。由于花大而色丽，我国自古以来多在庭园栽植，可孤植、丛植于墙边、路旁、厅前等处。特别宜于配植水滨，开花时波光花影，相映益妍，分外妖娆，所以《长物志》云："芙蓉宜植池岸，临水为佳。"木芙蓉的日常管理较为粗放，天旱时应注意浇水，春季萌芽期需多施肥水，花期前后应追施少量的磷、钾肥。在花蕾透色时应适当扣水，以控制其叶片生长，使养分集中在花朵上。木芙蓉长势强健，萌枝力强，枝条多而乱，应及时修剪、抹芽。在寒冷地区地栽的木芙蓉，冬季其嫩枝会冻死，但到了翌年春天又能萌发出更多的新梢。因此，最好将其株形培植成灌木状。盆栽宜选用较大的瓷盆或素烧盆，盆土要求疏松肥沃，排水透气性良好，生长季节要有足够的水分，以满足生长的需求，冬季移到室内越冬，维持 0～10℃的温度，以保证其休眠，以利于来年开花。

木芙蓉

第五章　都市农业的设施设备

第一节　温室设施设备

一、栽培设施类型

温室是覆盖着透光材料，并附有防寒、加温设备的特殊建筑，它能够提供适宜植物生长发育的环境条件，是北方地区栽培热带、亚热带植物的主要设施。温室设有保温、加温、降温系统、通风和排风系统、遮阴系统、补光系统、施肥系统、灌溉系统、计算机控制系统等，故其比其他栽培设备（如风障、冷床、温床等）对环境因子的调节和控制能力更强、更全面。温室有许多不同的类型，对环境的调控能力也不同，在植物栽培中有不同的用途。

（一）连栋温室

为了加大温室的规模，适应大面积、甚至工厂化作物生产的需要，将两栋以上的单温室在屋檐处衔接起来，去掉连接处的侧墙，加上檐沟（天沟），就构成了连栋温室。连栋温室又称为连跨温室、连脊温室。

连栋温室保温性好，单位面积的土建造价低，占地面积少，总平面的利用系数高。因此，有利于降低造价、节省能源。由于连栋温室内空间较大，因此环境稳定性较好，也有利于实现温室机械化和自动化作业。

1. 文洛型连栋温室

文洛型连栋温室以经典的三个小尖顶组成一跨的文洛型为温室结构的主体，覆盖材料主要有单层玻璃、双层中空玻璃和PC板。该类型温室外形美观、结构稳定，用钢量小。具有采光面积大、室内光照均匀的特点，抗雪载的能力强。环境调控设施完善、配套设备齐全，环境调控能力强，通风降温效果好，可周年生产。净空较高、栽培管理方便，土地利用率高，便于机械化作业，易于实现自动化控

文洛型连栋温室

制。适用于作物高效栽培、花卉生产、展览温室、生态餐厅等用途。

连栋温室建设规模：其东西方向长度没有限制，单跨长度多为 8 m、9.6 m 或 12 m；南北方向控制在 48 m 以内为宜，开间宽度为 4 m 或 8 m。檐高多在 5 m 以上，通常为 6 m，顶高 6.8 m，整体高度在 7.5 m 左右。

配套设施系统一般包括：外遮阳降温系统、内遮阳降温系统、内保温系统、侧卷膜系统，湿帘一风机强制降温系统、自然通风系统、环流风机，光照系统、强电控制系统和弱电控制系统。

2.连栋拱棚

连栋拱棚以圆拱形连栋温室结构为主体，四周及顶部覆盖单层薄膜或双层充气膜。其特点是结构简单、实用、造价低。内部空间利用率高、能耗低，能简单调节作物种植环境。一般不配套加温设施，寒冷地区只能用于春、秋两季，以瓜果蔬菜、北方果树生产为主。双层充气膜保温性能较强，但透光率较低，不适宜种植对光照要求较高的作物。应用在光热资源较好的地区，可获得较好的生产效果。

连栋拱棚

连栋拱棚建设规模：东西长度没有限制，跨度多为 8 m；南北宽度一般控制在 48 m 以内，开间多为 4 m；檐高 4～6 m。配套设施包括：外遮阳系统、自然通风降温系统、顶卷膜开窗＋侧卷膜开窗、湿帘-风机降温系统、倒挂微喷降温系统、强电控制系统。

(二)单栋温室

一般单栋温室的规模较小，常用于小规模的生产栽培和科学研究。其采光性能较好，便于进行自然通风和人工操作管理；保温性较差，室外气温对室内气温的影响较大，单位建筑面积的土建造价较高。

1.单栋拱棚

单栋拱棚为拱圆顶结构，覆盖单层薄膜。其结构简单、受力合理，用材少、透光率高。它可用来代替温床、冷床，甚至可以代替低温温室。单栋拱棚的光照条件比较好，但散热面大，温度变化剧烈。棚内密封性强、空气湿度较高，晴天中午，温度会很高，需要及时通风降温、降湿。该类型设施可用于光热资源较好地区的作物生产，实现春提前秋延后。

单栋拱棚

其东西长 8 m，南北长 60 m，建筑主体高度 3.5 m。结构形式为轻钢结构，四周及顶部薄膜覆盖。配套设施主要为自然通风系统:顶卷膜开窗+侧卷膜开窗,内部可配套灌溉系统。

2. 日光温室

日光温室是中国特有的温室结构类型,尤其在光照资源较好的北方广泛使用。日光温室一般由南向的采光屋面、北面及东、西侧具有蓄热保温作用的墙体,以及北向的保温屋面等部分构成。可使室内的温度维持在一定的水平,使蔬菜等作物在寒冷的气候下能正常地生长,解决中国北方地区冬季蔬菜以及其他园艺产品的淡季供应。

日光温室

其长度多为 60～80 m,跨度有 8 m、9 m、10 m 和 12 m,脊高 3.5～5.5 m。配套设施包括:电动卷被机、上下卷膜开窗系统、照明设备、环境控制系统和灌溉系统。也可增配外遮阳系统和湿帘风机系统,但会使整体建设成本增加。

其特点是结构简单、造价低廉,同时具有较好的保温性能、高效节能,保证作物越冬生产,提高产量。适用于寒冷地区的冬季不加温越冬种植。

(三)露地栽培设施

1. 遮阳室

遮阳室是针对露地栽培夏季强光、高温的有效解决方案,可通过遮阳网阻隔太阳辐射进入,起到显著地遮阳降温作用。其结构形式即在简单的骨架结构顶部增加一套遮阳系统。

2. 网室

网室结构简单、建设成本低;能防止作物受暴雨、冰雹、大风等极端天气造成的损伤。顶部配遮阳网具有遮阳降温的作用,可解决夏秋高温季节叶菜生产问题、防病虫害,果树防鸟啄。其结构简单、形式多样,可根据项目地实际情况进行定制设计,覆盖材料多为防虫网或遮阳网。

遮阳室

网室

二、育苗设施设备

(一)苗床

1.潮汐式灌溉

潮汐式灌溉是针对盆栽植物的营养液栽培和容器育苗设计的底部给水的灌溉方式。该方式利用落差原理，实现定时给水施肥，特别适合盆栽花卉的营养液栽培和容器育苗。潮汐式灌溉系统主要由潮汐式灌溉栽培床(苗床/地面)、营养液循环系统(含营养液池、循环水泵、管路等)、控制系统、栽培容器四大部分组成。

为了保证良好的灌溉效果，潮汐式灌溉系统对栽培床的工作面要求较为严格，必须保证水能自由地在灌溉区流动，当灌溉完成时必须回到回液系统中。按栽培床形式不同可分为地面潮汐式灌溉和苗床潮汐式灌溉。

地面潮汐式灌溉以地面作为栽培床，其特点是造价低、加温效果好、适于全套机械化作业和大规模生产，但是后期维护困难，施工技术要求较高。而利用苗床作为栽培床的则称为苗床潮汐式灌溉，其特点是以模块化组合形式布置，安装方便、施工过程快，后期维护方便。

潮汐式灌溉节水高效，完全封闭的系统循环，可以达到90%以上的水肥利用率。可提高作物生长速度，缩短育苗期，使叶片接受更多的光照、促进光合作用，从而利用蒸腾拉力从根部吸收水分和营养元素。可提供稳定的根部基质水气含量，避免毛细根因靠近容器边部及底部干旱而死。

潮汐式灌溉苗床

地面潮汐式灌溉

2.物流苗床

温室生产中物流输送量很大，特别是盆栽花卉和育苗穴盘类，常需要根据生产工艺的安排成批地转移。为了提高温室生产中的物流输送效率，降低人力成本，温室内物流设备应运而生。其中，苗床系统的机械化转运就是物流苗床系统，这套系统可以实现生产区域内产品到指定操作位置的移动。物流苗床又可分为手动物流苗床和自动物流苗床。

手动物流苗床适用于盆栽类植物(红掌、迷你玫瑰、蝴蝶兰等)在温室之间、生产车间与种植温室之间的转移，其总体组成可分为纵向模块与横向模块。其中，纵向模块主要是用于苗床的摆放，由立柱、支撑及轨道组成；而横向模块主要用于苗床的移动转运，由滚轮传送轨道、轨道支撑机构、苗床限位机构、气动升降装置、驱动隔膜气缸等组成。

自动物流苗床则是用自动控制代替所有的人工操作，可利用智能操作系统将物流运输、灌溉系统、环境控制系统有机整合，实现全过程自动运行。

物流苗床

(二)催芽室

催芽室属于简易人工气候室的一种，专门为工厂化育苗前期的催芽而开发，用于专业工厂化育苗种子的快速催芽。通过硬件设备与智能控制系统的科学配置，实现对催芽室内环境湿度、温度、光照、气流等环境因素的控制，创造理想催芽条件，实现工厂化批量生产。

催芽室主体结构四周及顶部维护材料一般采用保温隔热材料如聚氨酯夹芯板，外层为不锈钢；地面可采用混凝土地面，地下应有排水设计，地面做排水坡度。

催芽室

催芽室内摆放用于放置穴盘的催芽床车架，为方便转运车架底部为活动脚轮，车架为多层设计，每层的尺寸根据穴盘尺寸定制，层间留有一定的通风距离。催芽室的结构尺寸应与催芽床车架的尺寸配合，在保留行走通道的前提下，保证空间利用的最大化。

不同种子的发芽最佳温度和发芽床湿度不同，因此催芽室内温湿度要求可调。催芽室一般都采用空调系统对室内温度进行控制，其优点是温度调节精准，可实现 16℃以下的低温，室内温度均匀性好，一套机组可以实现夏季降温和冬季加温。湿度控制方面，催芽室采用超声波加湿器，安装方便、加湿速度快、控制精准。

部分种子发芽时需要光照，以打破其种子光休眠状态，此类种子需要催芽室内配备补光设备，控制光照值在 750～1 250 lx 即可。此外，灯具可以作为操作人员进入催芽室后的照明，选择普通节能灯即可。

为了对催芽室内的环境参数进行精确控制，需要安装智能控制系统。由传感器采集催芽室内实时环境参数数据，由系统根据设定值进行反馈控制。

(三)组培室

植物组织培养指从植物体分离出符合需要的组织、器官或细胞，原生质体等，通过无菌操作，在无菌条件下接种在含有各种营养物质及植物激素的培养基上进行培养以获得再生的完整植株或生产具有经济价值的其他产品的技术。

组培占用空间小，不受地区、季节限制，植物生长周期短、繁殖率高，受到生产者的普遍重视。用于植物组织培养的场所，即为组培室。组培室主要由更衣室、准备室、接种室、实验室、培养室等几大功能区域组成。

其中接种室主要用于植物材料的消毒、接种、培养物的转移、试管苗的继代、原生质体的制备以及一切需要进行无菌操作的技术程序，是植物离体培养研究或生产中最关键的一步。

组培室

要求封闭性好，干爽安静、清洁明亮，能较长时间保持无菌；地面、天花板及四壁都要求密闭光滑、易于清洁和消毒；为便于消毒处理，地面及内墙壁都应采用防水和耐腐蚀材料；入口需要安装风淋室，工作人员须经风淋消毒后方可进入。

培养室用于对接种到培养瓶等器皿中的植物离体材料进行控制条件下的培养。要求环境温度、湿度、光照条件可控，并保持相对的无菌环境。内部设备包括培养架、空调系统、光源及控制系统等。

（四）植物工厂

植物工厂建立了一个农作物周年连续生产的闭式系统，利用计算机对植物生长发育的温度、湿度、光照、二氧化碳浓度及营养液等环境条件进行自动控制，使植物生长不受或最低限度地受到自然条件的制约。植物工厂单位面积产量高、蔬菜外观整齐、营养元素均衡。植物工厂最突出的特点是生产不依赖外界环境和土壤肥力、占地面积小，可便利地布置在绝大多数建筑中。相关数据显示，植物工厂内生菜的生长速度显著快于露地栽培，收获期可缩短一半；由于采用营养液立体栽培模式，单位面积植株密度可达露地栽培的 20 倍。

完全人工光控制型植物工厂以不透明隔热建材建造密闭型建筑物，内部系统设备包括：空气温度湿度调节及内循环系统（空调机组）、人工光源、多层式立体栽培床架、适应不同作物的栽培系统、营养液灌溉系统、CO_2施肥系统等。

对植物工厂内的环境控制包括：对气体环境的控制，如温度、湿度、光亮、光周期、风速等；对环境卫生的控制，如空气和水体的灭菌；营养液控制，如营养液浓度、酸碱度、电导度等；以及对光量、营养液供给与 CO_2 施肥的耦合调控。

当然，目前植物工厂的发展还面临着建设、运行成本高，光源、环控能耗大，以及品质控制和效益问题。

植物工厂

三、设施内配套系统

(一)风淋消毒系统

风淋消毒系统一般指设在洁净区与非洁净处之间的风淋室,以防止人携带病菌进入温室区域,造成病害的传播。该设备在科研温室、高效种植温室、组培室、植物工厂等设施中为必备系统。风淋室通常由箱体、风机、过滤器、电器控制部分组成,利用高速吹淋气流将人员及携带物品表面的灰尘带走,并通过内部过滤器过滤,变成清洁空气后形成内部循环。起到除尘净化、隔绝缓冲的作用。

风淋室通常由箱体、风机、过滤器、电器控制部分组成。按箱体材料,可分为不锈钢风淋室、钢板风淋室、壁板风淋室;按结构形式,可分为双侧吹淋、单侧吹淋、L形吹淋等;按用途,可分为人用风淋室及货用风淋室;按控制方式,可分为手动控制吹淋、自动连锁感应吹淋、自动门风淋;按使用人数分类。可分为单、双、三联风淋室,还有一种风淋隧道。在都市农业中使用较多的一般都是不锈钢面板、双侧吹淋,控制方式为自动,但是供使用的人数一般不多。

由于目前风淋室多采用自动连锁感应控制,因此在风淋过程中,前后两门均处于锁定状态,室内人员应停留规定时间,在风淋室停止工作后方可通行,不得强行打开风淋室门。

风淋室外部

风淋室内部

(二)通风降温系统

1. 全开屋面

全开屋面可以实现每个尖顶的两个屋面整体开启,实现顶部开窗通风率接近100%,快速除去温室内的高温高湿气体,达到快速通风换气的效果。同时,没有了玻璃的遮挡,可以给作物提供全部的自然光照,满足作物生长所需的多种光谱需求。在适宜的季节,让植物完全接受自然光的全波辐射,与外界空气直接接触,增强作物品质。

全开式屋面有两种类型,一种是温室屋面在天沟处铰接,采用齿轮齿条驱动系统推动屋面使其从倾斜位置改变到垂直位置;另一种是两个屋面一端在屋脊处铰接,另一端和一侧天沟铰接,屋面可以像手风琴一样折叠,当开启到最大位置时,屋面大约80%的面积变为开敞的通风口。

全开屋面

2. 半封闭温室

半封闭温室是指可以减少自然通风的温室，主要利用温室能源系统进行室内气候环境调节。与传统温室相比，半封闭温室可以更精确地控制温度、湿度和 CO_2 浓度，可以同时实现冬季加温和夏季降温。

半封闭温室能源系统包括地下水源（热水井和冷水井，配对使用）、地下水换热系统（高效板式换热器）、热泵机组、末端系统（温室内通风管道和空气处理机组 ATU）和蓄能系统（储热罐和储冷罐，配对使用）。通过采用“冬灌夏用”和“夏灌冬用”配对使用的长季节地下含水层储能技术，缓冲罐短期储能技术，并利用地源热泵将低品位能源提升为高品位能源加以利用，从而大大减少了化石能源的使用和温室气体的排放，改善了温室内的环境。

半封闭温室

半封闭温室的主要技术特点如下：

(1)温室内部保持20 Pa左右的正压，由于温室内压力高于温室外，有利于阻挡外部病虫害进入温室；

(2)采用栽培槽下通风管道送风，实现温室内部环境条件的高均匀性，解决了湿帘风机负压降温系统在温室内形成的温度梯度问题，打破开间方向长度限制；

(3)常规文洛型温度的自然通风率要求在20%～30%才能实现降温效果，而半封闭温室的自然通风率在10%左右即可满足要求，从而减少屋面开窗系统；

(4)温室内环境相对封闭，提高了CO_2和热能的利用率，新能源系统的使用更加提高了温室的节能环保性。

(三)清洗维护系统

1.屋面清洗设备

连栋温室作为采光建筑，主要靠收集太阳辐射来保证室内的光照、温度、湿度以满足作物光合作用的需求。因此，更佳的透光性是温室设计建造者不断追求的目标。温室透光性受覆盖材料自身透光率和温室骨架阴影率的影响，且随不同季节太阳辐射角不同而随时变化。此外，屋面积尘也是影响温室采光性的重要因素，特别是在我国北方地区。屋面积尘可使透光率降低20%～30%，使温室内光照度明显下降，影响植物光合作用，从而降低产量。对于大规模高效栽培项目来说，屋面积尘导致的温室透光性下降带来的减产是不容忽视的。而人工清洗不但费时费力、清洁效果不理想，对清洁人员来说更是高危作业。因此具备一定规模的连栋温室和连栋拱棚可以配备屋面清洗设备，定期对屋面积尘进行清洗，保持较高的温室透光性。

荷兰设施农业发达，温室使用者对温室透光性的关注度较高，市场化的屋面清洗设备也较为成熟。其全自动或半自动的屋面清洗机，利用行走在天沟里的行走装置带着覆盖屋面的辊状毛刷、天沟与屋面玻璃连接处的盘刷和用于清洗天沟的天沟刷对温室屋面进行全面清洗。该类型的屋面清洗机工作效率高、清洁效果明显。

塑料连栋拱棚也有相应的清洗设备，天沟行走装置带左右两排悬架，悬架下是适应拱形屋面的毛刷机构，行走时一边喷水，一边由旋转的毛刷对屋面清洗。一次行程可清洗左右两边的半个屋面。

屋面清洗设备——玻璃温室

屋面清洗设备——连栋拱棚

2. 室内清洗拉秧设备

设施栽培作物产量高、拉秧后秸秆量较大，为了快速完成温室内的废弃秸秆清理工作，可以使用相应的清扫设备，如集秧设备和真空扫叶车。

人工落秧后，可由集秧设备将落在地上的秸秆用绳子捆在一起后卷成一团堆在轨道端部，便于清运车装载运出温室。

真空扫叶车可以在采摘车轨道上运行，用于清扫行间地面残叶、残枝，工作效率比人工清扫高 2～3 倍。吸入口两侧配套侧刷，可将轨道下方的残叶扫至轨道中部，便于吸入残叶收集箱。

拉秧机

真空扫叶车

(四)温室补光技术

光是作物生长发育重要的环境因子，对植物的形态建成、生理代谢、光周期反应、生长发育及果实品质有广泛的调节作用。在温室设施内的光照度不仅与地理纬度、季节和天气状况因素有关，还与温室结构、管理措施及材料的透光性能等密切相关。在冬季、早春季节和阴雨、雾霾天气，温室内弱光造成的光合作用减弱和物质合成障碍，最终影响作物的产量和品质。

使用补光技术可使茄果类作物成熟期提前 7～10 d，产量增加 20%～30%。补光对育苗有特殊的效果，可使幼苗根系发达，茎秆粗实，叶片肥厚，植株健壮。对花卉而言，不同花卉对光照强度、时长甚至特定的波长范围都有不同的要求，如长日照花卉要求日照长度在 14～16 h 才能开花。因此设施种植必须考虑作物对光照的需求情况，进行科学补光。

在温室生产中普遍应用的人工补光光源根据其使用及性能，大致可分为三类：普通光源、新型光源、LED 光源。普通光源中最经常使用的有白炽灯和荧光灯。新型光源有钠灯、镝灯、氙灯和氦灯等。其中，高压钠灯和日色镝灯是发光效率和有效光合成效较高的光源，在温室人工补光中应用较多。LED 光源是近年来发展起来的新型节能光源。与白炽灯、荧光灯和高压钠灯等人工光源相比，LED 具有显著优点，如节能性、光谱可调性、良好的点光源性、冷光性以及良好的防潮性等，都使其作为农业用灯而被看好。LED 灯具可以对植物近距离照射和对空间的不同位置进行不同波长的逐点照射，进而实现使用耗能较少的光源达到优于传统灯具及照射方式的补光效果。这样不仅可以实现对密集种植作物的低矮位置和对分层种植作物的按需补光，还可以实现对同一种作物的不同部位的不同种类光的补光。

高压钠灯

高压钠灯与 LED 组合

在实际应用中，为获得更好的补光效果，常将不同的光源综合配置在同一温室内，如采用荧光灯与白炽灯的综合配置，因荧光灯的光谱成分中无红外线，而当光照中的红外线不足时，会引起植物徒长，采用综合配置即可避免这种现象的发生。

第二节　农业栽培系统配套设备

一、植保系统

（一）植保车

植保车是一种植保施药车辆，主要用于农药的喷施、地面、屋面清洗等。其特点是，高压雾化效果好，喷洒面积大，喷洒均匀，操作简便。适于在生产型连栋温室、景观温室等处使用。

植保车

（二）硫黄熏蒸器

硫黄熏蒸器可以将硫黄和其他抗菌杀虫剂快速蒸发到周围环境中，其药剂成分扩散快、渗透力强、分布均匀，可防治各种真菌性病害及虫害，对白粉病、黑斑病、灰霉病、霜霉病等真菌性病害有特效。

硫黄熏蒸器

（三）臭氧病虫害防治设备

臭氧化空气杀灭温室病原微生物防治温室气传病害的能力来自臭氧化空气分解出的原子氧的强氧化作用。通过对空气进行高压放电而使空气臭氧化，产生一定量的臭氧和氮氧化物，并均匀扩散到温室内。利用臭氧的强氧化性杀灭温室内的病原微生物，预防气传病害效率大于70%。氮氧化物可作为氮肥的一种存在形式，促进作物生长。

适用于温室栽培的蔬菜、花卉、果树等作物，主要解决冬季温室生产中诸如灰霉病、霜霉病等气传病害以及疫病、蔓枯病等部分土传病害的防治问题。

实践表明，利用温室植物病害臭氧防治器产生的低质量分数的臭氧，可以防治温室黄瓜、青椒、茄子等果菜类作物的所有气传病害和大部分土传病害。低质量分数的臭氧能有效预防黄瓜霜霉病、白粉病、炭疽病、蔓枯病、花叶病毒的大面积发生，对茄子、菜豆灰霉病也有预防作用，且平均综合防效达到78%以上。

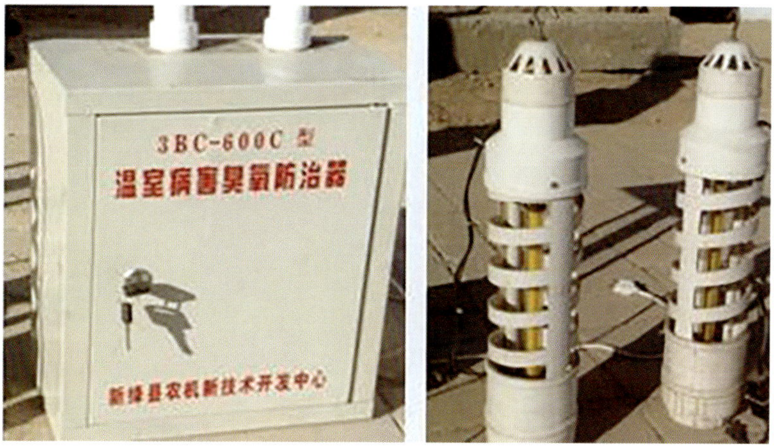

温室病害抽样防治器

（四）臭氧消毒机

臭氧消毒的原理是当臭氧浓度超过一定阈值后，可瞬间完成土壤杀菌作用。臭氧灭菌为溶菌级方法，杀菌彻底，无残留，杀菌广谱，可杀灭细菌繁殖体和芽孢、病毒、真菌等，并可破坏肉毒杆菌毒素。另外，O_3对霉菌也有极强的杀灭作用。O_3由于稳定性差，很快会自行分解为氧气或单个氧原子，而单个氧原子能自行结合成氧分子，不存在任何有毒残留物，所以，O_3是一种无污染的消毒剂。O_3为气体，能迅速弥漫到整个灭菌空间，灭菌无死角。而传统的灭菌消毒方法，无论是紫外线，还是化学熏蒸法，都有不彻底、有死角、工作量大、有残留污染或有异味等缺点，并有可能损害人体健康。

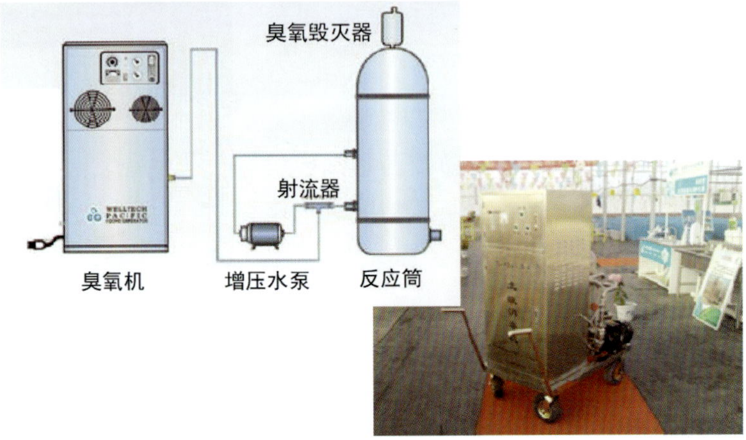

臭氧消毒机

（五）营养液增氧消毒系统

微纳米气泡快速发生装置以旋回切割的方式产生直径 30～50 μm 气泡，结合微纳米气泡臭氧发生装置可以实现营养液的增氧消毒目的。微纳米气泡具有气泡比表面积大、上升速度慢、自身增压、表面带电等特点，微纳米气泡发生装置便于和现有设备结合不同种类气液间可自由组合。臭氧就有强氧化性，可以杀灭多种致病菌，达到营养液消毒目的。

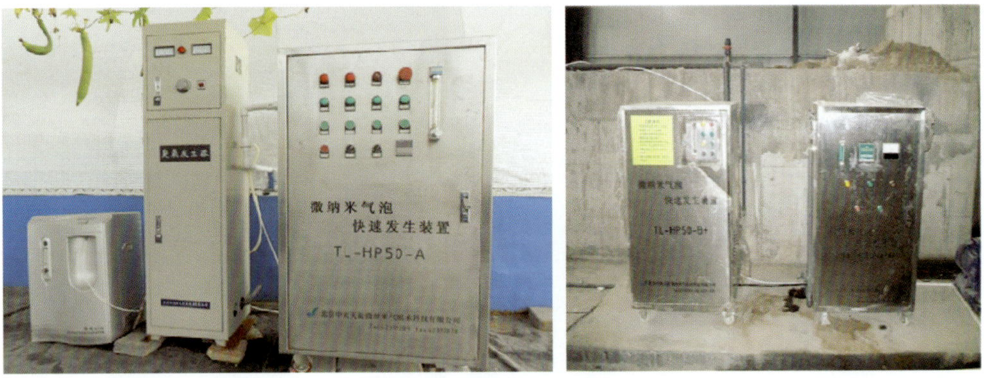

营养液增氧消毒装置

（六）电动喷雾车

是专门进行病虫害防治、卫生消毒防疫、降尘抑尘的中性精密设备，可实现自动调节喷雾角度、喷射射程远近、雾滴直径大小、风量大小、药液配比等功能，具有靶标物命中率高、节水节药等特点。喷雾水平射程大于等于 30 m，喷雾垂直射程大于等于 25 m，水平转角 0～180°，俯仰角 0～90°，喷雾量 8 L/min，药箱容量 300 L。

电动喷雾车(1)

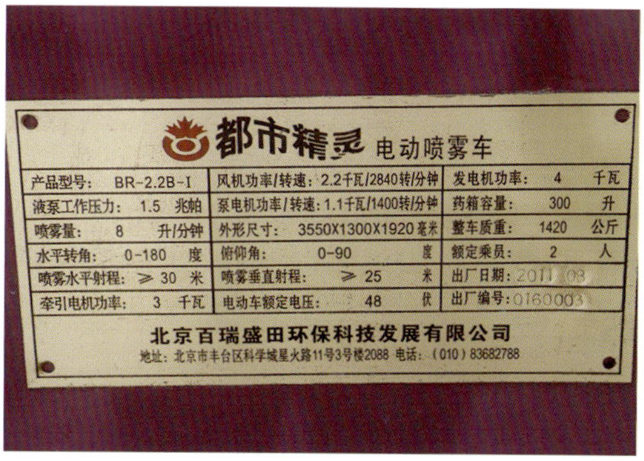

电动喷雾车(2)

二、环控系统

(一)室外气象站

室外气象站是一种小型气象观测装置,包括风速测量装置、风向测量装置、温度测量装置、光照测量装置和降水量测量装置。应用于都市农业可以和环境控制系统连接使用,经过信号转换处理,与环控系统电脑连接不仅可以实时记录数,还可以根据测量数据随时控制室开窗、遮阳等设施,更好地控制温室内环境。

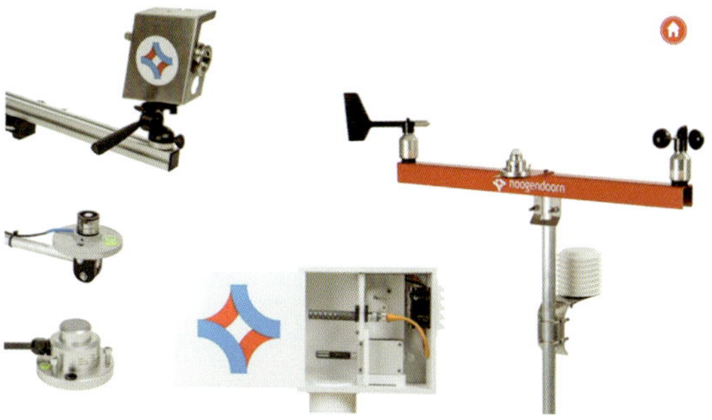

气象观测装置

室外气象站环控系统电脑连接

(二)中央控制系统

该部分包括环境监测(园艺补充)、视频监控和中控室,环境监测采用国外先进的环境信息采集设备,可以实时准确地采集环境数据,采集的参数类型包括:空气温度、空气湿度、光照强度,设备对工作环境要求低、测量范围广、通信距离长,性价比高。采集到的数据可以本地或远程通过电脑、手机、pad 等设备进行查看。

视频监控采用国内先进的海康威视网络球机,可 360°旋转,监控范围广,视频清晰,设备耐用,可通过电脑和移动设备实时远程监测温室内的植物状况,防止病虫害的发生。

中控室建设在管理区内,面积大概为 150 m^2,为高效栽培区域内的数据存储和处理中心,内部放置液晶拼接屏、硬盘录像机、矩阵、操作台、电脑、机柜、数据服务器、空调等设备,质量稳定、性价比高,用来控制和显示视频信息,存储和处理环境数据,指导区域农事操作,实现农业生产的智能化和高效化。

（三）农业物联网系统

农业物联网是将大量的传感器节点构成监控网络，如温度传感器、湿度传感器、pH 传感器、光照度传感器、CO_2传感器等设备，检测环境中的温度、相对湿度、pH 值、光照强度、土壤养分、CO_2浓度等物理量参数，保证农作物有一个良好的、适宜的生长环境。远程控制的实现使技术人员在办公室就能对多个大棚的环境进行监测控制。采用无线网络来测量获得作物生长的最佳条件。

（四）手机 APP 系统

最近几年，随着 3G 网络的发展和手机终端的普及，移动视频监控不仅具有监控功能，还具有移动性和实时性，使得用户可以通过移动终端随时实地监控，同时可以为用户提供智能处理结果，减少甚至取代人工操作。手机 APP 系统，通过手机下载 APP 软件，设定用户使用权限，保证系统安全，依托温室传感器、控制系统等，实现手机远程温室环境控制。

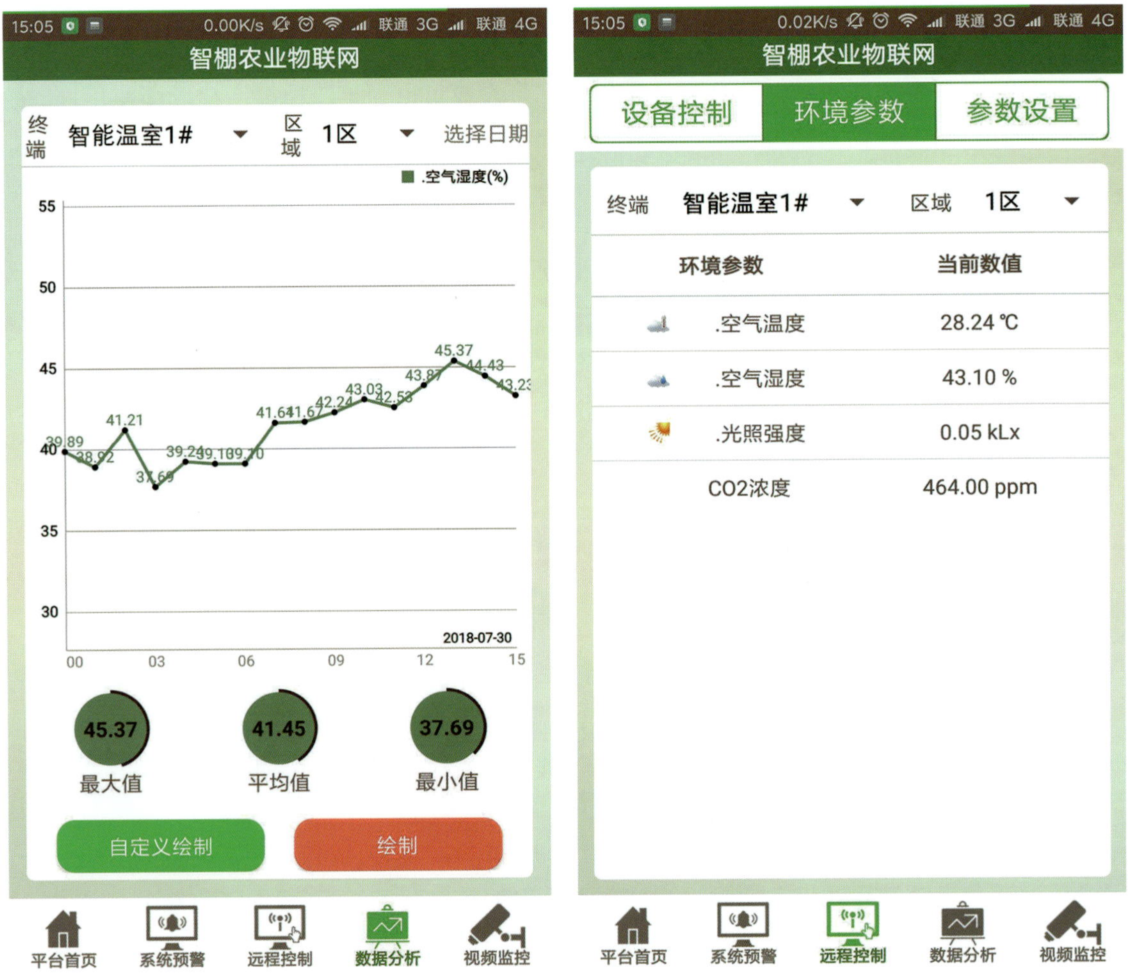

手机 APP 系统远程控制温室

（五）数字式传感器

传感器属于温室控制的关键环节，该部分多采用先进的电子技术，传感器内输入电源、感应探头、信号输出三部分；内部含智能微处理器，反应灵敏、测量精度高；一般温室内配备温度、光度、CO_2 浓度、基质温度、基质湿度，室外气象站配备室外温度、室外湿度、室外光照、风速、风向等传感器。

六合一传感器

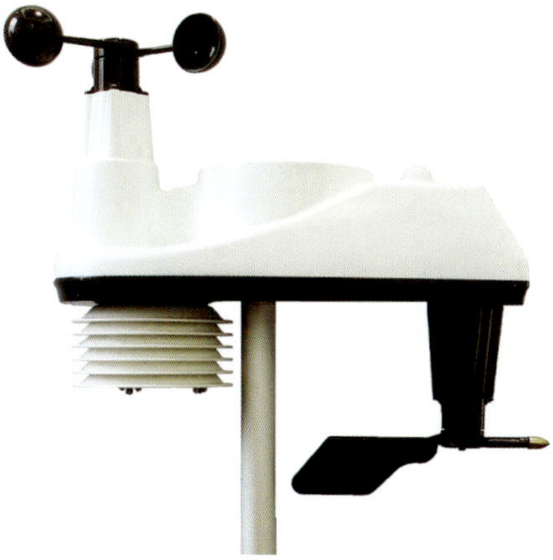

超级十合一气象站

（六）温室娃娃

温室娃娃能够实时监测设施农业生产中空气温度、湿度、露点温度、光照强度、土壤温度、光照强度等环境参数，测量信息在显示屏上直观地显示，同时根据用户设置的适宜条件判断当前环境因素是否符合种植作物的当前生长阶段，通过语音方式把所测环境参数值、管理作物方法及仪器本身的工作情况等信息通知用户。仪器可随时将所测量值存入存储器中，同时通过通信接口把数据发送给计算机。仪器配有上位机软件，可以对设备进行参数设置；历史数据分析；实时数据列表和曲线显示等操作。

温室娃娃检测环境参数

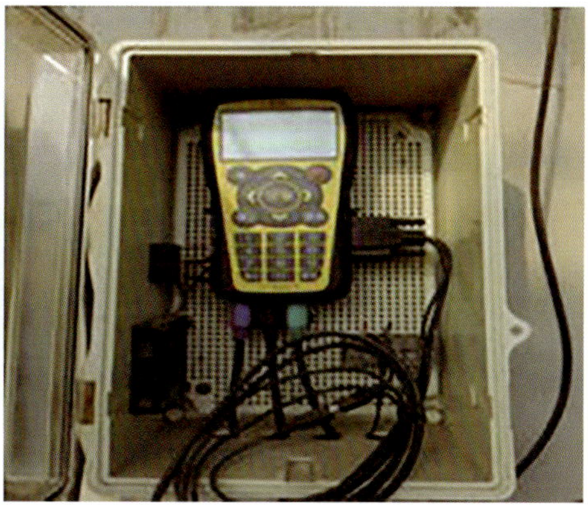

温室娃娃

三、灌溉系统

(一)电生功能水

电生功能水又称电解水或离子水，是将水置于一种特殊装置中，添加少量电解质，经电场处理，使水的 pH、氧化还原电位(ORP)等指标发生改变而产生的具有特殊功能的酸性电解水(又称氧化水)和碱性电解水(又称还原水)的总称。电功能水是物理农业领域的高新技术，它利用水电解后形成的高氧化酸水与强还原性碱水所具有的特殊功能，进行农业病虫害防治与促进植物生长发育，标志着病虫害的防治将从化学防治中逐渐解放出来。运用它，可以实现无污染无残留的免农药栽培，特别是在设施园艺栽培下，极易实现园艺植物整个栽培过程的免农药喷施，真正实现植物栽培的无公害。

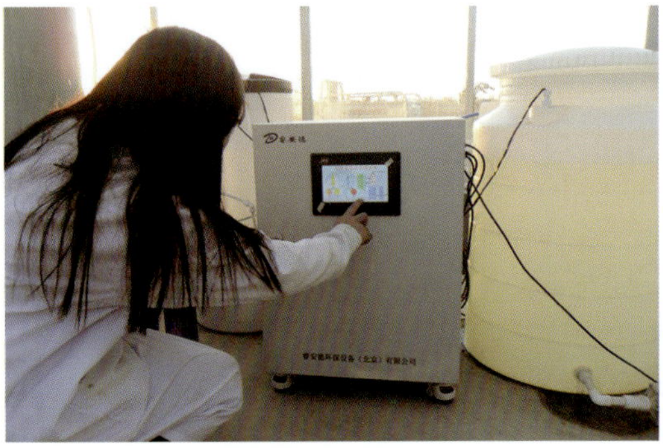

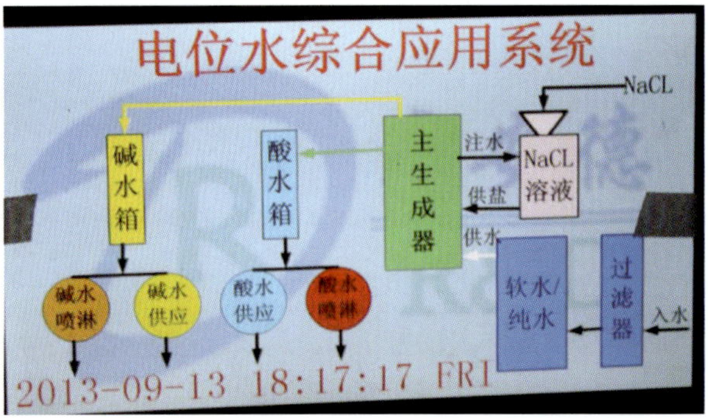

电生功能水

(二)水处理

该系统主要利用反渗透膜特性除去水中绝大部分可溶性盐、胶体、有机物及微生物从而获得符合指标的生产用水装置。可分为手动开启和自动开启模式，自动模式下通过液位器控制机器的开关。使用过程中前端的石英砂过滤和活性炭过滤每隔一段时间(时间可自主

水处理装置

设定)就会自动反清洗。使用过程中需要添加阻垢剂,精密过滤器内的滤芯需要定期进行更换。水处理的膜组件要定期清洗(先酸洗后碱洗,也可购买专业的清洗剂)。

(三)施肥机

该机器可以实现水肥一体化供给,通过自动控制系统调节营养液的EC、PH,设定灌溉时间、频率。同时可根据实际需要,设计多个通道,灌溉不同作物,结合残液回收系统和过滤消毒系统可以实现营养液的循环利用,达到节水、节肥、省时省工等目的。

施肥机

(四)消毒机

该系统主要利用特殊设计的高效率、高强度和长寿命的UVC波段紫外光照射流水,将水中细菌、病毒、寄生虫及其他病原体直接杀死。在实际生产中可以在营养液回收利用过程中使用,杀灭回液中的各种病原菌,防止根系病害的发生。

消毒机

(五)灌溉末端

1.滴灌带(管)

滴灌是一种精量节水灌溉方式,滴灌带(管)是常用的一种灌溉管路,将水直接引入田间,由于滴灌管的制作成本、运输成本均高于滴灌带,所以近几年逐渐被滴灌带取代。由于其成本低,需要水压小,铺设简便,同时可以有效地节省灌溉用水量,提高水资源利用率,是目前缺水地区最主要的农业灌溉模式。

2.滴箭

利用滴箭可以实现局部渗入性灌溉，灌溉位点更集中于植株根部，避免了使用滴灌带时产生的空位灌溉。配合稳流器、分流器可以实现恒流式灌溉。特别适合植物或者花卉基质袋、栽培槽等，位置、间距经常变动调整或间距不均匀的情况下使用。

滴灌装置

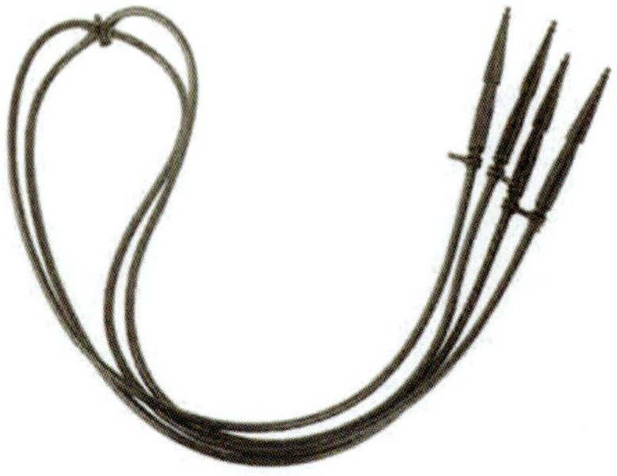

滴箭

四、生产系统

(一)嫁接机器人

嫁接机器人，是近年在国际上出现的一种集机械、自动控制与园艺技术于一体的高新技术，它可在极短的时间内，把蔬菜苗茎秆直径为几毫米的砧木、接穗的切口嫁接为一体，使嫁接速度大幅度提高；同时由于砧、接穗接合迅速，避免了切口长时间氧化和苗内液体的流失，从而又可大大提高嫁接成活率。嫁接机器人被称为嫁接育苗的一场革命。

嫁接机器人能完成砧木、接穗的取苗、切苗、接合、固定、排苗等嫁接过程的自动化作业。操作者只需把砧木和接穗放到相应的供苗台上，其余嫁接作业均由机器自动完成，从而大大提高了作业效率和质量，减轻了劳动强度。嫁接机器人可以进行黄瓜、西瓜、甜瓜苗的自动嫁接，为蔬菜、瓜果自动嫁接技术的产业化提供了可靠条件。

嫁接机器人

(二)采摘机器人

果蔬采摘机器人是利用多传感器融合技术，对采摘对象进行信息获取、成熟度判别、并确定收获目标的三维空间信息及视觉标定，引导机械手与末端执行器完成抓取、切割、回收任务的高度协同自动化系统。从而可以实现无人值守情况下，自动导航、自动识别、自动完成机械臂运动及机械手采摘。

该采摘机器人是我国自主研制第一台采摘机器人，具有自动导航、自动采摘等自主功能，可用于现代农场果蔬的采摘。

采摘机器人

声波助长仪

(三)声波助长仪

植物声频助长技术是根据植物的声学特性，利用音箱发声对植物施加特定频率的声波，当声波的频率与植物本身固有的生理系统波频相一致时，产生共振，从而提高植物活细胞内电子流的运动速度，促进各种营养元素的吸收、传输和转化；还可以增强植物的光合作用，促进蛋白质、糖等有机物质的合成，使植物生长旺盛，达到增产、优质和早熟的效果。

(四)采摘车

电动轨道运行车 BRW 是针对工厂化温室生产而产生的一个标准化产品。自从轨道车被引入温室开始，它所发挥的巨大作用使其已然成为现代园艺产业不可或缺的标准系统之一。轨道系统代表了 20 世纪园艺产业的巨大进步，通过采用轨道方式，与滑动其上的运行车结合，工作负荷大大得到降低，操作者也获得更轻松愉快的体验。

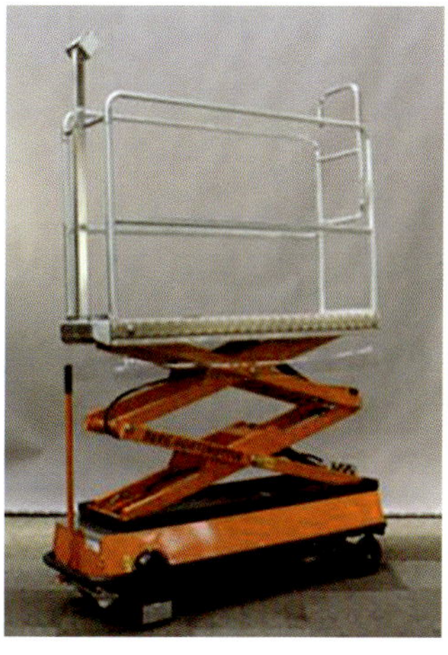

采摘车

标准轨道车装备了最先进的电子牵引控制，速度范围 0～40 m/min，脚踏操作开关滑板可以作为驱动或刹车用。整车设计理念为提供给操作者一个轨道系统配用的稳定安全工作平台，包括安全防护栏。操作面板装配有一个智能电池水平测报计，当电池电力不足时自动发出警报显示信号。驱动电机和液压泵采用了自动保险装置。机器整体外壳采用环保型粉末涂装工艺，符合 CE 认证，车的使用寿命可达 20 年以上。优点是登高作业容易，工作速度提高，机器结实耐用。

(五)其他生产型物资及仪器

1.临时加热风机

风机上使用免润滑轴承、全封闭电机，极大地提高了风机的工作效率、保证了运行的安全与稳定性。属于效能较高的热能产生机，故此广泛应用于园艺场、花卉卖场、农场、畜牧养殖场、工厂等地取暖加温。

临时加热风机

2.农残快速检测仪

采用酶抑制原理和光电比色法原理研制而成。在一定条件下，有机磷和氨基甲酸类农药对胆碱酯酶正常功能有抑制作用，其抑制率与农药的浓度呈正相关。正常情况下，酶催化神经传导代谢产物(乙酰胆碱)水解，其水解产物与显色剂反应，产生黄色物质，用分光光度计测定412 nm下吸光度随时间的变化值，计算出抑制率，通过抑制率可以判断出样品中是否含有有机磷或氨基甲酸酯类农药的残留。可以实现有机磷及氨基甲酸酯类农药残留量的现场快速检测。它可以广泛应用于产品质量监督检验、卫生防疫、环境保护、工商管理、蔬菜批发市场、蔬菜生产基地、超市、商场、农药残留监测系统等部门的蔬菜和水果中的农药残毒检测。

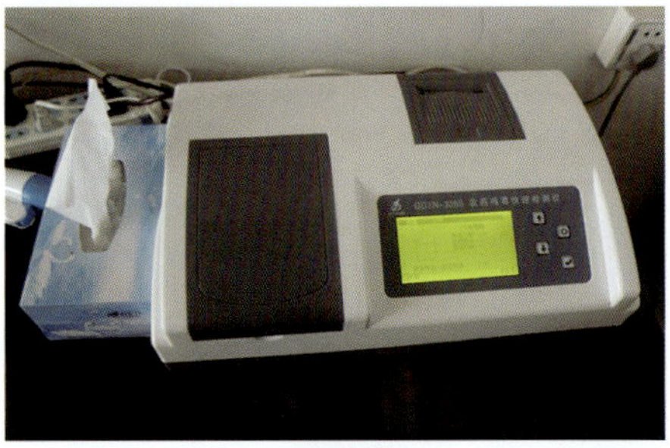

农残快速检测仪

3.营养元素离子测定仪器

主要用于测量培养液、土壤、温室无土基质、水样及组织液等相应离子含量，含数字校准功能，是一款专业等级的测定计。体型较小，操作简便，可随时随地进行测量，能达到实验室分析精度；具有自动温度补偿及自动关闭电源等功能。

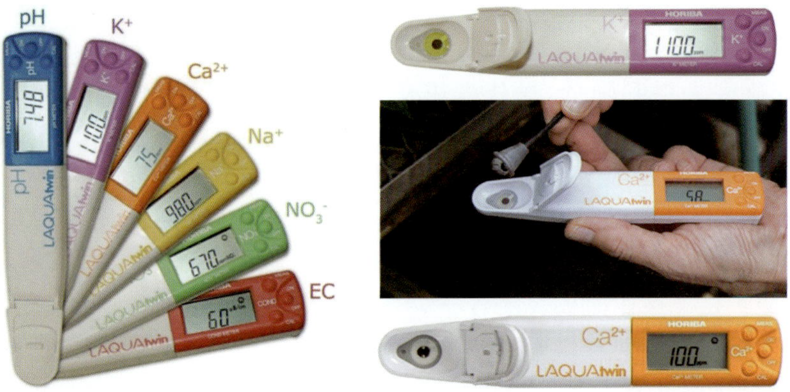

营养元素离子测定仪

4. 黄色粘虫带

根据害虫的趋黄色性原理，将捕虫带上涂上环保专用胶，当害虫撞击捕虫带时捕虫带上的胶即将其粘住，不久害虫便会死亡从而达到除虫的目的。本产品对诱捕蚜虫、螨类、斑潜蝇、蓟马类的成虫有特效，广泛应用于绿色蔬菜生产、花卉种植等。

黄色粘虫带

第六章　家庭阳台园艺的规划设计与管理

第一节　家庭阳台园艺的现状与发展趋势

随着现代人居住环境的不断变化，人们的生活水平不断提高，“回归自然，绿色生活”的理念为更多的人接受，居住观念也从“居者有其屋”到“居者优其屋”。作为城市家庭里不可缺少的部分，阳台、窗台和露台不再是被忽略的“遗忘”之地，逐渐成为家庭生活的点睛之处，是上班族实现田园梦想、做“都市农夫”的最佳去处。目前，家庭阳台园艺已经成为一种世界范围的流行，在有机农业非常发达的中国台湾、中国香港、新加坡、日本、韩国、英国、美国、荷兰等地区和国家非常普遍，已经成为都市农业的重要组成部分。

一、国内外家庭阳台园艺的发展现状

(一)国外阳台园艺

时尚的法国人将在自家 6 m^2 的阳台甚至窗户的栏杆上种植草莓、西红柿、豌豆、萝卜、卷心菜、黄瓜、香葱等蔬菜以飨口福。亲手侍弄植物可以让他们想起了孩童时代在乡间祖父母家度过的那些令人陶醉的美妙时光。

在美国政府、健康团体和大众媒体的引导下，许多人开始在自家阳台、楼顶开辟菜园。在得克萨斯州的农场长大的美国女孩儿 Britta Riley 和他的同事充分利用房间窗户的阳光，通过改装废旧塑料瓶子而将阳光、旧物、园艺观赏和蔬菜的自给自足实现了完美的结合，在房间的玻璃窗附近创建了称之为 R&D-I-Y(research and develop it yourself)的“屋内菜园”(“window farm”)。

家庭自制立式栽培设施

加拿大居民在自家阳台、楼顶、庭院种植的各种蔬菜不但

满足了家人休闲的需要还可供自己食用。在以严谨而著称的德国，对阳台蔬菜的播种、施肥时间、病虫害防治的农药种类及浓度，蔬菜采收的时间及标准等都有一套既定标准。

在国土面积狭小的日本，以阳台为主的“家庭菜园”面积一般在 10～50 m^2。种植的品种包括生菜、茄子、西红柿、黄瓜、葡萄等，只要能种的东西，“家庭菜园”里基本都能看到。由于商家的努力，在家庭阳台上种菜，有严格配套的种植标准和精准的种植技术，只要家里有较大的阳台(或室内空间)，试种蔬菜已经变成很简单的事。在很多超市里都摆放着家庭菜园专用的各种各样不同的包装土壤、肥料、器皿。针对天气原因造成的蔬菜水果大量减产的情况，韩国人开始自己买在家里种植有机蔬菜，自给自足。越来越多的韩国人充当“都市农夫”，其催生出的“阳台经济”也让许多超市受益。近年来，韩国朴熙兰以阳台种菜为主的《我的幸福农场》一书，影响了一大批韩国人，通过博客和书籍打造出了新时代的幸福阳台农场概念。

在印度的孟买，阿德里安娜是最先在自己家的露台上种植了蔬菜和草药，并且开办了很受欢迎的关于怎样成为都市园艺家的讲习班和研讨会。阿德里安娜说：“对于大多数人来说，很难想象在阳台种植蔬菜瓜果。当他们看到我的阳台的时候，才意识到一切都是可能的，所以自己也跃跃欲试。”

“家庭阳台”已经不仅仅限于家庭住所的阳台，其范围扩展到一切可利用的“零散”空间和土地。

楼顶马铃薯

在日本，针对夏季高层建筑易吸收热量而不易发散和过度使用空调使城市出现明显的“热岛效应”的情况，通信巨头日本电信电话公司(NTT)推出了在公司总部大楼楼顶引种植的“绿色马铃薯”项目。由红薯的大叶子产生的较好的遮阴效果，及其强大的蒸腾作用，充当了“天然空调”，极大程度降低了“热岛效应”造成的危害。同时，高楼顶层充足的光照与通畅的环境条件为红薯的长势良好提供了充足的条件。

从 2009 年 3 月开始，美国前总统奥巴马的夫人米歇尔就将美国白宫(著名的遗迹“衰败的花园”)的南草坪开辟为菜园，并在全国范围内引发了关于健康与幸福的大讨论。每年春天她都邀请来自全国各地的小学生志愿者和白宫工作人员种下几十种蔬菜，曾为总统奥巴马一家、白宫宴会活动甚至华盛顿一个食物救济站提供了许多新鲜水果和蔬菜。

根据美国《有机园艺》报道，在美国有 7 800 万人热衷于从事园艺活动，占美国成年人口 40%之多。目前美国 84%的家庭至少从事一种园艺活动，其中趣味栽培花草和蔬菜是最受欢迎的休闲活动之一。在种植的季节里，人们每周要用 3～4 h 在自己家里进行种植、修剪等园艺活动，每年在园艺方面，要投入 250 亿美元来购买种子、肥料、工具和在院子里劳作时的工作服。2009年美国园艺户外用品市场占到了全球市场总额的40%，位居第一。国外不仅有家庭园艺、社区园艺、办公室园艺等形式，在很多国家的中、小学校把蔬菜、果树等加入教学课程当中。在园艺资材的销售方面，近年来欧洲的园艺中心已经发展至全国连锁；美国则在国内形成了几百个独立运营的地方多功能园艺中心。这些园艺中心也提供包括手，工具，灌溉，园艺资材，花园家具等在内的各种园艺用品，并提供简单的餐饮。从种子、种苗、盆花、树木、土壤、肥料到花园家具、雕塑，甚至小温室都可以买到。

（二）国内阳台园艺现状

立式栽培

1.政策倡导支持

随着时代进步以及生活水平的不断提高，阳台园艺走入千家万户，特别是我国局部地区“雾霾”天气导致的环境问题，以及不断出现的蔬菜质量安全危机，导致国内以阳台农业，阳台菜园为主的家庭阳台园艺呈现“井喷式”发展，成为城市中崇尚自然人群的新宠，成为崭新的家庭消费时尚。同时，随着国内退休人群数量的增加，赋闲在家的他们开始寻找多样化的娱乐及休闲生活，家庭阳台菜园在这样的大环境下营运而生，也成为新时代背景下先进科技产业的主要展示区域。

在北京、上海、南京、广州等“寸土寸金”的城市，居家环境绿化及营造美丽花园城市也是政府的工作重点之一。为此，政府相继出台了一系列文件。2011年北京市政府颁布了《北京市人民政府关于推进城市空间立体绿化建设工作的意见（京政发[2011]29号）》，明确提出城市空间立体绿化作为城市绿化的重要形式，在拓展城市绿色空间、美化生态景观、改善气候环境和生态服务功能等方面具有重要作用，使城市空间立体绿化成为首都绿化美化的常态工作，形成全社会共同参与的新格局。正在编制中的《上海市立体绿化专项规划》，今后建筑或将在设计阶段就把立体绿化纳入规划。同年，重新修订的《南宁市城市绿化条例》中将“屋顶绿化”作为独立的条例单独列出来，“鼓励大型公共建筑、国家机关和事业单位办公楼、居民住宅楼等建筑在符合建筑规范和安全要求的前提下进行屋顶绿化等立体绿化”，而在技术、政策方面，上海市相继推出台的《上海市建筑节能项目专项扶持办法》《本市新建屋顶绿化折算抵算配套绿地实施意见（试行）》及2015年7月新修订的《上海市绿化条例》等文件为家庭阳台的长足发展奠定了坚实的基础。南京市园林局和市财政局2014年7月联合下发了《南京市立体绿化扶持资金使用管理办法（试行）》。此外，各地的行业协会也不断举行一系列家庭绿化设计竞赛、美家园艺大赛、家庭园艺节等活动，极大地促进了市民从事家庭园艺的热情。

截至2012年，北京市屋顶绿化达到160万 m^2，而全市屋顶总面积大约2亿 m^2，不足1%，可谓“星星之火”。但就是这“星星之火”，在这城市荒漠楼林中的点点绿洲，它的生态、景观和社会效益，已引起渴望绿色的人们广泛关注，让人们看到了城市生态改善的新曙光。调查表明，目前北京住房总建筑面积约为4.2亿 m^2，按阳台面积占建筑面积的5%左右计算，北京市共有阳台面积2 000万 m^2。这些资源为阳台农业的发展提供了充足的空间。早在2012年10月，上海市妇联就发起了有500户家庭参与的“美好家园·绿色家庭”阳台菜园项目，徐汇、黄浦、宝山3个区试点，参加项目培训的市民不仅可以接受种植技术培训，也可以挑选蔬菜带回家，有问题可打电话听取专家指导。

2.技术日新月异

在政府、科研机构及公司的共同努力之下，对家庭阳台园艺栽培管理技术的研究取得了极大进展。概括来讲，泥炭、草炭、椰糠等新型基质、营养液取代了传统的土壤；传统的盆、罐、槽栽培容器中增加了管道、栽培袋、栽培槽、栽培架等新成员，从平面栽培模式发展成了立柱式、梯架式、壁挂式等多种形式，在充分利用阳台有限空间基础上，不但增加了阳台的色彩，而且增加了产出量。同时，针对不同品种的栽培技术进行了深入探讨，使人们不出家门就能吃上自种的新鲜蔬菜，并且生产出的蔬菜产品安全和卫生指标都达到国家规定的绿色食品要求。随着新技术的不断涌现，一些水培蔬菜架、蔬菜台灯等产品更注重设计的时尚感和使用的方便性；如用太阳光转换成LED灯能量的植物灯蔬菜栽植架；用电脑系统控制蔬菜的供水、施肥的智能蔬菜种植机；利用金属卤化物灯来栽培香草和蔬菜，用水耕、荧光灯及特殊的反光材料来栽培西红柿，还有自动控制光和温度使幼苗不受外在环境影响的育苗室等新技术也层出不穷。

针对种子发芽困难及不易养护的问题，园艺公司可以提供幼苗，方便居民栽培；使用无公害土壤或复配好的有机基质，则可以减少土壤中有害微生物对植物生长的影响，同时避免植物生长过程中的养分不均衡和营养不良的问题；此外，基质较疏松，具有较好保水性和透气透水性，还能够大大减轻阳台的荷载。有“懒人花盆”的帮助，让植物一个月只浇一次水成为可能，也因此免去了都市人快节奏的生活而无法常常照顾植物的担忧。

经过专业人员的不懈努力，筛选出来适宜在阳台环境条件下进行培植的蔬菜种类逐渐增多。目前主要包括各种颜色的叶菜类、瓜果类、茄果类等，还包括紫背天葵、养心菜等具有养生功能的植物。例如，由于黄瓜的生长时间很短，最早的品种大概70 d左右即可采收，因此是阳台培植果菜的首选。在基质栽培条件下，阳台上最适宜栽培矮生樱桃西红柿，花开的时候可观赏，结果的时候又可摘；芹菜与韭菜也是最适宜在阳台上培植的叶菜类蔬菜之一。此外，还包括近来越来越受到关注芳香类植物罗勒、薄荷、八里香、色拉地榆等诸多种类及拇指西瓜、火星果、迷你甜瓜等。

3.任重道远

作为一种新型的发展行业，阳台园艺是一项复杂的工程，包含园林景观设计、栽培技术、植物保护等多种环节，科技成果在转化过程中涉及果蔬品种、基质、营养液、栽培装置、灌溉技术、信息技术，以及阳台小气候研究等多方面的因素。由于研发范围较广，规模较大，技术生产线投资较大，导致新型栽培设施产品进入市场价格较高，本来是实用产品却变成了一种奢侈品，难以被消费者广泛接受，阻碍了新品种、新栽培设施普及应用。此外，针对阳台农业栽培模式，新型栽培装置和信息化智能技术应用等内容研究较少，特别是围绕阳台小气候、阳台可食景观设计等的研究更是微乎其微，阳台农业基础性整体研发力度较弱。

二、发展趋势

(一)空间立体化

一般城市家庭的阳台几平方米，最多也就几十平方米，因此，家庭阳台、露台、窗台的空间会不断被充分挖掘利用，使其功能达到最大化。首先，充分利用有限的空间，采取多种多样的方式，让都市人在有限的空间里打造一方私家菜园，哪怕这个菜园只有 1 m^2；其次，在有限的空间内实现阳台花园与菜园的多园叠加。在美化城市大环境的同时，既能够让居家环境更加温馨舒服、又是真正实用的贴心菜园。简单来讲，家庭阳台植物及花草的摆放方式包括墙体格栅、悬吊垂挂、立体栽培和自然摆放等。“墙体格栅式”一般通过墙壁安置栅格或不规则镶嵌特制的半边花瓶式花盆栽种各种叶用蔬菜、小型果菜或观叶植物。“悬吊垂挂”是用各种可悬挂的容器栽种生菜、油菜、红花番杏、薄荷或吊兰、旱金莲等，然后悬挂在阳台边缘或阳台顶板上；也可栽植藤蔓、有缠绕能力的香妃草、皱叶薄荷等观叶食用兼具的植物悬挂在阳台外。“立体栽培式”则是在阳台内搭起阶梯或安装各种栽培架，进行立体布置或种植。阳台两侧的种植槽可种植爬藤植物，如丝瓜、观赏南瓜、葫芦和红花刀豆、羽叶茑萝、豌豆花等，让爬藤缠绕在立架上，打造天然“遮阳伞”。

(二)功能多元化

在充分利用有限的阳台空间基础上，实现观赏、食用、绿化的和谐统一。随着阳台经济的日渐崛起，以观赏蔬菜为起点的可食用景观逐渐进入人们的视野，代表着现代生活的新趋势，满足了多元化的需求。在有限的阳台空间内，纯观赏型的绿植、花卉数量逐渐退却，将可食用蔬、观果苗木、芳香类植物与造景完美结合。在观赏蔬菜方面，如近年来出现的观赏羽衣甘蓝，又称叶牡丹，在秋冬季，绚烂的叶子既是很好的盆栽观赏，其叶子亦可使用，可做色拉或者烘焙食用。种在一起的绿色、黄色、红色、紫色的生菜，既可以鲜食，也是很好的盆景摆设。此外，还包括色彩多样、形状各异的辣椒，多色的叶用甜菜(亦称莙荙菜、红菜、红厚皮菜等)，红、白、黄色的草莓，绿色、红色的小叶、阔叶、皱叶罗勒，绿、黄、红、紫色的油菜、生菜及各种新奇特的芳香植物等等让阳台的景观更加缤纷绚烂。研究表明，与传统的园林相比，人们普遍认为通过可食的植物进行景观营造不但有观赏及绿化效果，而且还会带给居民新奇感、愉悦感。

立体栽培

（三）材料环保化

生活物品极大丰富的同时也带了很多的副产品，更多的包装盒、饼干桶、废弃的水杯，更多的厨余废弃物，成为弃之可惜的“鸡肋”。家庭阳台可以充分体现自然、环保、循环的理念，可以让这些物品更充分地发挥作用。例如，充分利用生活各种藤编容器、竹器、瓦罐、铁器等都可以创意的用于阳台园艺栽培，生活中随处可见的包装盒、包装袋、存放洗衣液的桶，通过发挥艺术的想象力创造性地将其进行改造利用，也同样可以成为植物栖息的乐园。经过适当处理，可以

啤酒瓶种菜

让厨房下脚料变废为宝，成为阳台栽培丰富的肥料来源。这些自制的肥料通常含有多种营养元素和丰富的有机质，肥效温和持久，还可改良土壤，使土壤形成团粒结构，对蔬菜、花卉的生长发育极其有利，让蔬菜的品质更好，花的颜色更鲜亮。既能解决环保问题，又能使之增值利用。比如，平时喝剩的牛奶、豆浆、剩余的茶水，洗肉的水和淘米水都含有营养丰富的营养成分肥料，将其按比例兑水后浇灌土培、基质培的植物，能够促进其健康生长；剩菜叶、果皮、蛋壳等也是很好的自制肥料来源。针对家庭厨房废水浪费严重的现象，不断有新的、更有效的设备被研发出来，可以将家用废水集中收集并用于自动浇灌家中的植物。

（四）管理智能化

科学技术的发展将让阳台园艺的管理更加便捷。调查显示，在进行阳台园艺活动的过程中，大多数的人认为阳台园艺首要解决的问题是管理问题。现代都市的快节奏生活，让人们工作后身心俱疲，下班后再花精力照顾阳台植物，对上班族来讲是件难以接受的事情。如果拥有一套管理方便的家居园艺设备，人们就可以花费较少的时间和精力同样可以达到陶冶情操、放松身心的目的，同时还可以享用新鲜的时蔬。随着智慧农业及互联网＋技术的迅猛发展，自动化、智能化家居园艺管理技术正在悄然走进都市人的生活。人们不再需要实时自动调节无土栽培设备的温度、光照和湿度等，可以通过一部手机实现远程监控植物长势、调节生长环境的目标。

（五）服务品牌化

品牌化完善的产业链让都市阳台经济更加顺畅发展。在国外，屋顶绿化、空间种植利用已形成了拥有巨大价值的大型产业。种子公司培育矮生蔬菜的和迷你品种以适合在小空间内栽种；有专业的阳台园艺公司会提供全套“阳台农业”服务，诸如种苗、基质、栽培设施、植保防护、栽培指导等关键环节均有细致的服务。

而在国内，产学研各环节间界限明显，阳台产业链不够完善，运行过程中容易出现脱节现象。目前城市人口约为 4 亿，以北京为例，常住人口数量 2 000 万，多数都市人表现出对阳台农业具有巨大的市场需求，市场上种子、基质和营养液销售显现出强劲的市场发展态势，由于大部分企业仅处于产业链条中的某一节点，如只是注重品种培育、装置、基质、营养液等，而缺乏对阳台的全面设计、品种培育、设施研发、基质及营养液配比、养护技术及智能信息技术应用等方面需要整体的关注与设计。尽管有一些专业从事阳台园艺的公司拥有较完善产业链相对完善，往往将阳台园艺倡导为高档生活的标志，其上位的产品价格让普通人望而却步。很多行业内看似很简单的事情，普通人却一头雾水，满脸茫然。因此，需要针对退休人群、上班族、学生科普等特殊群体提供关于阳台园艺的系统培训课程，对新型阳台设备设施及技术进行科普宣传及答疑解惑，通过亲身体验与实践增加受众的体验、认知兴趣及管理的技能。相关的企业能够像家电行业的售后一样，提供完善、系统的服务是今后的发展趋势，品牌及可靠的产品服务是制胜的法宝。

（六）设计特色化

目前阳台园艺的产品，一些蔬菜的栽培架、栽培槽往往过于重视使用功能而忽略了在阳台种的装饰功能。不用于种植植物时，这些物品就成了多余之物。另外，目前的阳台布置缺乏特色，不能彰显居家及居住者的风格。实际上，作为建筑物室内的延伸部分，作为室内空间与室外空间的过渡，阳台空间的设计营建非常重要。阳台风格的整体风格由居家以及居住者的个人喜好等因素来确定，就目前来说，阳台的设计可分为田园风格、地中海式风格、现代简约风格、中式古典风格等。在阳台的设计中会融入各种地方特色，通过设计，达到即注重实用功能又考虑美学装饰及享受功能的多重目的；即使面积不大，但是仍然可以做出“曲径通幽”的效果，仍旧可以享受江南特色的灵妙之处。

第二节　家庭阳台园艺的优势

作为都市居民生活中不可或缺的重要组成部分，阳台是人们朝夕相伴的“好朋友”，是居家最接近大自然和最能发挥创造力和想象力的地方。无论从城市发展，对环境影响的角度，还是对家庭的影响，家庭阳台园艺的优势无可比拟。

家庭阳台园艺的优势主要体现在以下几个方面：

一、扩大绿化　改善空气质量

作为绿化的重要补充，作为城市生态环境治理和城市园林化建设新的增长点和新的亮点，近年来阳台园艺得到越来越多的国家和地区的青睐。整体上讲，阳台园艺能够减少二次扬尘，缓解大气飘尘，净化空气。研究表明，绿色植物可以明显降低空气中 CO_2 浓度，提高室内人员的警惕性和注意力；小规模的盆栽植物（PPA）通过吸收很多主要污染物，可以很大程度上改变城市室内空气质量（IQA）；植物在模拟环境中通过植物本身与根际微生物协调作用，能够有效净化室内甲醛、苯等有害气体。不仅如此，缓解城市“热岛效应”。因此，家庭阳台中的绿色蔬菜，不仅对提高空气质量有一定的帮助，还可以让我们每天都可以呼吸到新鲜的空气。遍布阳台、屋顶的菜园，就像给建筑穿上了一件“绿色节能外衣”，不仅可以减弱日光反射，吸纳降解可吸入颗粒物 PM 2.5，还能够降低城市噪声，增加负氧离子，缓解城市热岛效应；此外，还可帮助建筑更好地保温、隔热、防尘，减少空调使用，提升城市生态质量。尤其是南向阳台种植的攀缘植物，能有效挡住强烈的太阳光直射，具明显的有降温效果，连同其他花草、果蔬一起，增湿、净化空气、降低噪声。如在家庭菜园中种植芳香蔬菜，还可使室内充满植物的香气，使人自醉，有效改善家庭小环境。从现在各大、中城市阳台园艺的发展来看，阳台植花种草作为一种新兴农业模式发展起来已经势不可挡，从事阳台园艺的人会越来越多，阳台园艺也将发展成为一门新兴产业，其在城市化进程中不可或缺的左右及优势正逐渐凸显出来。

二、花开楼宇　美化环境

阳台园艺是人人参与城市绿化建设、美化城市最有效的形式，对自己、社区、社会都有贡献。更为重要的是，阳台被称为建筑物对外交流的“眼睛”，阳台、窗台、露台的美化体现了一个社会的整体精神文明风貌，也是城市生态文明的重要标志。人们通过色彩纷呈的阳台，不但能欣赏到优美的都市风光，而且领略到钢筋水泥世界中大自然的温馨，同时也为城市增添艳丽的色彩，可谓一举多得。家庭阳台园艺可以充分显示“藏美于民”的巨大潜力，从自家阳台庭院做起，利用业余时间，在浇水、除草、整枝理叶的同时，也在为所居住城市的美化做贡献。通过亲手培育阳台园艺栏杆上的绿植、构建阳台独特的风景，展示属于自己的独特魅力。虽然家庭的阳台美化所产生的效果是有限的，但正是一家一户的窗口式家庭园艺的美化让冷漠的建筑物显得生机盎然，对改善居住、生活环境和城市生态环境起到了积极的作用。同时，通过中式园林小桥流水式的以小见大，西式园林追求自然美的景观设计达到美化阳台的作用，同时提高城市景观水平，促进城市商业和旅游业的健康发展，是创建生态城市不可缺少的重要组成部分。

三、陶冶情操　有益健康

我国家庭的阳台、窗台、露台和庭院面积虽小，在人们的日常生活中却充当着更为重要的角色。用植物装点阳台、窗台，充分利用狭小空间创造“迷你花园”，对缓解工作和学习带来的压力、安定情绪、减少疾病等有很大作用，对人们的身心健康极为有益。

研究发现，园艺操作活动能明显改善不同年龄段老年人的抑郁症状，对患病人群及处于亚健康状态人群也有较好的理疗效果。韩国一项研究表明，栽种花草可显著改善老年人生理和心理状况。研究人员 2015 年 9 月至 11 月让首尔一家老年人活动中心的 24 名 70 岁以上女性参加了 15 期的活动，每期大约 50 min 的园艺活动，包括施肥、除草、浇水、插花等，以首尔另外一家老年人活动中心的 26 名 70 岁以上在这一期间不参加任何园艺活动的女性为对照者。结果显示，与对照组相比，参加园艺活动的老人整体肌肉力量、耐力、手的灵活性、认知能力有明显改善，同时腰围缩小。

家庭阳台园艺活动，不仅是浇水、除草、种菜，更是一种放松心情的游艺。通过种子播种、植物养护、植物开花结果等过程，让参与者身心上得到放松，充分锻炼参与人群的生理功能和心理，通过视觉、听觉、嗅觉、味觉和触觉刺激，产生愉悦的心情，达到舒缓身心、康复治疗的目的。试想，春季的五色蔬菜、夏秋的累累果实，冬日里暖阳中的绿叶鲜花和那悬挂枝头的五颜六色、形状各异的辣椒，那芳香的薄荷、特别的九层塔、迷迭香、碰碰香、百里香和食用玫瑰的香气，和它们亲密相处是何等的享受。

四、促进交流　体味生命

家庭阳台园艺活动不仅促进人与人间的沟通，而且有益于家庭之间的交流。家庭阳台园艺这个共同的舞台让彼此增加了交流的话题，养花、种多肉、种菜、养护绿植等各种问题都会成为大家信手拈来进行讨论的内容，共同的话题让彼此间的沟通更紧密，进而促进人际关系的和谐发展。不仅如此，阳台园艺也让更多的家庭之间增加了沟通机会。几个小家聚在一起，既是成功经验的分享，又是问题解决的通道，因为共同的兴趣爱好，让众多的小家融合成和谐的大家。对城市的上班族来说，在繁种的工作之余，一日的在外奔波之后看看种子的发芽、幼苗的生长，会大大增添生活的乐趣；采摘成熟的果实、鲜嫩的蔬菜，会更充分感悟收获的喜悦。阳台园艺活动让人们在繁重的工作之余，在家中方便地找到失落已久的田园生活，在松土、浇水中，在打理枝叶的活动中，在轻闻植物所散发的馨香中享受园艺活动带来的乐趣，从而进一步放松身心，享受家庭的温馨；在从一粒种子播种至发芽、长叶、开花、结果及衰败中，认识自然，敬畏生命，深层次体味自然生命的存在与伟大。那生生不息的绿色生命会让人对生活充满了信心；因为绿色的播撒，平平淡淡的生活也会充满新的向往。

五、科普场所　成长乐园

家庭阳台园艺是培育孩子从小学科学、爱科学、爱劳动的良好习惯的方便之所。通过经营家庭阳台种的花草、蔬菜或芳香植物，可启发儿童的好奇心，让孩子们在家里认识各种植物，激发他们探索自然的兴趣，使孩子在体验快乐生活的同时，了解自然，认知植物的生长。家庭阳台园艺还可培养孩子们的动手能力，在家长的带领下，通过对各种不同植物的照看和管理，增加责任感和爱心，培育他们从小学科学、爱劳动的好习惯。不仅如此，家长与孩子们一起通过共同侍弄家庭菜园增进家庭成员及亲子间感情。

第三节　家庭阳台园艺的设施及其设计

一、家庭阳台园艺设施设备简介及分类

（一）阳台园艺设施设备简介与分类

阳台菜园的设备、设施，主要考虑阳台蔬菜的栽培方式、空间大小及利用、管理的方便程度等因素。阳台的栽培设施有基质栽培和水培。

1.基质栽培

（1）盆栽　根据实际需要，一般可选择 20～50 cm 的陶瓷盆、瓦盆或塑料盆，配带一定底盘，内部装填经过处理的基质，但不可太满，要在上面留 3～5 cm 的空余地方，以方便浇水。将幼苗或种子在盆内栽植好。

（2）槽培　一般情况下选择 60～80 cm，宽度在 20 cm 左右的树脂槽或是塑料槽，同时还可配上底盘，内部装好经处理的基质，直接播种种子或是移栽幼苗。

盆栽花卉

槽培植物

(3)箱培　箱培蔬菜需要用专门的泡沫箱。箱培装置一般在市场上可以直接买到。一般栽培箱设计要科学而且合理,底部较为透气,而且可以防漏水。

(4)立体栽培　阳台在空间一般比较有限,为了更好地利用空间,获得预期观赏效果和产量,可以结合自身阳台实际概况,自制或是购买立体栽培架,进行立体、多层栽培,但是其高度不应太高,一般应在 1.6 m 以下,从而方便其管理。

箱培黄瓜

立体栽培

2.水培

水培的种植设施较为灵活,可以根据自家阳台情况,制作出多种形式。目前,家庭阳台水培设施主要包括管道式和多层立体箱,其由水泵、水泵定时器、营养液循环管道及箱构成。具体操作较为方便,所用设施与营养液都可以从商店买到,按其使用说明操作即可。阳台水培蔬菜以叶类为主,包括生菜、叶用甜菜等。

(1)阳台立体水培装置　水培又名营养液培,其核心是将植物根茎固定于定植盒内并使根系自然长在植物营养液中,通过营养液代替自然土壤向植物体提供水分、养分、温度等生长因子,使植物能够正常生长并完成其整个生命。

(2)A 字形管道水培　A 字形水培管道是床体管道水培的另一种变形的水培方式,将水平的管道通过支架做成空间叠加的 A 字形状,既充分利用空间,又能形成很好的观赏效果。

A 字形管道水培

(3)阳台管道水培　循环系统由供液管、回流槽、水泵、定时器、各级管道、储液箱等构成。由定时器控制水泵按一定的工作间歇时间，定时从储液箱中抽出营养液，通过供液管进入栽培槽，供蔬菜吸收，然后经回流管道留出储液箱。

适宜种植的叶菜品种有生菜、菊苣、芥蓝、苦苣、叶甜菜、叶牡丹(羽衣甘蓝)、薹菜、大叶芥菜、紫背天葵、豆瓣菜、水芹、空心菜、紫叶生菜、木耳菜、菠菜、香菜、各种白菜等。

(4)多层水培床　该种设备规格为：长 100 cm，宽 53 cm，高 98 cm。该种设备可以使水流更好地流过各层管道。设备组装简单，耐用、环保，适合在阳台和室内蔬菜种植。

阳台管道水培

多层水培床

(5)壁挂式水培　这种设备灵活多样，可以悬挂在墙壁上，也可以挂在窗台防盗网上面，无须支架，无须钻墙打孔，只需要选择某个地方下垂一条绳子即可，悬挂高度也不受限制，配备的是高扬程变频静音水泵。该设备需要的配套装置：栽培管道、定植篮、海绵、水泵、定时器、输水硅胶管、种子、营养液水剂。

壁挂式水培

(二)屋顶园艺设备简介与分类

屋顶园艺是使用人群在自用建筑屋顶进行蔬菜、药材或鲜花等植物的种植，以实现绿化环境、供家人和朋友赏玩及为家人提供食物的目的。其特点是规模小，并且经济效益较低。

因而屋顶园艺设备选择上更注重的是适合植物景观观赏、美化环境。

屋顶园艺设备的选择要根据设计目的而定。屋顶园艺有的以种植蔬菜为主，有的以种植观赏植物为主，有的两者均含有。因而屋顶园艺设施设备非常广泛，可以用专门购买的栽培设施，也可以用生活中废弃的罐子、桶和盒子等作为空中菜园的移动种植容器。生活中废弃的罐子、桶和盒子普遍适用于屋顶平台、阳台和走廊等空间。

1. 屋顶自动灌溉种植设施

设备特点：具备自动灌溉系统、渗灌管水源处有安装节水控制器，可根据天气情况和植物需水特性自由设置供水时段，更便于管理和精确控制灌水量，达到高效用水的目的避免雨天水涝对植物伤害，使植物对水、肥的利用直接有效；可采用拼积木的形式拼接成各种形状，有效运用不同楼宇环境，其栅栏式造型和不同颜色的搭配具有较高的观赏性和装饰性，深得客户喜爱；该设备整体载重轻，施工便捷，植物与楼面完全隔空，根系不会对楼面造成破坏，具有生长稳定，美观实用等优点。

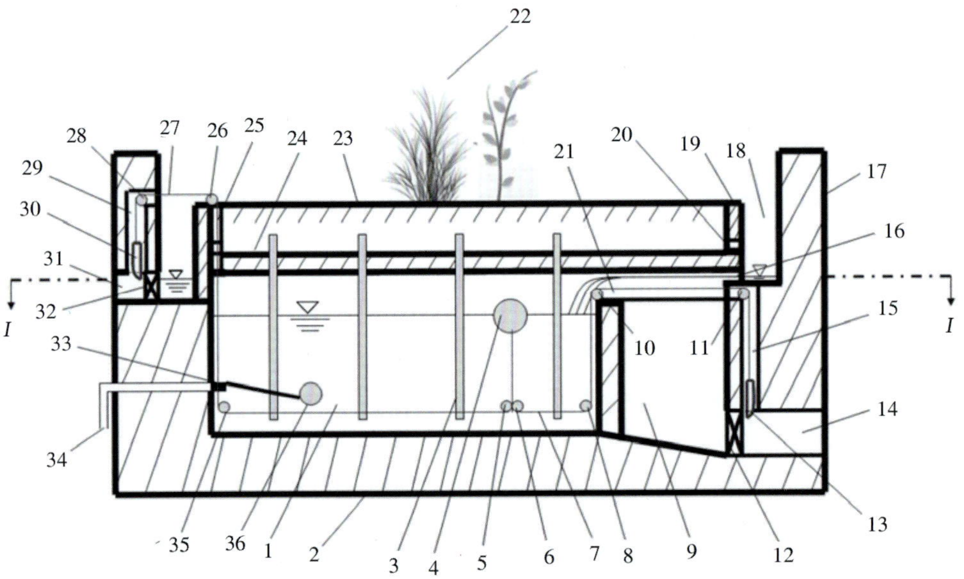

1. 集雨池，2. 集雨池底，3. 毛细束管，4. 浮球 a，5. 滑轮 e，6. 滑轮 a，7. 拉绳 a，8. 滑轮 b，9. 沉沙池，10. 滑轮 c，11. 滑轮 d，12. 斜立轴沉沙池泄水闸，13. 销钉 a，14. 沉沙池泄水孔，15. 拉绳孔 a，16. 沉沙池进水口，17. 围墙，18. 环形集雨槽，19. 土池，20. 土池排水孔，21. 集雨池进水口，22. 植物，23. 池土，24. 土池池底（集雨池顶盖），25. 拉绳孔 c，26. 滑轮 g，27. 拉绳 b，28. 滑轮 h，29. 拉绳孔 b，30. 销钉 b，31. 集雨槽泄水孔，32. 斜立轴集雨槽泄水闸，33. 浮球阀，34. 进水管，35. 滑轮 f，36. 浮球 b

屋顶自动灌溉种植设施

2. 屋顶爬蔓种植架和屋顶泡沫浮板种植槽

屋顶种植爬蔓果树或蔬菜要搭建简易的架子。常见的架子多为木质材料搭成，但这种架子缺点是耐久性不强、容易风化，同时造价也较高。架子的材料最好采用空心钢管或者抗氧化和风化的塑料材质。

在屋顶种植水培叶菜类时，可以采用水泥做成的栽培槽，然后利用浮板进行水培蔬菜种植。直接用水泥做成的槽子有制作简便，不宜损坏等优点，但缺点也是很明显的，即缺乏移动性。当前屋顶园艺一般多采用栽培箱进行种植。利用浮板进行水培的蔬菜多为叶菜类、生长周期较短的蔬菜。

屋顶爬蔓种植架

屋顶爬蔓蔬菜种植

（图片参考自：郑涵. 北京生产型屋顶绿化调查研究. 中国林业科学院硕士学位论文，2014）

（三）室内鱼菜共生装置

鱼菜共生（aquaponics）是一种将水产养殖（aquaculture）与水耕栽培（hydroponics）这两种原本完全不同的农耕技术进行巧妙的生态设计，从而实现鱼和菜科学协同共生的新型复合耕作体系。

鱼菜共生系统

鱼菜共生装置

鱼菜共生系统被认为是一项综合效益最高的纯有机耕作模式，原因是种菜不需再施肥，养鱼不需常换水而无水质忧患。这种系统还被认为是一种资源节省型的可循环有机耕作模式，鱼排泄的废水及饲料残渣是蔬菜生长的优良养料，而蔬菜的根系与微生物群落又是水质处理净化的最佳生物过滤系统，三者所建立的“植物—微生物—鱼生态”关系实现了养鱼种菜的可持续与循环，是生态农业中一种完美的结合。

鱼菜共生设备适合于放置在客厅位置，既赏心悦目，有美化环境。这种装置的安装相对简易，价格相对便宜。

(四)家庭盆栽果树

随着中国经济的腾飞，人民的生活水平日益提高，人民的精神和物质需求也不断改变。当今，人们对于盆栽果树的需求越来越多。同时，由于果树矮化技术的进步，使得可以用于盆栽的果树越来越多。常见的盆栽果树品种有草莓、石榴、杏树、梨树、苹果、油桃、葡萄、山楂、甜柿子、橘子等。

盆栽桃

盆栽果树离不开相应的栽培装置。盆栽果树所需的花盆和盆栽蔬菜及花卉差异不是太大，在保证经济和美观的前提下，还应该比较牢固，原因是盆栽果树一般比蔬菜体积要大些。盆栽果树常用的花盆有瓦盆、瓷盆、紫砂盆等。

(1)瓦盆　瓦盆是最常见的一种果树种植花盆，其明显的优点是通气性好、有利于根系生长、价格便宜。但也有容易破损、美观性差、表面粗糙等明显缺点。

(2)瓷盆　瓷盆一般美观性好，质地坚固，但排水通气性较差、价格也较贵。

(3)紫砂盆　紫砂盆价格适中，美观大方，色彩调和，比较适宜于室内使用。

其他还有塑料盆、水泥盆、木箱等，这里不再一一论述。

(五)家庭园艺其他位置设施简介与分类

1. 智能蔬菜种植箱

智能蔬菜种植箱

上图是一套智能微生态系统，可以从光照、水分、氧气等方面进行智能调控，温度感控，还配置了 WIFI 模块和内置摄像头进行远程操控和拍照。使用者只需要将浸泡好的种子播撒到机器里，选择芽菜模式或者叶菜模式，剩下的全部交给机器，静静等待收获成熟的蔬菜就可以了。这期间，家长还可以和孩子一起观察蔬菜是如何从一颗小小的种子生根、发芽到一颗绿油油的蔬菜。

2. 水培蔬菜自动种植机

产品运作原理与优势：

(1)自动供水与循环系统　连接好水管，系统会自动将蓄水箱加水至合适的水位。系统会根据设定向种植槽供水，以保持种植槽内的水循环，水溢出部分通过末端杂质过滤箱将植物脱落的根系及其他杂质过滤后返回蓄水箱。

当蔬菜消耗水分使水位下降到一定水位后，水位控制器会检测到水位下降，系统自动启动，再次将蓄水箱加水至合适的水位，全程自动实现供水与水循环，保证了蔬菜对水质要求。

（2）紫外线杀菌　全自动家庭蔬菜水培机蓄水箱中配置紫外线杀菌功能，紫外线杀菌功能会定时对蓄水箱内的水质进行杀菌工作，将自来水中包含的植物致病菌消灭，以保证蔬菜根系不受病菌的侵害，从而避免蔬菜病虫害的发生。

（3）自动恒温　全自动家庭蔬菜水培机设计了科学的电子恒温系统，可以根据蔬菜生长需要将蓄水箱中的水加热。当水温低于 18℃时，恒温系统启动，将水加温至 22℃后停止，实现蔬菜生长适宜温度的自动控制。

（4）自动配比营养液　系统具备自动配比蔬菜所需 A/B 营养液比例的功能，只需将 A/B 营养原液加入对应供液槽。在水培机运行过程中，系统会自动检测水中 EC 值含量，当 EC 值含量低于蔬菜生长所需值时，系统会自动抽取相应营养液配比至蓄水箱，以保证水质中 EC 值满足蔬菜正常生长需要。

（5）育苗区与种植区一体化　全自动家庭蔬菜水培机在设计中将育苗区与种植区作一体化设计，在种植区下方配备了专用育苗盘，实现育苗与种植一体化操作。

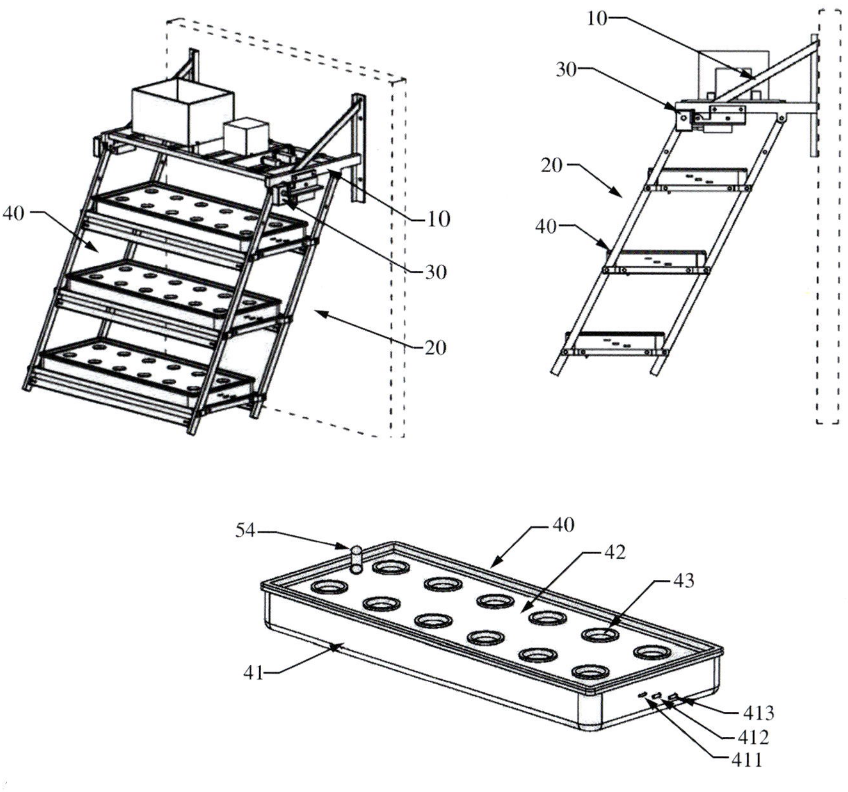

蔬菜水培智能种植设备

10.悬挂架，20.培植架，30.摆动装置，40.培植盆，41.贮液盆，42.定植件，43.定植杯，411.进液口，412.进水口，413.进气口，54.液位传感器

3. 立柱式栽培装置

立柱栽培是由特制的栽培钵组合。一根完整的柱子的上端是淋滴装置，套在穿连盆钵的中轴上端，中轴的下端是底座或底盆，组成立柱的淋滴装置。盆钵高 15 cm，直径 15 cm，鸟瞰形如梅花，花瓣部分是栽培孔，侧视形如宫灯，盆腔中央有中轴管道，柱中轴由此穿连盆钵构成柱体，在柱体上，两盆钵经盆上的凹凸扣扣紧，所以 12 只盆钵能构成稳固的整体，并能围绕中轴旋转，使立柱上植物受光均匀。盆钵可种植 6 株植物，全柱最大种植量为 60 株，植株在两盆钵上呈错位排列，不会互相遮光，同时也大大提高了土地利用率。

立柱式栽培可以根据需要放在阳台和屋顶，高度可以根据需要而定，非常方便。

立柱式栽培

二、家庭阳台园艺设施材料的选择

家庭园艺设施材料选择遵循的一般原则是：①材料材质要轻便；②管道装置、立体装置和壁挂式装置应该便于组装和拆卸；③盆栽设备选择是用陶瓷的还是用塑料的要根据实际需要而定。

三、家庭园艺的设计

1. 阳台家庭园艺设计原则

阳台园艺主要在阳台上，阳台一般具备光照相对较好、空间相对较小的特点。因而阳台园艺的设计要多从立体种植方面考虑设计。因为，立体设计可以充分利用空间，还可以充分利用阳光，因而阳台园艺要多重视立体多层次设计。园艺植物的选择也要多选择喜欢光照的蔬菜或其他观赏植物。应为光照较强，阳台园艺应该注意多浇水。

2. 屋顶家庭园艺设计原则

屋顶家庭园艺设计应该具备以下特点：第一，要与融入周围环境，给周围环境带来美感和点缀。第二，要尊重自然生态特点。第三，设计完后屋顶园艺要具备使使用者缓解压力的特点，给使用者带来享受和舒适感。第四，对于可登顶观赏的家庭园艺，观赏道路要通达。第五，方便浇水施肥。第六，根据实际需要装备照明设备。第七，摆放的家具需要承受住天气的变化，以免恶劣天气对其造成的损坏，影响视觉效果和使用寿命，一般情况下，塑料或铝制材质的休闲设施较为适合，尽量少用木质材料。

屋顶园艺设计原则：第一，因地制宜原则。与当地人文地理，风俗习惯相呼应。第二，景观最大化原则。屋顶园艺要在有限的空间最大限度地设计景观。第三，以人为本原则。屋顶园艺的最终使用对象是人，因而要照顾不同使用者的需求。

3.室内家庭园艺设计原则

室内家庭园艺设计包含客厅、卧室、厨房、书房、卫生间等。室内家庭园艺设计的原则：使用的植物以耐阴性为主。室内光照相对较多，要选择新阴的植物(有补光装置的除外)。客厅设计应该美观大方、整洁；卧室的设计原则是温馨环保；厨房设计应该选用净化效果好、耐油污的植物和设备；书房的设计原则是选择能缓解疲劳植物；卫生间设计原则是占用空间小，并且耐阴和耐潮湿。

第四节　家庭阳台园艺的日常管护技术

一、家庭阳台园艺日常管护的重要性

要想保持一个清新美丽的家庭园艺环境，对于家庭园艺植物的日常管护是非常重要的。家庭园艺植物管护不仅能保持种植植物的正常生长，还能及时发现病虫害的发生，及时防治，保持家中常新。家庭园艺管护还能增加本身的农业基本常识，丰富的知识库，因为家庭园艺是一个很大的领域，涉及的专业知识非常多，在日常管护中，种植者可以边做边学，长此以往自己对于园艺管理知识就会慢慢掌握。家庭园艺的日常管护还能陶冶人的情操，使人性情平和，心情愉悦。每天抽出一段时间与绿色植物在一起，不仅修身养性，还增加了锻炼时间，促使身体康健，因而无论从家庭园艺植物正常生长需求还是从自身的健康来说，我们都应该注重家庭园艺植物的日常管护。

二、家庭阳台园艺日常管护的基本原则

家庭阳台园艺日常管护的基本原则有：第一，注重肥水合理搭配。阳台上种植植物应该注意浇水，以防止缺水。室内植物要注意控水。家庭园艺植物施肥要少和勤，防止植物徒长。第二，注意防虫防病。病虫害的防止要多请教相关专家或者提供厂家。家庭园艺植物病虫害发生不仅影响美观，还对室内环境造成不好影响。第三，及时更换蔬菜。对于速生蔬菜应该及时更换，以防止影响美观。

三、家庭阳台园艺日常管护技术

（一）阳台蔬菜栽培与管理技术

（1）种子消毒　蔬菜种子一般会带来真菌和病毒，为了减少其危害，在播种之前要对种子进行消毒。物理消毒操作较容易且有效。具体操作为：把种子浸在 60℃ 的水中 10～15 min，水温降到 30℃后，再浸泡 3～4 h，取出后晾干备用。

（2）种植方式　阳台蔬菜的栽培主要有 2 种形式：先育苗然后进行移栽，这种方式主要用于瓜类或是茄果类的蔬菜；直接进行播种，这种方式适用于叶菜类的蔬菜。

（3）播种　直接播种的蔬菜，只要把种子播到合适的容器中就可。需要育苗的蔬菜播种时，选择合适的穴盘进行育苗，穴盘中要放入处理好的基质，蔬菜种子播入育苗用穴盘后，覆盖 0.5～1.0 cm 厚基质。播种后，育苗穴盘要保持温暖和较好的通风，而且要适当地浇水。

（4）移栽　幼苗长到一定大小时必须进行移植。西红柿、辣椒和茄子等植株一般有 3～4 片真叶，而瓜类蔬菜有 1～2 片真叶，甘蓝菜类有 4～5 片真叶，这时就要及时移植。移栽时要特别注意不能损伤幼苗根系。蔬菜植株数量可以根据设施大小以及蔬菜种类决定。定植时要为育苗穴盘浇充分的水，以便根部可以多带基质，保障移植存活率。

（二）阳台蔬菜种植日常管理

家庭阳台菜园多在室内，与人们生活紧密相关，因此，禁施农药、禁施化肥十分重要，这样栽培可达到有机蔬菜的标准。

（1）肥水管理　家庭阳台菜园的追肥要追施腐熟的高效有机肥，要求肥料无毒无味（花店有售），一般 10～15 d 追施 1 次。每次按 10 cm^2 追施 20～30 g 的标准进行。浇水前可将自来水置于容器内存放 24 h，选择早晨或上午浇水，尽量避免晚上浇水，以防沤根。浇水原则为小水勤浇，见湿见干，切忌浇大水或多浇水。水培蔬菜不追肥、不浇水。

（2）温度与光照管理　由于家庭阳台菜园种植的蔬菜品种不同，所需的温度和光照条件也不尽相同。喜温喜光类蔬菜如茄果类蔬菜、瓜类蔬菜，其阳台温度应掌握在 20～32℃之间，最适温度 25～28℃。每天要保证必需的光照，但夏季中午要避开太阳强光，如拉上半透明的窗帘 2 h 左右。一些喜冷凉的蔬菜如生菜、小白菜、菠菜、香芹、香菜等叶菜，其阳台温度应掌握在 15～20℃，适当减少光照。家庭阳台菜园要注意经常通风。

（3）病虫害防治　家庭阳台菜园由于病菌无土。土壤传播和风雨传播，一般无病害发生。一旦发现病害，应及时摘除病叶，严禁用手摘除，以免传染，应用剪刀剪掉病叶，并装入事先准备好的塑料袋内带出室外。由于家庭菜园面积有限，一旦发生害虫，可进行人工捕捉，也可用小喷雾器进行冲洗。家庭阳台蔬菜易发生蚜虫为害，可用辣椒水进行喷洒防治，切忌施用化学农药。辣椒水的制作方法是用 10 g 红干椒（越辣越好）加水 1 000 mL 煮沸 15 min（分），晾凉后喷洒使用，还可用除虫菊素水乳剂等生物农药进行防治，具体按其说明书使用。

（二）家庭阳台盆栽果树管护要点

阳台盆栽果树已逐渐成为阳台园艺的新亮点。下面将盆栽果树栽培管理技术进行简述，以利于在家庭园艺中推广。

1.盆栽果树种类的选择

对于大部分居民家中阳台来说，在空间上一般有限，室内温差不是很大，所以具有树冠矮化、生长期长、自花授粉能力强、坐果好、早熟、观赏性强、易于管理这些特性的果树品种是最佳选择。像苹果类的西府海棠、海棠花、芭蕾苹果等，桃类中的单瓣白桃、碧桃、紫叶桃等，梨类的红香酥、水晶等。

2.盆土的选择

对盆土的要求，因果树种类品种而异。一般要求盆土富含有机质、理化性质好、pH 要适宜、保肥保水、透气渗水的沙壤土。

3.花盆的选择

盆栽果树花盆应选择圆形形状的花盆，所选花盆还应通气性好、利于根系生长，且物美价廉，如瓦盆、木桶和木箱。在各种质地容器中，素烧瓦盆最适宜栽植果树。花盆的大小可根据需要而定。一般室内或阳台摆放可选用内口径 50 cm 左右、高 40 cm 左右的花盆为宜，若家中有闲置的塑料桶也可，但需要在底部钻一个直径 2～3 cm 的圆孔，用于排水通气。

4.栽植方法

家庭盆栽果树最适宜的栽植时间是早春。选择植株健壮、芽眼饱满、无病虫害的苗木，于春季萌芽前上盆栽培。栽植前要修根，剪去坏死根，修平受伤的侧根，过长的侧根剪短留至 20 cm，促其长出须根。尽量保留有用的须根，并用石硫合剂浸根消毒。栽植时，在盆底漏水口放几片碎瓦片，再装入营养土，放入苗木，将植株根系摆放均匀，扶正植株，再加足营养土，浇足水。

5.栽培后管理

(1)栽后控冠　盆栽果树的造型可谓千形百态，可以根据自己喜好和所栽果树的特点而定，使其既具有观赏价值又利于结果。修剪是盆栽果树栽培成功与否的关键，控冠技术起着关键的作用，通过矮化中间砧和短枝型品种的有机结合，加上应用早果促花技术，适当增加负载、回缩等技术控制树冠。

也可以通过化控技术使树体矮化，在生长期叶面喷施 2～3 次矮壮素，多效唑等植物生长抑制剂，使枝条粗壮、节间变短、植株矮化。

(2)肥水管理　果树栽培盆由于空间有限，因而根系大小受到限制，根系吸收的营养一般不能满足果树生长需要，因此要注重水肥管理。

施肥应以有机肥为主、复合肥为辅，勤施少施的，并结合叶面追肥，每隔 1 周施 1 次有机肥如腐殖酸，开花结果后可以适量喷施磷酸二氢钾微肥。

(3)病虫害防治　病虫害防治要坚持以防为主，兼用物理防治、化学防治为辅。一旦发生病虫害，应及时摘除病叶、病果，尽可能用人工方式捕捉害虫。病虫害发生严重时，可用 70％甲基托布津可湿性粉剂 800 倍液或 20％多菌灵可湿性粉剂 600 倍液喷施植株。蚜虫、白粉虱可用 10％吡虫啉可湿性粉剂 600 倍液防治，红蜘蛛等害虫可用 20％白螨朴 2 000 倍液防治。

(三)葡萄屋顶搭架栽培日常管理技术

1. 棚架搭建

棚架结构的行距 3 m，株距 0.75～1.0 m，每行中间隔 3～5 m 立一支柱，支柱高 1.5～1.7 m。

2. 苗木的选择

在平均气温 8～10℃时选择生长健壮、充分成熟、芽眼饱满、节间长度一致、粗度在 0.5 cm 以上一年生“巨峰”葡萄条作插条，其上留 5～6 个饱满芽。

盆栽葡萄

3. 栽培管理

(1)苗木管理　苗木定植后，及时补充水分，整形修剪。

栽后第一年，在生长期对新梢进行摘心和截顶，促进增粗和成熟，冬季将一年生枝条枝留 1～2 芽短截；第二年，选留一位置适当的强健新梢，引缚向上生长，其余新梢除去。主梢(未来的龙干)上着生于主梢基部约 30 cm 以内的副梢完全除去，上部的副梢留 2～4 叶摘心，所有二次副梢均留 1～3 叶摘心。当主梢生长达 2 m 以上，先端生长变慢时，可对其进行截顶，以促进枝条充分成熟。冬季修剪时，对此枝充分长留，以剪口下枝条粗度保持在 1～1.2 cm 为宜，一般可留长 1.5～2.5 m；上年剪留的长枝也是良好的结果母枝；第 3 年开始结果，冬剪时，除顶端延长枝仍然长留以使龙干继续在棚面上向前延伸外，其余侧生的一年生枝一律剪留 1～2 芽，这些短枝就是龙爪的雏形；第 4 年：龙干继续延伸、形成枝组；冬剪时，所有从短枝上长出的成熟一年生枝，再度短截成 1～2 芽的短枝，龙干先端的一年生枝仍继续长留，这样，第 4 年时，龙干整形基本完成，并进入盛果期。

(2)夏季管理　5 月份，葡萄营养生长旺盛，这时应进行摘除卷须、搭架、疏穗和果穗整形；6 月份，新梢摘心、副梢处理、顺穗抖穗、疏果粒、膨大期追肥、浇水；7 月份，当年苗主蔓第 2 次摘心、副梢处理、施肥；8、9 月份，对当年苗主蔓进行第 3 次摘心、除病叶虫、打叶、夏剪。

(3)肥水管理　葡萄结果期需要从土壤中吸收大量的营养物质，而屋顶土壤贫瘠，土层薄，为使树势保持健壮生长和不断提高产品的产量、品质，必须注意合理施肥。基肥原则上要求在秋季进行，且早施为好。宜在果实采收后至新梢充分成熟的 9 月底 10 月初进行，以秋季浆果采收后施入土壤最为适宜。基肥以有机肥为主。

追肥：一般一个生长季 2～3 次。新梢萌芽至开花前进行第一次追肥，可在距植株约 1 m 处挖环状沟施入，基肥深度约 30 cm，追肥宜浅些，以免伤根过多。施肥后需浇水。第 2 次追肥在浆果生长前；第 3 次在进入浆果生长期，此时果实膨大增重和新的花芽分化，均要消耗大量养分，需肥量大，且以氮、钾养分为主，每株 2 kg 左右。

(4)病虫害防治　葡萄有一些常见病虫害在生育期内发生。主要病害有：葡萄黑痘病、葡萄霜霉病、葡萄白粉病。病害防治以预防为主，发病时可参考生产上防治方法即可。主要虫害：葡萄二星叶蝉、葡萄红蜘蛛、坚蚧。虫害防治也应早发现、早预防。发病时可以参考生产上防治方法。

(5)越冬管理　屋顶由于土层薄，冬天不耐冻，做好越冬管理至关重要。北方地区葡萄冻害的防治应当引起重视。主要做法如下：

灌水：土壤过干不利越冬，过湿易造成芽眼霉烂，一般在采收后结合秋季施肥灌一次透水，在防寒前灌一次封冻水，这是葡萄防寒的重要措施。

埋根：将主根周围培土，使根部形成一个土丘，以此来增厚根部土层，达到防冻的效果。

裹草：对于主干，由于不便埋入土壤内部，将其枝干用草和塑料薄膜包裹，起到一定的防寒效果。

(四)阳台花卉的养护技术

漂亮美观的阳台花卉使人观之既赏心悦目又陶冶性情，同时亲手种植花卉还可体验自己动手劳动的成就感。但是日常生活中，大多数人不会种花、不会养护或者经常忽略花卉的养护。下面就简单介绍一下阳台花卉的栽培要点和基本的养护常识。

1. 阳台花卉的种植要点

花卉的正常生长离不开其所处的环境。阳台环境一般来说都可接收到阳光，但因所处的地理位置和类型不同，适宜种植的花卉种类也不同。

(1)阳台类型及适宜种植的花卉　我国居民楼的阳台可主要分为：凸式阳台、凹式阳台和廊式阳台三种类型，但以凸式阳台居多。

以凸式阳台为例，按照朝向可分为东、南、西、北朝向。南朝向的阳台必然阳光充足，光照时间长，适宜种植喜光照的花卉，太阳花、月季、如米兰、茉莉、白兰、仙人掌、扶桑、菊花、代代、石榴、金橘、葡萄仙人球以及耐热、耐旱的多肉植物等。北朝向的阳台，适宜种植喜阴或耐阴的观叶花卉，如万年青类、文竹、玉簪、观赏蕨、绿萝、蔓绿绒、龟背竹、棕竹、橡皮树等。东朝向的阳台，一般每天上午可以接受 3～4 h 光照，下午只能接受一些散射光，比较适宜养短日照花卉和喜半阴的花卉，如蟹爪兰、山茶、杜鹃、君子兰等。西朝向的阳台，上午较为荫蔽，中午以后光照强度较大，比较适宜耐半阴耐热的藤本花木，如络石、爬墙虎、凌霄、扶芳藤等，夏季还可起到防西晒作用。

(2)种植的要点

①播种前　播种前根据品种不同而定，容易发芽的种子可以直播，难发芽的也可先浸种催芽。浸种可以采用温汤浸种，时间一般 24 h 即可。播种前还应喷透水。

②播种　花卉种子有的很小，播种要精细。最好在小花盆内先播。土壤应为无菌土，盆土高度低于花盆上沿 3～5 cm。播种时将种子均匀的撒播下去，播深在 0.5 cm 左右，撒播后覆以筛过的细土 0.1 cm 左右，或者不用盖土，盆上用塑料薄膜覆盖，保持土壤湿润。

在 20℃的温度下，播后 15～25 d 即可开始出苗。小苗 2 周以后可以开始追肥，将适量的有机肥埋在苗的周围。第一次追肥要量少，以后每隔 3 周左右再追一次。

(3)阳台花卉的养护　花卉的养护管理应做到细致周到。阳台环境透光性和通风性好，一般较干燥，浇水一般要略多于露地，浇水次数由于各地气候条件不一样，按“见干见湿”的原则灵活掌握。由于多数阳台花卉难以得到自然雨露，因此需要人工喷雾。

阳台花卉

干旱季节和炎热的夏天，空气干燥，需水量大，每天要向枝叶上喷雾数次，增加空气湿度，这对大多数花卉来说，都是非常有益的。养护行家们还总结出一些实用技巧，如在阳台地面上铺砖洒水，砖的渗容性好，同时遇热后又可蒸发出来，从而可以提高空气湿度，这是一种既简便又有效的增湿措施。

及时施肥。要使阳台花卉生长健壮，花繁叶茂，要注意经常补充必要的肥料。按照不同花卉需要的肥料种类，在培养土中适当多施些腐熟有机肥，生长旺季再追施若干次复合花肥。

修剪。修剪可以保持株形优美，以减少营养消耗。因而要注意做好摘心、抹芽、剪枝等项工作，并及时剪除残花枯枝。对于趋旋光性强的花卉需要每隔几天转一次盆。北方地区盛夏天气炎热，此时中午前后要挂上苇帘或草帘遮阴，以防烈日曝晒。

防治病虫害。盆栽最好使用经过消毒的培养土，则可减少病虫害发生。若有蚜虫、红蜘蛛、介壳虫、叶斑病、白粉病、黄化病等发生。

第七章　都市农业的盈利模式

第一节　都市农业园区营销团队的建设

一、都市农业园区营销的重要性

都市农业园区产品的营销不是园区普通产品的市场营销，营销的成败，对园区长远、近期利益至关重要。在商品经济时代，能够真正为企业带来价值的是商品的销售，无论企业生产的产品价格多么诱人、质量多么优秀，销售额过低，企业的实际经营目的就不能实现，企业无法获得足够的资金，就难以实现发展的目的。都市农业园区的产品依靠销售转换成价值，从而达成利润最大化的目标，从而保证都市农业园区的正常运转、发展壮大、立于不败之地。

现代都市农业园区的建设，主要为管理体系、技术体系和营销体系，三者缺一不可。一个都市农业园区的建设，从开始筹建时，就应该把园区营销工作纳入议事日程。

二、都市农业园区营销团队的功能和作用

营销是都市农业园区管理的重要组成部分，是连接园区与市场的桥梁，它为园区的市场分析及定位提供科学依据。在现在营销组织中，通常有两大职能部门，即销售部和市场部。销售团队通过一系列的销售活动可以配合营销策略组合的实现达成销售成果。通过销售成果检验营销规划，与其他营销管理部门拟定竞争性营销策略，指定新的营销规划。销售是企业活动的中心，销售部是企业“冲在最前沿的战士”，在瞬息万变的市场上，销售是连接企业与顾客之间的纽带，不断地进行着创造性的工作，为企业带来利润，并不断的满足顾客的各种需要。销售在公司整体营销工作中承担的核心工作是销售和服务。

都市农业园区销售团队的主要作用就是将园区生产的产品转化成生产力，转化成价值。目前虽然社会对农产品的需求量十分大，然而很多农业园区却苦于虽然生产了优质农产品，却卖不出去，或仅仅卖到了普通农产品的价格，从而失去了都市农业园区的真正价值。那是因为他们没有专门的、优秀的营销团队。很多农业园区或农场，成立了相当庞大的生产种植体系，却没有成立专门的销售团队。只有把管理、技术、营销三者有机地结合，才能实现园区的营利的目的。

三、都市农业园区营销团队的建设

(一)招贤纳士,组成强大的营销团队

管理之道,在于用人,人才是事业的根本,只有做到唯贤是举、唯才是用,才能在激烈的社会竞争中战无不胜。人才就是效率,人才就是财富。都市农业园区营销团队需要招募运营管理、市场营销、电子商务、物流配送等专业人才,充实到农业园区一线,从种养知识、设计创意、规划建设、接待客服、宣传营销、社会资源、电子商务开发等角度全方位运营各核心环节,从不同角度提升园区管理与经营水平。

(二)注重园区营销团队的培训

一个园区必须建立健全的人才培训体制。如果没有一个成熟、合理的人才培养计划,就不能打造稳定和有战斗力的营销团队。销售队伍建设中,尤其需要培训,培训的目的是为了实战。目前很多都市农业园区缺乏培训机制,营销成员不了解销售的技巧及市场知识,无法提高销售水平和技能。

(三)健全的绩效评估与奖酬体制

绩效管理是团队与销售人员之间就企业市场销售目标如何实现而达成共识的过程,目的在于提高销售员的能力和素质,改进和提高团队销售绩效水平。制定合理的工作目标,促进销售员变被动为主动,同时制定有力的政策,最大程度激励员工,才能使企业销售业绩得到提高。

(四)培养园区营销团队集体意识

园区营销团队的价值是由团队全体成员共同创造的。营销团队建设需要把不同品质、专业知识、胆识、经验阅历、能力、经验、的人员有机地组合到一起来。团队精神的核心在于协同合作,强调团队合力,注重整体优势,充分利用和发挥团队所有成员的个体优势。

四、都市农业园区的营销方略

(一)加大园区的宣传和产品开发力度

加大园区的宣传力度,是品牌建设的一个重要方面。好的产品也需要向外宣传大家才会了解。一些知名品牌农产品不仅是因为产品本身值得信赖,更多的是因其经常宣传而深植入人的生活。现代社会高速发展,信息更新可以用日新月异来形容。

园区宣传要突出企业精神、企业效益及发展方向,提高企业知名度,树立品牌形象,创造良好的营销环境。利用市场信息,研发符合市场需求、有经济效益的产品,力求达到适销对路,客户满意的效果。

(二)打破传统传播方式,实现销售渠道创新

在都市农业园区农产品营销策略中,打破传统的传播模式,采取比较有效的方法,即通过事件营销、新闻营销、公关营销,打开市场。在园区农产品营销策略中,根据产品线的结

构，或者和区域内的其他农场企业联合起来，自建终端，开设专营连锁店，建立系统的规划和终端零售的完善。这是一些农产品企业进入的一个机会，而对一些高端的农产品，选择酒店、商务会所、俱乐部、机场、饭店等高端场所进行深度推广也是一种途径。

（三）创造深度的服务模式

通过服务，使农产品的价值进一步放大，获得高端消费者认同，其中增值重要原因就是提供了服务。

把都市农业园区变成户外的培训基地，招徕那些培训公司的人员来参观，培训公司的人员又把他们的学员带到这里培训，不断获得了很好的知识信息熏陶，而且品尝到了各色新鲜无污染的农产品。这些参加培训的人士，大多数都是职业经理人，从而使他们成为都市农业园区的忠实消费者，使得园区通过场地服务，放大了价值，获得了新的发展。

（四）促销策划

采取有效的传播手段，让消费者对产品产生一定的认知度，因此，可通过新闻营销、时间营销、公关营销等方式打开销路。

高端农产品的发展空间在于消费者的参与和体验，才能最终达到认知，都市农业园区采取观光农业、休闲农业等形式，整合传播塑造特色农产品的品牌形象，提高品牌知名度和美誉度。在与潜在顾客的沟通过程中，对于农产品及生产企业的信息，如：产地、日期、生产过程、农药残留、二维溯源体系、产品的口碑、文化内涵等信息的传递也是消费者做出购买决定的重要因素。礼品类的农产品包装精美、价格昂贵，以凸显消费者的身份地位、文化品位。因此，全方位体验高端农产品的质量、品牌、文化等内涵，增加购物和消费的愉悦感更加能够满足消费者的需求。

（五）优化农产品网络营销的促销平台建设

互联网的普遍，网络让地球真正成为地球村，电子商务也由之兴盛繁荣，成为当今最热门的行业之一。电子商务改变了人们的生活方式，使人与人之间的沟通不再受地域的限制，我们的客户可以从一个地区延伸到全国乃至全世界。网络销售必将是农产品销售的一种新途径。国家大力鼓励互联网＋农业模式，都市农业园区作为现代农业发展的“领头羊”，更应该抓住这种趋势，发展农产品 O2O 销售模式。

第二节　都市农业园区特有的冷链物流体系建设

一、冷链物流体系的概念

冷链物流，又叫低温物流，是一种特殊的物流形式，指易腐蚀变质食品从产地开始，经过加工、储藏、运输、配送、销售，直至送到消费者手中的各个环节中始终处于低温环境下的特殊供应链体系。它是随着科学技术的进步、制冷技术的发展而建立起来的，是以冷冻工艺学为基础、以制冷技术为手段的低温物流过程。冷链物流的要求比较高，相应的管理和资金方面的投入也比普通的常温物流要大。

冷链物流的适用范围包括：初级农产品：蔬菜、水果；肉、禽、蛋；水产品、花卉产品。加工食品：速冻食品、禽、肉、水产等包装熟食、冰激凌和奶制品，巧克力；快餐原料。特殊商品：药品。由于食品冷链是以保证易腐食品品质为目的，以保持低温环境为核心要求的供应链系统，所以它比一般常温物流系统的要求更高、更复杂，是一个庞大的系统工程。

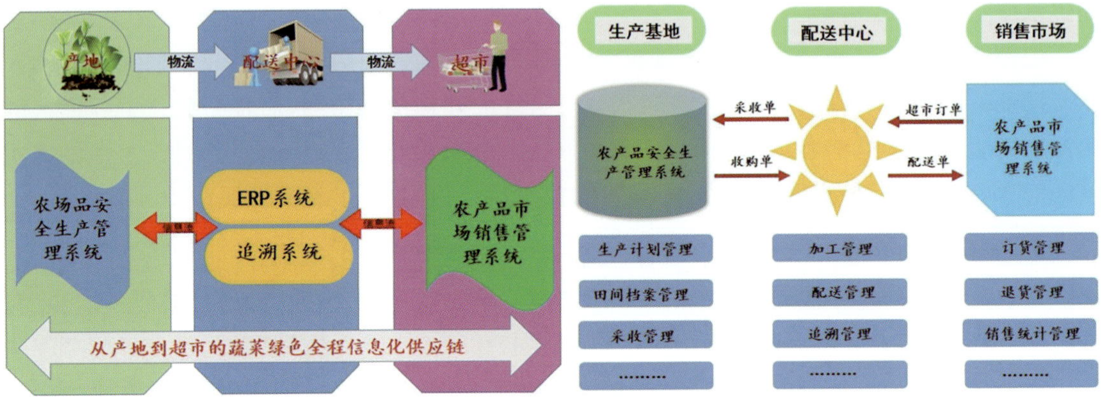

农产品流通体系

二、冷链物流体系的功能和作用

农产品物流的发展目标是增加农产品附加值，节约流通费用，提高流通效率，降低不必要的损耗，从某种程度上规避市场风险。农产品物流以农业产出物为对象，通过农产品产后加工、包装、储存、运输和配送等物流环节，做到农产品保值增值，最终送到消费者手中。农产品冷链物流体系的目的是保障生鲜农产品品质，提高蔬菜水果质量，减少农产品损耗。

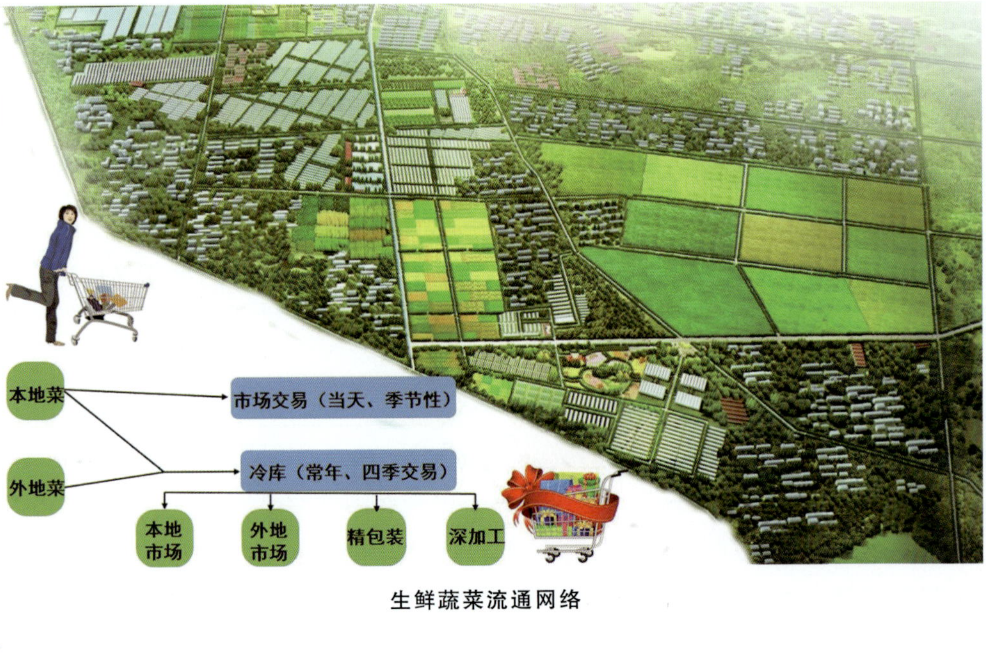

生鲜蔬菜流通网络

随着生活水平的提高，人们对绿色、有机、优质蔬菜等农产品的需求日益增加，对生鲜农产品多样性、新鲜度、配送及时性等个性化需求越来越高，将蔬菜水果从产地保质保量的运送到消费者手中，必然有大量的冷链物流服务需求。

三、冷链物流的操作方式

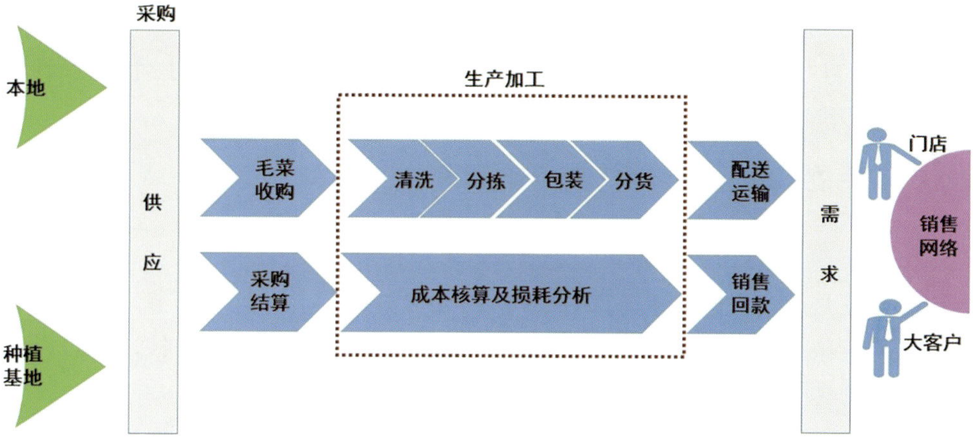

商品蔬菜流通过程

蔬菜、水果等冷链物流包括原材料预冷处理、冷冻运输及配送、冷冻销售 4 个环节，形成一条完整的产业链。

（一）果蔬采后预冷

所谓预冷是指“采收后的果蔬在储藏或运输之前，迅速将其温度冷却降低到适于保鲜的一种商品化处理措施”。果蔬采摘时品温高、带有大量的田间热，如不及时冷却，将会加速果实成熟和衰老，影响贮运，降低品质，严重时还会造成腐烂。

蔬菜运输专用车

蔬菜运输专用箱

(二)冷链物流的运输

生鲜农产品因其产品的特殊性,在运输过程中必须采用专用冷藏车进行运输。可在区域间大流通环节运输生鲜农产品,在“最后一公里”的城市内配送环节,通过多温共配模式对不同温层的鲜活农产品进行共同配送。既可以满足产销两地之间流通的大批量、少品种、点对点的物流需求,又可以满足城市内部小批量、多品种、多配送点的配送需求。提高社会冷链物流资源的利用率,减少生鲜农产品在途耗损率,缓解城市内交通与污染状况。

第三节　都市农业园区的农产品储藏、加工和包装

一、农产品的储藏

(一)农产品储藏的作用及意义

农产品储藏是通过控制环境条件,对农产品采后的生命活动进行调节,一方面使其保持生命活力以抵抗微生物的侵染和繁殖,提高其抗病性,达到防止腐败变质的目的;另一方面使其自身品质的劣变也得以推迟,达到保鲜的目的。

农产品经过科学的储藏,可延长供应时间,调整产品的淡旺季,调节地区余缺,实现周年供应,为人们提供各种丰富多彩的食品,以满足人们对食品结构调整的需要,提高营养水平。

(二)农产品储藏常用方法

(1)常规储存　简便易行,适宜含水分较少的干性耐储农产品的储存,应注意通风,储存农产品的时间不宜过长,一般分为堆藏和沟藏,如粮食类的储藏。

(2)窖窑储存　一般冬季温度6℃左右、夏季温度控制在16℃左右,储存环境氧气稀薄,二氧化碳浓度较高,能抑制微生物活动和各种害虫的繁殖,而且不易受外界温度、湿度和气压变化的影响。比如,冬储大白菜、萝卜、马铃薯、大葱等。

萝卜、红薯地窖储藏

(3)冷库储存　能够延缓微生物的活动,抑制酶的活性,以减弱农产品在储存时的生理化学变化,保持应有品质,一般温度控制在2℃左右。

冷库储存

(4)干燥储存 有自然干燥和人工干燥两种。干燥的目的是为了降低储存环境和农产品本身的湿度,以消除微生物生长繁殖的条件,防止农产品发霉变质。

(5)应用保鲜剂储藏 如乙烯脱除剂、防腐保鲜剂、涂被保鲜剂、气体发生剂、气体调节剂、生理活性调节剂。

二、农产品的加工

(一)农产品加工的概念及意义

广义的农产品加工业,是指以人工生产的农业物料和野生动植物资源及其加工品为原料所进行的工业生产活动;狭义的农产品加工业,是指以农、林、牧、渔产品及其加工品为原料所进行的工业生产活动。

农产品加工是农产品商品化的重要步骤,也是使农产品增值的重要手段。优质高效的农产品加工,可促进饮食、旅游、外贸等相关行业的兴旺、发达。发展农产品加工业,还有利于农产品的综合利用,使许多过去被废弃的根、茎、叶、果、籽、壳等得到有效的利用,甚至得以开发新的产品资源,从而提高农业资源的利用率,促进农业现代化,推进经济发展方式转变。

(二)常规农产品加工方法

1.粗加工

其特点是省时方便、快捷。主要包括:除杂、去废、去污加工;分类别、分等级加工;切、削、分割加工。

蔬菜清洗加工

2.深加工、精加工

按其制作方法和制品特点,可分为以下六类:

(1)蔬菜果品干制类　将蔬菜、果品脱水干燥,制成干制品,如葡萄干、苹果干、萝卜干、茄子干、葫芦干等。

山楂卷

山楂干

(2)糖制果品类　将农产品用高浓度的糖加工处理制成。

蜜枣

蜜海棠

(3)果汁类 通过压榨果实的汁液,经过密封杀菌或浓缩后制成。

橙汁

果茶

(4)蔬菜果品罐头等腌渍类 罐头是蔬菜、果品经加工后,装入容器内,密封并经高温灭菌制成的。腌渍加工是将农产品用盐、糖、酱油等各种调味料进行腌泡,改变其性状的加工过程。

辣椒罐头

黄瓜罐头

(5)果酒、食用油类　果酒是用酵母使果汁或果浆进行酒精发酵,形成饮料。食用油是用向日葵、花生、大豆加工而成。

葡萄酒

食用油

(6)菜酱、果酱类　将蔬菜、果品经一定工艺制成菜酱、果酱。

草莓酱

黑芝麻酱

(7)其他　如淀粉、粉丝、八宝粥、糕点等。

淀粉

八宝粥

三、农产品的包装

（一）农产品包装的概念及作用

农产品包装是对即将进入或已经进入流通领域的农产品或农产品加工品采用一定的容器或材料加以保护和装饰。

农产品包装是农产品商品流通的重要条件。在流通过程中，农产品不加包装则无法运输、贮存、保管和销售。送达消费者手中，现代市场营销要求，农产品包装是特定品种、数量、规格、用途等的农产品包装，实现农产品包装的工厂化、自动化，从而提高农产品市场营销效率。

农产品包装在农产品流通过程中是一个不可忽视的环节。农产品流通加工包装虽然是物流运输环节的包装，不需要展示在消费者面前，但是流通加工环节的农产品包装是农产品从生产到销售过程中的重要支撑。流通加工环节的农产品包装能够使农产品的质量得到保证，让农产品的销售辐射到更加广阔的市场，从而使农产品的经济效益得到攀升。

（二）常见农产品的包装方法

1. 生鲜蔬菜包装方法

蔬菜长距离运输的生鲜包装过程基本相同，流程如下：泡沫箱/纸箱等能用于物流的物流箱—箱底部放入冰袋—捆扎蔬菜—蔬菜表面放冰块—加入填充物—盖上箱盖—物流。

（1）叶菜类蔬菜生鲜包装。

快菜的保鲜膜（环保型）包装

油麦菜的保鲜膜（环保型）包装

（2）根菜类、茎菜类、果菜类蔬菜的生鲜包装。

保鲜膜（环保型）加塑料盒（环保型）包装

保鲜膜(环保型)加塑料盒(环保型)包装

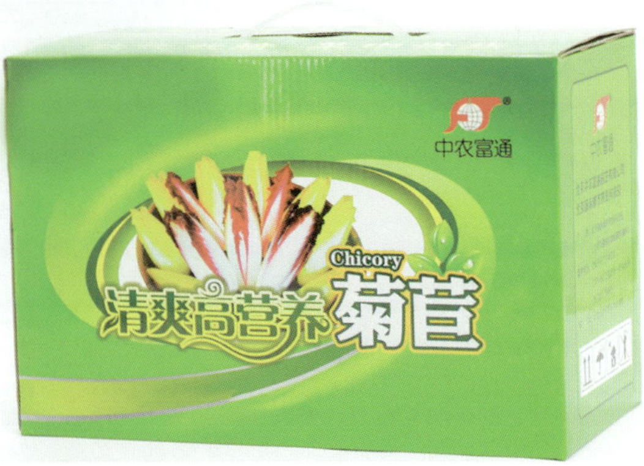

蔬菜礼盒包装

2.水果的包装方法

大多数水果的理想包装应是这样的:在这个包装里,容器是装满的,但不隆起膨胀,也不过满,承受堆垛负荷的是包装容器,而不是产品本身。

(1)制模放置法

圣女果包装

草莓包装

(2)散装法

散装草莓包装

水果礼盒

(3)定位包装

草莓的定位运输包装

3.粮食干果类产品的包装方法

粮食、干、坚果类是去除了水分或水分较少的农产品，其包装方法不同于生鲜包装。坚果类不易损坏、腐烂，保质期较长的特性都决定了在物流过程中的干货包装可以进行长距离的运输。

泡沫箱→放入泡沫箱→放入填充物→盖上箱盖→物流

杂粮密封包装

杂粮礼盒包装

第四节　逐步创立园区特有的产品品牌

目前，在中国经济商业化进程加快的前提之下，农产品竞争加入市场经济之中，这是大势所趋。农产品品牌化效应将加速农产品市场的成熟和完善，加强农产品本身的竞争力。

都市农业园区实施品牌战略，是提高特色农产品的市场竞争力最有效的途径。

一、品牌的概念

品牌是一个有关品牌的属性、产品、符号体系、消费者群、消费联想、消费意义、个性、通路特征、价格体系、传播体系等因素综合而成的整合体。

品牌蔬菜(北京小汤山)

品牌蔬菜(北京小汤山)

二、农产品品牌建设的重要意义

(一)农产品品牌化有助于增强市场竞争力

市场经济的逐步完善，使农产品市场受到国内外商家的重视，市场竞争日趋激烈。从我国农产品市场的发展趋势看，农产品将进入真正的“品牌时代”。实施农产品品牌战略，不仅可以通过农产品的整体品牌形象充分展示农产品的特色，而且提高农产品的市场影响力和竞争力，扩大农产品的销量，走“以质量求生存，靠品牌抢市场”的发展之路。都市农业园区采取品牌战略，以品牌形象面向市场，是创建盈利模式的一条可行之路。

(二)农产品品牌化有助于有效规避农产品市场风险

农产品以品牌的形象进入市场，有利于建立长期稳定的销售渠道和网络，不仅能使都市农业园区的农产品与农产品市场保持较快的信息沟通，以适应市场的变化，而且还可以保持长期稳定的销售渠道和网络，有助于保持农产品销售量的稳定，有效地规避农产品的市场风险。

(三)农产品品牌化有助于降低消费者的购买风险

随着科学技术的快速发展，农产品的差异也越来越大，有时消费者在购买农产品时难以辨别产品质量的好坏，还可能承担经销商价格欺诈的风险。品牌农产品以企业信誉做出承诺，以品牌作为质量标志，给消费者提供品质上的保证，并且品牌可以作为质量之外的风味、口感等指标的选择标准。对消费者来说，农产品品牌化有助于消费者以品牌的形象作为消费参考，从中获得大量的产品信息，了解农产品质量，区别选购农产品，形成品牌消费习惯，获得更大的消费价值。

(四)农产品品牌化有助于推进农业现代化和产业化

现代农业是用现代科技和现代工业来发展农业。都市农业园区用现代科学管理方法来管理农业，实行高度集约化经营。实施农产品品牌战略，不仅有助于提高园区经营者的管理素质和技术素质，加快技术进步，促进产业结构优化；还可以农产品品牌建设为突破口，改革传统生产方式和管理手段。农产品品牌化可以以品牌作为核心，以“园区＋基地＋农户”的经营模式，把分散的农产品集中经营、科学管理，使之专业化、产业化，实现规模效益。

农业品牌建设是发展现代农业的必然要求，也是唯一有效的出路。在互联网时代背景下，人们对品牌的意识逐步增强。

三、农产品品牌建设的有效对策

农产品品牌构建需要从技术、管理、信用、质量、文化、经营等基础元素来考虑，其中技术、信用、质量尤为重要，而且品牌基础要素承担着品牌运行中各个节点和各个环节阶段的所有压力和重量。

(一)树立品牌意识，选准品牌定位

品牌是企业的无形资产，是企业及其产品的标志和形象信誉的体现。都市农业园区要树立品牌意识，充分认识到品牌在市场竞争和企业发展中的巨大作用，树立强烈的品牌意

识。农业园区管理者的品牌意识如何，决定了品牌战略的制定与实施，关系到品牌建设的力度和深度。

在制定品牌战略时，最关键的是要选准品牌的市场定位，抓住消费者的心。都市农业园区要通过对市场消费趋势和竞争态势的分析，选择能发挥自身优势的策略，为自己的品牌在市场上选准一个明确的、符合消费需求的、有别于竞争对手的品牌定位。

（二）建立品牌农产品质量标准体系

建立品牌农产品质量标准体系，有利于提高农产品的质量、档次和安全性，从而获得较高的品牌知名度和美誉度，提高品牌农产品的社会信任度。品牌农产品质量标准体系就是以质量为中心，以市场为导向，以科技为动力，以生产为基础，以农产品的等级制度为重点，建立农产品生产、加工、储藏、销售全过程及操作环境和安全控制等方面的标准体系，把农业生产的产前、产中、产后各环节纳入标准化管理，逐步形成与行业、国家、国际相配套的标准体系。

加强无公害农产品、绿色食品、有机食品和农产品地理标志认证，加大农业品牌培育、塑造、营销推介和宣传保护力度。

（三）推进科技创新，提高品牌的市场竞争力

实施农产品品牌战略，必须重视科技创新，走“科技兴农”道路。要广泛运用生物工程技术、现代先进种养技术、加工技术和信息技术等，发展科技含量和附加值高的品牌产品，提高农业综合效益和市场竞争力。

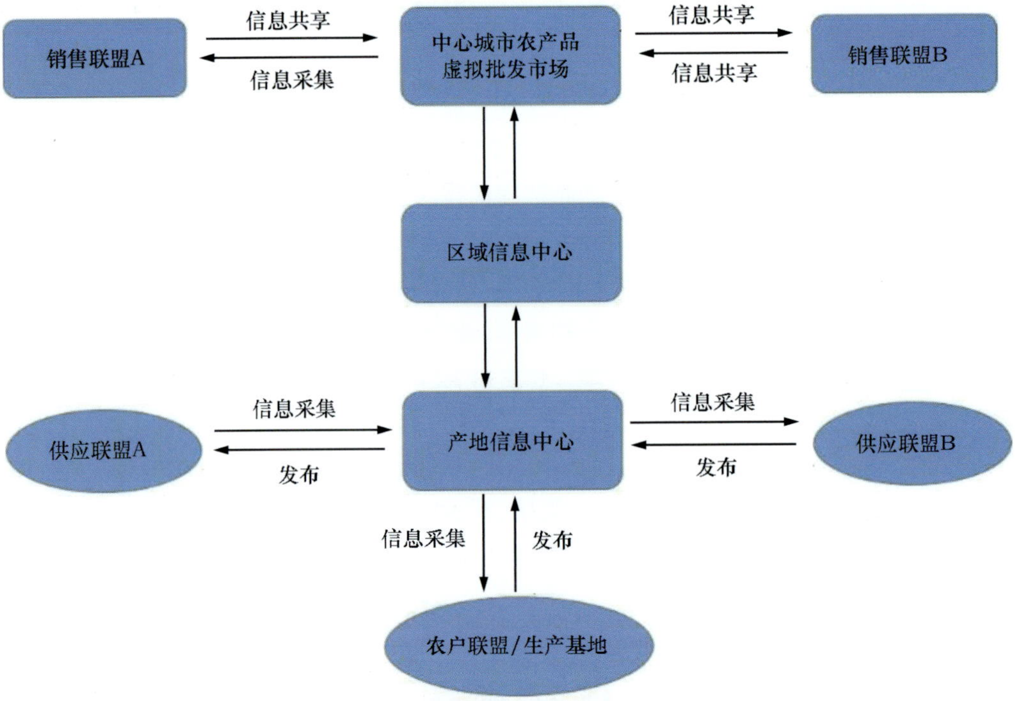

销售渠道信息网络

(四)增加农产品品牌营销投入

重视对品牌农产品的宣传推介,让消费者关注、了解和消费产品。组织优质品牌产品专业展销会,增强市场影响力。积极开展“农超、农批”对接,推动农业品牌产品进入高端超市。推进农产品品牌建设与传统媒体、新型网络平台的融合发展,利用好农村电子商务平台,拓宽销售渠道,不断提高农产品知名度,做到好品牌卖出好价格,实现农业既增产又增收的发展目标。

(五)注重品牌整合,加强农产品品牌营销

要充分利用好农博会、招商会、展销会等平台,打造良好的品牌形象,并利用媒体广告、网络营销、专题报道以及公共关系等多种促销手段,进行品牌的整合宣传,提高公众对品牌形象的认知度和美誉度。同时还要重视现代物流新业态,广泛运用现代配送体系、电子商务等方式,开展网上展示和网上洽谈,增强信息沟通,搞好产需对接,以品牌的有效运作不断提升品牌价值,扩大知名度。

第五节　广开都市农业园区产品的销售渠道

一、都市农业科技园区产品销售的特点

我国地域辽阔、地形复杂、气候多样,农产品跟其他产品相比,数量大、品种多。由于大多数农产品是有生命的产品,因此在销售过程中必须做到新鲜、卫生。而且由于农产品是初级产品,因此在销售过程中要通过农产品加工转化、农产品加工配送等做到服务增值,因而需要建立完善的营销渠道系统来促进农产品销售。

同时,由于大多数都市农业科技园区位于城郊,地理位置优越,交通方便,人脉集中,而且园区内设置的观光、旅游、采摘、科教、科普、农耕文化等内容繁多,这就决定了都市农业科技园区产品销售的多样性,灵活性,从而为都市农业科技园区开创了多种盈利模式的空间。

二、都市农业科技园区销售的主要方式

(一)高端客户配送

直接向政府机关食堂、事业单位食堂、企业食堂、大中小学食堂、幼儿园食堂、宾馆、中高档酒店饭店或会员制消费团体配送,满足高档餐饮客户对原材料的要求。产品主要是一些名优特色蔬菜和健康有机、绿色产品,还可以专门根据客户的需要安排种植,保证产品随时采摘,新鲜程度好。维护这些高端客户,将是农产品销售盈利的一大发展方向。

(二)礼品水果、蔬菜、花卉

目前,我国礼品市场有超过亿元的市场空间,并且正以每年的高速度保持增长。农产品作为礼品市场的新宠,正在悄悄地扩大着市场份额,分享着礼品市场的这块大蛋糕。农产品因其具有其他商品不具有的天然性,在人们提倡回归自然的时候,农产品作为礼品有其独有的优势。

特色农产品种植要求高、技术含量高、投入成本高，所以价格偏高，具备中高档礼品的条件可开发空间较大。农产品作为礼品，大多数人都可以接受，因为它可以寄托某些情感，例如乡情和亲情，让人感到精神上的满足。农产品作为食品类礼品，老少皆宜、价格适中、性价比高、送礼者容易承受、受礼者乐意接受，加之其种类繁多、选择空间范围大、只要送礼者酌情考虑收礼者的需求，农产品都能找到契合点满足双方的需求。

草莓礼品盒

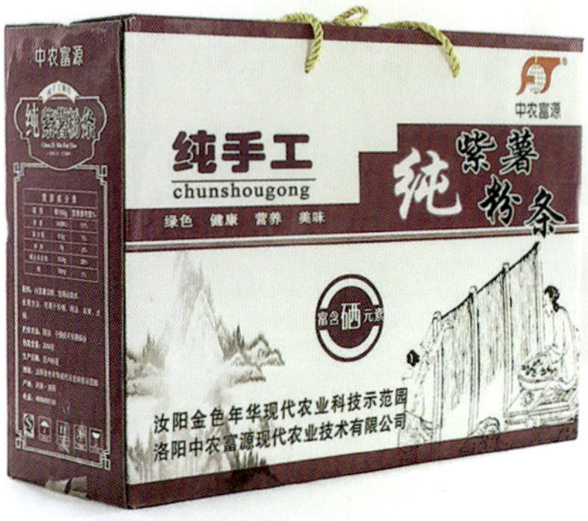

粉条礼品盒

菊花

仙客来

(三)农超对接，设立专柜

近年来，散养柴鸡、绿壳鸡蛋、有机大米、彩色甘薯、有机蔬菜等农产品越来越多地占据着超市的柜台，成为城市里的中产阶级和高收入者的理想产品。都市农业园区可通过构建自身的销售网络，将产品与各大超市对接。这样做最大优势是能够有效地控制销售渠道，增强市场推广和开发的力度，且有利于树立园区的品牌形象和扩大园区的知名度，从而利用超市的强大的分销网络推出自己的特色产品。

(四)电商销售

电子商务已为越来越多的企业所采用，作为引导都市农业发展方向的园区，率先建立电子信息网站并采用电子商务进行产品销售的意义更加重大。网上销售可分为企业对经销商(B2B)、企业对消费者(B2C)和线上对线下(O2O)三种模式。随着电子商务整体环境的不断完善，网上销售生鲜农产品渠道将会得到进一步发展。园区的实体营销与电子商务有机结合，利用互联网开展商务活动，建立农产品网上交易平台，信息能快速、直接、有效地在双方间传递，省去了不必要的中间环节，提高了农产品流通的效率，保证了农产品的质量，也能使供求双方获得切实的利益。

（五）种子、苗木的生产和销售

由于都市农业园区位于市郊，而市郊正是城市“菜篮子”工程的蔬菜生产基地，那里有成规模的日光温室和塑料大棚用于蔬菜、草莓的生产，附近的果园也需要大批的优质苗木。都市农业园区可以依靠自己的区位优势和技术优势，销售种子、苗木，作为盈利的一种模式。实践证明，我国一些都市农业园区已经开展了这一营销活动，而且收入不菲。

园区培育的樱桃树苗

园区的草莓育苗地块

园区培育蔬菜苗

（六）开展多项销售活动

1. 采摘、农业观光旅游

观光采摘旅游的发展不仅满足旅游者渴望回归自然的需求，同时也成为都市农业的一个新的经济增长点。观光采摘是将绿色农产品生产与生态旅游相结合的产业，拓展了农业发展的新空间，开辟了旅游业发展的新领域。园区生产的瓜果，如甜瓜、樱桃、西红柿、葡萄、草莓等产品适合游客亲自采摘，可作为观光园区的主要销售产品。让人们在观赏的同时体验亲自采摘的乐趣，这是一种具有特色的吸引买者上门式的销售方式。

游客在采摘紫叶生菜

游客在采摘草莓

2. 开展农业科普教育活动及会议

都市农业园区经常举办农业科普教育专题活动，邀请农业领域专家给市民讲解农业及农产品相关知识，引起人们对园区农产品的信赖。邀请农业大、中、专以及小学生、幼儿园孩子来园区参观、实习，召开农业专题会议等。通过这些方式，不仅可以增加园区的人气，还可以达到宣传与园区的效果，为园区的农产品销售做铺垫。

培养孩子从小认识农业、热爱农业

科普教育活动

农业专项会议

农业会展

(七)举办农业嘉年华活动

农业嘉年华,是我国都市农业近几年兴起的一项活动。它集农业科技、农耕文化、观光旅游、农事体验、亲子、采摘、共享、参与等多项活动为一题,充分发挥都市农业园区地理、交通、人气等多方优势,尽显都市农业园区的发展方向和光辉前景。仅以北京第一、二、三、四届农业嘉年华为例,每年参加这项活动多达几百万人,仅门票一项收入高达上千万元,同时带动了周边地区的草莓采摘、住宿餐饮、农家乐等一系列活动,社会效果十分明显。

北京农业嘉年华

广西玉林农业嘉年华

(八)多方合作,进行技术输出

都市农业园区是集人才、技术、管理为一体的高端现代农业聚合体,它具有高度的人才和技术优势,极具现代农业科技创新精神和水平。实践证明,都市农业园区广泛开展国际、国内技术合作,进行人才方面和技术方面的交流,承担一些大中型农业科技项目,不仅大大地提高都市农业园区在国内乃至国际的信誉,而且大大地提高了园区收入。如中农富通北京国际都市农业科技园多年来承担了诸多国内农业嘉年华、现代农业科技园区的建设,而且把项目做到了国外。

与国外专家沟通交流

(九)多种经营，种养加相结合

许多都市农业园区根据自身建设特点，因地制宜，发挥优势，搞起了多种经营，走上了种养加相结合之路，既为园区建设设置了一条闪亮的风景线，又提高了园区的收入，开创了都市农业园区盈利的一种新模式。

园区葡萄架下养鹅

园区果园养鸡

园区自产的柴鸡蛋

都市农业园区的羊

(十)住宿餐饮,商务会议

都市农业园区的功能越全,其盈利的空间越大。

由于都市农业园区多数位于市郊,地理位置优越,交通方便,且田园气氛浓郁,颇有“世外桃源”风光。园区除了接待正常的观光旅游休闲采摘的来客之外,还可以接待一些中小型会议。这样,园区就需要设有住宿餐饮,商务会议的功能,以接待观光旅游休闲采摘、大中院校师生科普实习、中小型会议。这就成为都市农业园区盈利的又一模式。

住宿及餐饮

以上几种都市农业园区盈利模式并不是相互独立的,园区可根据产品的特点和自身的情况选择几种或多种渠道模式。在渠道的选择和管理上必须注意保持产品的绿色、无公害特色,防止二次污染和假冒伪劣产品的混入。好的产品加上优质的服务,园区可以选择一条绿色便捷的通道,以优异的品质和崭新的形象出现在消费者面前,以赢得消费者的青睐,同时实现都市农业园区的最高盈利。

参考文献

[1]韩长赋.大城市发展现代农业的几个问题.农民日报,2014-05-08.

[2]褚思真.对我国发展生态型都市农业的一点思考.现代商业,2015(36):181-182.

[3]葛永红,王亮.中国都市农业的发展模式研究.经济纵横,2009(2):87-89.

[4]曹林奎,陆贻通,李亚红.都市农业的基本特征与功能开发.农业现代化研究,2002,23(4):269-273.

[5]刘奇.都市农业.重在开发.十大功能.京郊日报,2015-2-27.

[6]蒋和平,辛岭.基于高科技建设的都市型现代农业.农业经济问题,2008(增刊):9-16.

[7]郭淑敏,程序,史亚军.北京的资源环境约束与生态型都市农业发展对策.农业现代化研究,2004,25(3):194-197.

[8]张强.我国都市型农业的发展及其机制创新.中国农学通报,2005,21(增刊):30-34.

[9]叶堂林.新时期我国农业保护问题研究.求索,2004(11):25-28.

[10]叶堂林.建设社会主义新农村条件下的农业发展战略思考.农村经济,2006(5):114-116.

[11]朱启酒,钱静.北京都市农业是产业高度融合的现代服务业.北京农业,2014(15):1-3.

[12]赵海燕,桂琳,刘芳,等.北京会展农业的发展特点探析.北京农学院学报,2013(03):41-45.

[13]程川忠,谢勇,苏德林.创建高效农业示范区推进现代都市农业发展.上海农业科技,2010(05):5-7.

[14]李伟杰,卞瑞鹤.都市农业,开启现代农业新时代.农村.农业.农民(A版),2014(11):20-22.

[15]杨振山,蔡建明.都市农业发展的功能定位体系研究.中国人口.资源与环境,2006(05):29-34.

[16]刘洋.都市农业景观规划设计研究——以西安市户县葡萄现代都市农业园区为例.杨陵:西北农业林科技大学,2014.

[17]王起静.都市型会展农业发展模式.北京第二外国语学院学报,2015(01):84.

[18]李曼.都市型现代农业发展模式分析与对策研究.中国农业科学院,2012.

[19]蔡建明,杨振山.国际都市农业发展的经验及其借鉴.地理研究,2008(02):362-374.

[20]何美丽,王军强,左停.基于后现代思维反思都市农业发展.生态经济,2014(04):165-168.
[21]邓蓉,王伟.论我国都市农业的形成与发展.北京农业职业学院学报,2007(06):18-22.
[22]陆彦,孙俊华.论我国都市农业发展模式的选择.农业经济,2006(3):29-33.
[23]卞晶晶.农业现代产业路径选择——河北省休闲农业发展的SWOT分析.商场现代化,2016(24):131-132.
[24]韦持章,韦优,卢艳春,等.浅谈新型农业科普教育基地——教育农园.中国热带农业,2016(01):68-70.
[25]夏龙平.上海都市现代农业现状与发展对策研究.浙江大学,2008.
[26]顾海英.上海现代都市农业的内涵与路径创新.科学发展,2016(04):43-54.
[27]柳国昌,刘珂.探索农业科技创新模式促进现代都市农业发展——适宜现代都市农业特点的农业设施建设模式研究.湖北农机化,2013(6):21-22.
[28]天津经济课题组,曲宁,高艳芳,等.天津构建现代都市农业典范.天津经济,2016(05):19-26.
[29]许爱萍.天津现代都市农业发展的金融约束:问题根源及破解路径.世界农业,2016(04):163-167.
[30]葛永红,王亮.我国都市农业的发展模式研究.经济纵横,2009(02):87-89.
[31]荣伟.我国都市农业的发展现状、问题及对策研究——以荆州市为例.苏州:长江大学,2013.
[32]董卫.我国都市农业发展问题研究.山西:山西农业大学,2013.
[33]杨洋.我国现代农业园区规划理论体系构建及应用研究.西南财经大学,2014.
[34]陈琳.西安都市型现代农业发展现状与模式分析.西北农林科技大学,2015.
[35]林惠虾.现代都市农业发展的实践与应用——以漳州市为例.漳州师范学院学报(哲学社会科学版),2013(04):49-52.
[36]毋青松.现代都市农业发展战略研究——以太原市为例.太原:山西农业大学,2013.
[37]苏延科.现代都市农业发展障碍研究——以重庆市沙坪坝区为例.重庆:西南大学,2011.
[38]王全辉,刘义诚.中国都市农业发展模式研究和可持续发展建议.中国农学通报,2012.28(32):166-170.
[39]马文军.中国农业科技示范园区可持续发展研究.杨陵:西北农林科技大学,2003.
[40]张胜利.中国休闲农业发展现状与对策研究.长沙:湖南农业大学,2014.
[41]汤宝荣.都市型农业园区建设与发展研究.杭州:浙江大学,2004.
[42]薄琳.都市农业景观规划设计.天津:天津科技大学,2014.12.
[43]党国印.关于都市农业的若干认识问题.我国农村经济:1998(3):62-67.
[44]文化,王爱玲,陈俊红.聚焦都市农业——农业在首都经济发展中的地位和作用.北京:中国经济出版社,2005.

[45]李丽雅.我国大城市地区现代都市农业与农村可持续发展研究——以上海为例.上海:华东师范大学,2006.

[46]蒋和平,王有年,孙炜琳.农业科技园的建设理论与模式探索.北京:气象出版社,2002.

[47]杨其长.我国农业科技示范园区的功能定位、技术背景与战略对策研究.中国农业科技导报,2001,3(3):15-17.

[48]朱明芬,陈随军.试论都市农业园区功能及其强化对策.浙江农业学报,2006,18(1):7-11.

[49]朱凤杰.都市型农业科技园区发展与规划设计探讨.天津:天津大学,2006.

[50]张天柱.现代农业园区规划理论与实践.河南:中原农民出版社,2016.

[51]张天柱.现代农业观光温室景观设计与案例分析.北京:中国轻工出版社,2013.

[52]张倩,王天宜,王念帅,等.亲子农业规划设计方法探索与研究——以南京八卦洲俊红生态农业园为例.县域会议会刊,2016.

[53]李新峥,周俊国.观赏南瓜的观赏特性及其生产的发展.浙江农业科学,2006(1):91-93.

[54]汤青林,宋明,肖祖梅,等.观赏南瓜及葫芦种质资源遗传多样性分子评价.植物遗传资源学报,2012,13(3):406-413.

[55]尹国香,张焕春,刘学卿,等.观赏南瓜种质资源引进筛选及创新利用研究.中国农学通报,2011,27(04):219-222.

[56]刘东明,杨丽梅,唐俊,等.甘蓝无蜡粉亮绿突变体材料 LD10 遗传规律及分子标记研究.中国蔬菜,2014(12):21-26.

[57]胡小荣,陶梅,周红立.西红柿种质资源遗传多样性研究进展.现代农业科技,2008(5):6-8.

[58]张萌,王俊丽.酢浆草研究进展.黑龙江农业科学,2012(8):150-155.

[59]张华,黄红弟,郑岩松.菜心品种——油绿 50 天.长江蔬菜,2005(6):7.

[60]蔡洙湖.超小型水果黄瓜新品种金童、玉女.西北园艺,2012(09):48-50.

[61]夏秀娴,林鉴荣,冯尧鉴.迟菜心新品种特青迟心 4 号的选育.2003(06):43-44.

[62]黄志亮,梁耿志,施永祜,等.六种野生保健菜的种植技术.农业与技术,2014,34(3):118-119.

[63]李英,唐懋华.盆栽大型观赏辣椒新品种——风铃椒.上海蔬菜,2010(6):19-20.

[64]盆栽观赏辣椒品种推荐.农村百事通,2014(8):31.

[65]李国雷,黄根元.青花菜新品——优秀.长江蔬菜,2013(01):12.

[66]黄亚杰,运广荣,李梅.苦瓜遗传育种研究进展.中国蔬菜,2012(8):11-19.

[67]国家大宗蔬菜产业技术体系研究成果介绍(四)——瓜类和豆类优良品种.中国蔬菜,2013(17):39-41.

[68]樊爱丽.紫苏.上海蔬菜,2003(3):11.

[69]陶君,杨洁,高艳明.拇指西瓜(*Melothriascabra*)的引种与栽培,2013(13):30-31.

[70]金翡翡,符庆功,朱祝军.观赏茄果类蔬菜在家庭园艺中的应用.北方园艺,2011(01):

105-107.
[71]马宁,田婧,秦四春,等.观赏蔬菜在休闲农业中的应用.安徽农业科学,2015,43(35):256-257.
[72]曹涤环,刘建武.观赏辣椒——市场新宠.蔬菜,2009(8):6-7.
[73]李敏侠,陈永顺,兰英,等.观赏辣椒种质资源引进筛选及创新利用研究.陕西农业科学,2012(3):79-81.
[74]李素萍,夏伟.观赏性西红柿固体基质树式栽培技术.陕西农业科学,2013(1):264-265.
[75]董晓宇,蔡晓红,翟春峰,等.新型有机栽培基质的研究进展及展望.陕西农业科学,2007(3):88-90.
[76]北京林业大学园林系花卉教研组.花卉学.北京:中国林业出版社,2002.
[77]宛成刚,赵九州岛.花卉学.上海:上海交通大学出版社,2008.
[78]祝遵凌,王瑞辉.园林植物栽培养护.北京:中国林业出版社,2005.
[79]龙雅宜.常见园林植物认知手册.北京:中国林业出版社,2006.
[80]李圆圆.观赏园艺植物栽培图解.上海:上海科学技术出版社,2008.
[81]夏春生.名优盆花 194 种.北京:中国农业出版社,2002.
[82]王文和.花卉栽培与管理.北京:化学工业出版社,2009.
[83]蒋细旺,李秋杰.盆花与切花生产技术.北京:经济科学出版社,2009.
[84]张真和.高效节能日光温室园艺.北京:中国农业出版社,1988.
[85]杨昌煦,董仁威.兰花鉴别手册.成都:四川科学技术出版社,2007.
[86]蒋细旺,薛建平.菊花生物技术.武汉:武汉出版社,2004.
[87]刘燕.中国常见花卉图鉴.郑州:河南科学技术出版社,1997.
[88]李作文.园林宿根花卉彩色图谱.沈阳:辽宁科学技术出版社,2002.
[89]薛聪贤.景观植物实用图鉴.北京:百通集团出版社,2002.
[90]徐晔春.观花植物 1 000 种经典图鉴.长春:吉林科学技术出版社,2011.
[91]北京林业大学园林系花卉教研组.花卉学.北京:中国林业出版社,2002.
[92]宛成刚,赵九州岛.花卉学.上海:上海交通大学出版社,2008.
[93]祝遵凌,王瑞辉.园林植物栽培养护.北京:中国林业出版社,2005.
[94]龙雅宜.常见园林植物认知手册.北京:中国林业出版社,2006.
[95]李圆圆.观赏园艺植物栽培图解.上海:上海科学技术出版社,2008.
[96]夏春生.名优盆花 194 种.北京:中国农业出版社,2002.
[97]王文和.花卉栽培与管理.北京:化学工业出版社,2009.
[98]蒋细旺,李秋杰.盆花与切花生产技术.北京:经济科学出版社,2009.
[99]张真和.高效节能日光温室园艺.北京:中国农业出版社,1988.
[100]杨昌煦,董仁威.兰花鉴别手册.成都:四川科学技术出版社,2007.
[101]蒋细旺,薛建平.菊花生物技术.武汉:武汉出版社,2004.
[102]刘燕.中国常见花卉图鉴.郑州:河南科学技术出版社,1997.

[103]李作文. 园林宿根花卉彩色图谱. 沈阳:辽宁科学技术出版社,2002.
[104]薛聪贤. 景观植物实用图鉴. 北京:百通集团出版社,2002.
[105]徐晔春. 观花植物1 000种经典图鉴. 长春:吉林科学技术出版社,2011.
[106]何晓亮. 阳台菜园关键栽培技术解析. 农业与技术,2014(5):148-148.
[107]曹华,徐树坡,李新旭,等. 阳台菜园无图栽培装置及种植技术. 中国蔬菜,2011,1(19):55-56.
[108]郭惠如. 家庭阳台植紫薇. 中国花卉盆景,2010(1):22-22.
[109]郑涵. 北京生产型屋顶绿化调查研究. 中国林业科学院硕士学位论文,2014.
[110]张尊中,等. 果树盆景制作与养护. 南京:江苏科学技术出版社,2006.
[111]宋清洲,等. 观果盆景. 北京:中国林业出版社,2004.
[112]陈沫,施孝贞. 果树盆景的栽培技术. 宁夏农林科技,2009(1):94-94.
[113]庄跃慧,宋新. 家庭园艺景观设计探究. 现代园艺,2012(8):124-124.
[114]张慧,夏宇. 家庭园艺园设计研究. 安徽农业科学,2010,38(27):14924-14925.
[115]唐雪松. 成都市阳台园艺种植模式研究. 成都:四川农业大学硕士论文,2012.
[116]曹华,李新旭,商磊."阳台菜园"蔬菜种植技术. 中国农业园区论坛,2012.
[117]可人. 阳台花卉的养护. 林业与生态,2007(1):31-31.
[118]王意成. 阳台花卉养护要领. 北京:中国农业出版社,2010.
[119]郝天民,刘俊杰,李晶晶. 阳台韭菜栽培技术. 中国蔬菜,2012(9):54-55.
[120]士林,李莉,郑芳. 屋顶葡萄棚架栽培技术. 北方园艺,2007(2):90-92.
[121]吕俊杰,孙双双. 城市鲜活农产品冷链物流体系构建究. 广东农业科学,2013(07):233-236.
[122]段小力,张黎强. 都市休闲农业创意营销的策略研究. 中国农学通报,2012(09):307-311.
[123]庞昭进,王有增,王秀果,等. 对我国农业园区发展实践的思考. 农业科技管理,2017(01):31-34.
[124]王华锋. 高职院校与产业园区互动推进科技创新团队建设研究. 科技创业家,2013(04):195.
[125]许菱,熊能品,谭波. 基于物流流通加工环节的农产品包装问题探究. 物流科技,2016(10):20-23.
[126]蒋硕亮. 科技园区工作团队激励机制的构建. 统计与决策,2008(17):181-183.
[127]胡创业. 农产品营销渠道的构建及发展趋势研究. 中国农业资源与区划,2015(06):89-92.
[128]姚春玲. 农业产业集群与农产品区域品牌竞争力提升策略. 农业现代化研究,2013(03):318-321.
[129]毋庆刚. 我国冷链物流发展现状与对策研究. 中国流通经济,2011(2):24-28.
[130]钟锋,刘新华,李继文,等. 我国农产品包装及其质量安全监管探析. 农产品质量与安

全,2014(05):6-9.

[131]张建军,杨艳玲.我国农产品冷链物流发展现状及发展趋势研究.物流科技,2013.36(2):102-105.

[132]王丽杰.我国农业品牌化发展的方针及对策.兰州学刊,2014(12):181-184.

[133]陈镜羽,黄辉.我国生鲜农产品电子商务冷链物流现状与发展研究.科技管理研究,2015(06):179-183.

[134]王忠林.休闲观光农业园区品牌形象对游客忠诚的影响研究.浙江学刊,2012(2):180-185.

[135]方世敏,周茎,苏斌.休闲农业品牌化发展初探.北京第二外国语学院学报,2007(1):72-76,41.

[136]杨钧.中国农产品冷链物流发展模式研究.河南农业大学学报,2013(02):222-226.

[137]傅国海,杨其长,刘文科.LED补光和根区加温对日光温室起垄内嵌式基质栽培甜椒生长及产量的影响.中国生态农业学报,2017,25(2):230-238.

[138]王春堂,王世龑.屋顶自动集雨灌溉系统:中国,201610070675.2[P].2016-05-04.

[139]陈鸽.一种蔬菜水培智能种植设备:中国,201610948863.0[P].2018-05-04.

[140]http://www.yogeev.com/article/61931.html.